职业教育校企合作双元开发立体化教材

税费核算与智能申报项目化教程

主　编　陈海云　王秀婧　辛婉熙
副主编　郑争春　温荔红　陈晨茵　黄铮莹

厦门大学出版社
国家一级出版社
全国百佳图书出版单位

图书在版编目（CIP）数据

税费核算与智能申报项目化教程 / 陈海云，王秀婧，辛婉熙主编. -- 厦门：厦门大学出版社，2024.11.（职业教育校企合作双元开发立体化教材）. -- ISBN 978-7-5615-9564-0

Ⅰ．F810.423；F812.42

中国国家版本馆 CIP 数据核字第 202461Q85P 号

责任编辑　姚五民
美术编辑　蒋卓群
技术编辑　朱　楷

出版发行　厦门大学出版社
社　　址　厦门市软件园二期望海路 39 号
邮政编码　361008
总　　机　0592-2181111　0592-2181406（传真）
营销中心　0592-2184458　0592-2181365
网　　址　http://www.xmupress.com
邮　　箱　xmup@xmupress.com
印　　刷　厦门市金凯龙包装科技有限公司

开本　787 mm×1 092 mm　1/16
印张　15
字数　350 千字
版次　2024 年 11 月第 1 版
印次　2024 年 11 月第 1 次印刷
定价　49.00 元

厦门大学出版社
微信二维码

厦门大学出版社
微博二维码

本书如有印装质量问题请直接寄承印厂调换

扫码获取数字化教学资源

前言

税收，作为国家财政收入的主要来源之一，自古以来便承载着筹集财政收入、调节经济运行的千钧重任。在我国社会主义现代化建设的宏伟征程中，税收更是发挥着不可或缺的作用。它不仅是国家稳定与发展坚实的财力支撑，更是推动社会公平、促进国家治理现代化的重要工具。党的二十大报告深刻阐释了优化税制结构、加大税收调节力度、完善个人所得税制度以及支持绿色发展等一系列重要举措，为税收工作的深入推进指明了清晰的方向。

本书内容涵盖税费核算的基础知识以及各类常见税种的智能申报实训，共分八个项目。项目一深入剖析税收与税法的基本概念，包括税收法律关系、税收实体法与税收程序法等，为读者的后续学习奠定坚实的理论基础；项目二详细阐述了税务登记、账证管理、纳税申报和税款征收等纳税前的准备工作，帮助读者建立起清晰完整的纳税流程意识；项目三至项目八分别针对增值税、企业所得税、个人所得税、社会保险费、资源税以及其他税费进行了深入探讨，详细介绍了各类税费的计算方法和申报流程。每个项目均包含多个具体任务，从税种认知、纳税人和税率的确定，到应纳税额的计算、纳税申报的完成，再到智能申报实训的开展，全面覆盖了税务实务的各个环节。

本书按照项目化教学方式编写，将税法知识划分为若干个独立而又相互关联的项目，每个项目都设定了明确的学习目标和任务。这种跟教学方式相匹配的编写方式有助于激发读者的学习兴趣和积极性，使他们能够有针对性地进行学习和实践。同时，本书还注重理论与实践的紧密结合，通过丰富的案例分析、实际操作练习等方式，使读者能够深刻理解各类税种的实际应用和操作技巧。

  此外，本书内容还包括知识巩固和项目评价，向读者提供了详细的项目评价标准和方法，使读者能够客观评估自己的学习情况，及时调整学习方法和策略。在每个项目结束后，都设置了相应的练习题和思考题，方便读者检验自己的学习成果、巩固所学知识。

  本书附有丰富的线上资源（通过扫描随书二维码获取），旨在为广大读者呈现全面、系统、深入的税收知识，适用于中等职业学校财经类专业的学生、企事业单位的财务工作者，以及其他对税务知识感兴趣的读者。

  本书由福建省莆田职业技术学校组织编写。陈海云、王秀婧、辛婉熙担任主编，郑争春、温荔红、陈晨茵、黄铮莹老师担任副主编。他们凭借丰富的教学经验和深厚的专业知识，为本书的编写付出了辛勤的努力。

  由于编者水平有限，书中难免存在不足与疏漏之处。我们恳请广大读者在阅读过程中提出宝贵的意见和建议，以便我们不断完善。

目录

项目一　走进税法　1
　　任务一　认知税收与税法　3
　　任务二　熟悉税收法律关系　8
　　任务三　认知税收实体法与税收程序法　11

项目二　纳税准备　19
　　任务一　税务登记　21
　　任务二　账证管理　23
　　任务三　纳税申报　26
　　任务四　税款征收　28

项目三　增值税的计算与智能申报　35
　　任务一　增值税征税范围的确定　37
　　任务二　增值税纳税人和税率的确定　45
　　任务三　增值税的减税与免税　51
　　任务四　增值税应纳税额的计算　60
　　任务五　增值税的纳税申报　75
　　任务六　增值税智能申报实训　78

项目四　企业所得税的计算与智能申报　89
　　任务一　企业所得税纳税人的确定　91
　　任务二　熟悉企业所得税的税收优惠　94
　　任务三　企业所得税应纳税额的计算　98
　　任务四　企业所得税的汇算清缴　109
　　任务五　企业所得税智能申报实训　129

项目五　个人所得税与智能申报　141
任务一　个人所得税纳税人的确定　143
任务二　个人所得税税目和税率的确定　145
任务三　认知个人所得税税收优惠　148
任务四　个人所得税应纳税额的计算　150
任务五　个人所得税的汇算清缴　159
任务六　个人所得税智能申报实训　164

项目六　社会保险费的计算与智能申报　171
任务一　认知社会保险　173
任务二　社会保险费的计算与纳税申报　186
任务三　社会保险费智能申报实训　191

项目七　资源税的计算与智能申报　201
任务一　认知资源税　203
任务二　资源税应纳税额的计算与纳税申报　207
任务三　资源税的智能申报实训　210

项目八　其他税费的计算与智能申报　217
任务一　城市维护建设税、教育费附加和地方教育附加的计算与纳税申报　219
任务二　印花税的计算与纳税申报　222
任务三　印花税的智能申报实训　227

项目一　走进税法

◎项目目标

知识目标：

1. 了解税收的概念和特征。
2. 掌握税法的分类。
3. 熟悉税收法律关系。
4. 掌握税法的基本要素。

技能目标：

1. 能够根据学习任务的需要查阅有关资料。
2. 能认知税法及税收相关概念。

素养目标：

1. 通过对税收、税法的学习，增进对国家税法制度和税收改革发展成就的理性认同，激发社会责任感和担当意识。
2. 通过解读税收法律关系等，体会懂法、守法的重要性，树立依法纳税的价值观，强化法治意识。
3. 培养爱岗敬业、诚实守信的职业道德。
4. 培养敬业精神、团队合作能力和良好的职业道德修养。

◎项目描述

　　税收对于国家经济生活和社会文明起着至关重要的作用，社会主义税收取之于民，用之于民。在我国，国家利益、集体利益、个人利益在根本上是一致的。国家的兴旺发达、繁荣富强与每个公民息息相关；而国家职能的实现，必须以社会各界缴纳的税收为物质基础。因此，在我国，按时足额缴税是每个公民应尽的义务。每个公民要以主人翁的态度和高度责任感，积极关注国家对税收的征管和使用，以维护公民自身的合法权益。本项目将通过三个学习任务，带领学生初步认识税法，理解并掌握税收和税法的关系。

◎项目导入

　　"税"字最早见于《左传》中："初税亩，非礼也。""税"在《说文解字》中的解释是："税，租也，从禾，兑声。""税"字左边是"禾"，"禾"指田禾，农作物，泛指土地产出物；右边是"兑"，本义是交换的意思。"禾"与"兑"在一起是"税"字，其字面意思就是拿农作物进行交换。"税"字的含义实际上就是社会成员以占有的土地为基础，把部分农产品上缴给国家。税收是国家取得财政收入的一种形式。

任务一　认知税收与税法

一、税收与税法的概念

（一）税收的概念

税收是国家为了满足社会公共需要，凭借政治权力，运用法律手段，强制、无偿地取得财政收入的一种形式。税收的本质是一种特定的分配关系，是国家取得财政收入的一种重要工具。税收是凭借政治权力或公共权力进行的分配，其目的是满足社会公共需要。

（二）税法的概念

税法是指国家制定的、用以调整国家与纳税人之间在征纳税方面的权利及义务关系的法律规范的总称。它构建了国家依法征税及纳税人依法纳税的行为准则体系，其目的是保障国家利益和纳税人的合法权益，维护正常的税收秩序，保证国家的财政收入。税法体现为法律这一规范形式是税收制度的核心内容。税收制度是在税收分配活动中税收征纳双方所应遵守的行为规范的总和，其内容主要包括各税种的法律法规以及为了保证这些税法得以实施的税收征管制度和税收管理体制。

启思导学

2021年12月，浙江省杭州市税务局稽查局查明，网络主播黄薇（网名：薇娅）在2019年至2020年期间，通过隐匿个人收入、虚构业务转换收入性质虚假申报等方式偷逃税款6.43亿元，其他少缴税款0.6亿元，依法对黄薇作出税务行政处理处罚决定，追缴税款、加收滞纳金并处罚款共计13.41亿元。

2021年12月20日，薇娅因偷逃税致歉后，其在淘宝、抖音、微博等多个平台的账号被封；12月21日，中央纪委国家监委网站刊文表示，直播不是法外之地。

同学们一定要做到诚实守信、遵纪守法，切不可以身试法！

（资料来源：中央纪委国家监委网站）

（三）税收与税法的关系

税收和税法是两个不同的概念。它们之间的区别在于税收属于经济领域内的分配环节，而税法则是反映这一经济活动的上层建筑。税收决定税法，有什么样的税收，就要制定相应的税法；税法反过来规范税收，为税收服务，以保证税收活动的正常进行。

税收与税法密不可分。税收是税法所确定的具体内容，反映国家与纳税人之间的经济利益分配关系；税法则是税收的法律表现形式，体现国家与纳税人之间在征纳税方面的权利义务关系。税收与税法互为因果，具体地说，税收与税法都与财政收入密切相关。国家对税收的需要决定了税法的存在，而税法的存在决定了税收的分配关系。有税收必有税法，税收是国家运用政治权力向社会取得收入的行为，它必须严格依照税法规定的范围、标准、程序办事，税法则制约和调整因税收而发生的各种社会关系。

（四）税收的特征

税收作为国家取得财政收入的一种方式，与其他财政收入形式具有实质区别。税收的形式特征通常概括为税收"三性"，即强制性、无偿性和固定性。

1. 强制性

税收的强制性是指国家以社会管理者的身份，凭借公共权力，通过颁布法律或政令来强制征收，既不是由纳税主体按照个人意志自愿缴纳，也不是按照征税主体随意征税，而是依据法律进行征税。《中华人民共和国宪法》（以下简称《宪法》）明确规定我国公民有依照法律纳税的义务，纳税人必须依法纳税，否则就要受到法律的制裁。税收的强制性主要体现在征税过程。

2. 无偿性

税收的无偿性是指国家征税既不需要向纳税主体付出任何代价，也不需要偿还。征税后税款归国家所有，不再直接返还给纳税人。

3. 固定性

税收的固定性是指国家征税要预先确定对什么征税、向谁征税、征多少税以及纳税人何时纳税、在何地纳税等标准，并在一定时期内相对稳定不变，这体现了税法的严肃性。

税收"三性"是统一的整体，它们相辅相成、缺一不可。其中，无偿性是核心、本质，强制性是保证，固定性是对无偿性和强制性的一种规范和约束。

启思导学

公元前271年，赵奢担任赵国的最高税务长官。赵奢在中国赋税思想史上的主要贡献是坚持以法治税。他认为以法治税是依法治国的一项重要内容，破坏税法会导致国家法制被削弱，而国家的法制一旦遭到破坏，社会就会陷入混乱，国家就会衰弱，其他诸侯就会乘机进攻，政权就会灭亡。他指出："不奉公则法削，法削则国弱，国弱则诸侯加兵，诸侯加兵是无赵也。"赵奢有法律面前人人平等的民主思想。他认为，不仅平民百姓必须遵守税法，贵族官僚也必须履行其纳税义务，这就是执行公平。做到了执行公平，国家就会强盛，政权就会巩固。赵奢掌管赵国赋税期间，"国赋大平民富而府库实"，他为后世树立了一个极为难得的执法如山的税官形象。

同学们也要向赵奢学习，做一个公平公正的人。

（资料来源：中国会计网）

二、税收的职能

税收的职能是指税收内在的、固有的功能。一般认为，税收具有财政、经济和监督三种职能。

（一）财政职能

税收的财政职能又称收入手段职能，是指国家运用税收参与国民收入分配，将其一部分转化为国家所有，形成国家财政收入的功能。它是税收最基本的、最原始的功能。自古以来，在国家的财政收入中，税收就占有较大比重。不论是什么性质的国家税收，不论是什么种类的税收，都具有这一职能。

（二）经济职能

税收的经济职能又称税收调控经济职能，是指税收在参与国民收入分配的过程中，通过设置不同的税种、税目，确定不同的税率，对不同经济主体的经济利益进行调节，进而引导社会经济发展的功能。税收是一种经济杠杆，只要税收参与国民收入分配，就必然会改变不同经济主体可支配收入的数量和国民总收入的分配格局，进而影响经济主体的经济行为。也正因如此，国家通过制定税收政策法规，体现其社会经济政策，促进生产结构、消费结构的调整，向有利于实现国家社会经济政策的方向发展。

（三）监督职能

税收的监督职能，是指国家通过税收征收管理活动对纳税人履行纳税义务的情况和社会经济运行状况进行监察、督促和反映的功能。税收监督职能是通过税收征管来实现的。国家通过税收监督，一方面要求纳税人依法纳税，以保证国家履行其职能的物质需要。另一方面对社会再生产的各个环节进行监督，制止、纠正经济运行中的违法现象，打击经济领域的犯罪活动，保证税收分配的顺利进行，促进国民经济的健康发展。

三、税法的分类

税法的分类是指按照一定的标准，把性质、内容、特点相同或相似的税法归为一类。科学合理的税法分类，既有助于分析税制结构，又有助于分析税源分布和税收负担状况以及税收对经济的影响。按照不同的划分标准，税法可能被划分为不同的类型。

（一）以税法的基本内容和效力为标准进行分类

按照其基本内容和效力的不同，税法可分为税收基本法和税收普通法。

税收基本法也称税收通则，是税法体系的主体和核心，在税法体系中起着母法的作用。其基本内容一般包括税收制度的性质、税务管理机构、税收立法与管理权限、纳税人的基本权利与义务、征税机关的权利和义务、税种设置等。我国目前还没有制定统一的税收基本法。

税收普通法是根据税收基本法的原则，对税收基本法规定的事项分别立法实施的法律，如我国的《个人所得税法》《企业所得税法》《税收征收管理法》等。

（二）以税法的职能作用为标准进行分类

按照税法的职能作用不同，税法可分为税收实体法和税收程序法。

税收实体法是规定税种及其征税对象、纳税人、税目、税率、计税依据、纳税地点等要素内容的法律规范，如我国的《个人所得税法》等。

税收程序法是对税收管理工作的步骤和方法等方面进行规定的法律规范，主要包括税务管理法、纳税程序法、发票管理法、税务处罚法和税务争议处理法等，如我国的《税收征收管理法》等。

（三）以征税对象为标准进行分类

按照其所规定的征税对象的不同，税法可分为流转税法、所得税法、资源税法、财产税法和行为目的税法五种。

1. 流转税法

流转税法是指对货物流转额和劳务收入额征税的法律规范，如增值税法、消费税法等。其特点是与商品生产、流通、消费有着密切的联系，不受成本费用的影响且收入具有"刚性"，有利于国家发挥对经济的宏观调控作用。流转税为世界各国，尤其为发展中国家所重视和运用，是我国现行税制中最大的一类税收。

2. 所得税法

所得税法是指对纳税单位和个人获取各种所得或利润额征税的法律规范，如企业所得税法、个人所得税法等。其特点是可以直接调节纳税人的收入水平，发挥税收公平税负和调整分配关系的作用。所得税法为世界各国所普遍运用，尤其在市场经济发达和经济管理水平较高的国家更受重视。

3. 资源税法

资源税法是指对纳税人利用各种资源所获得的收入征税的法律规范，如资源税法、城镇土地使用税法等。其特点是调节因自然资源或客观原因所形成的级差收入，避免资源浪费，保护和合理使用国家自然资源。

4.财产税法

财产税法是指对纳税人财产的价值或数量征税的法律规范。财产税是以纳税人所拥有或支配的某些财产为征税对象的一类税,如房产税等。其特点是避免利用财产投机或财产闲置浪费,促进对财产的节约和合理利用。财产税法以财产闲置者为课征对象,以促进财产合理使用、平均社会财富为根本目的,同时为增加国家财政收入的需要而制定。

5.行为目的税法

行为目的税法是指对某些特定行为以及为实现国家特定政策目的征税的法律规范,如印花税法、城市维护建设税法等。其特点是可选择面较大,设置和废止相对灵活,可以因时因地制宜制定具体征管办法,有利于国家限制和引导某些特定行为而达到预期的目的。行为目的税法一般是国家为实现某些经济政策、限制特定行为,并为一定目的需要而制定。现行相关税种一共有18个,其中进口环节的增值税、消费税、关税和船舶吨税由海关负责征收管理,其他税种由税务机关负责征收管理。

(四)以税收管辖权为标准进行分类

按照主权国家行使税收管辖权的不同,税法可分为国内税法、国际税法。

国内税法是指按照属人或属地原则,一个国家规定的内部税收法律制度;国际税法是指国家间形成的税收法律制度,主要包括双边或多边国家间的税收协议、条约和国际惯例等。一般而言,国际税法效力高于国内税法。

(五)以税收收入归属为标准进行分类

按照税收收入归属的不同,税收可分为中央税、地方税和共享税三种。

中央税是指归属于中央政府财政收入的税,如消费税、关税等;地方税是指归属于各级地方政府财政收入的税,如房产税、城镇土地使用税、土地增值税等;共享税是指归属于中央政府和地方政府共同收入的税,如增值税等。

任务二　熟悉税收法律关系

一、税收法律关系的概念

（一）税收法律关系的含义

税收法律关系是指税法所确认和调整的国家与纳税人之间、国家与国家之间以及各级政府之间在税收分配过程中形成的权利与义务关系。国家征税与纳税人纳税在形式上表现为利益分配的关系，但经过法律明确其双方的权利与义务后，这种关系实质上已上升为一种特定的法律关系。学习税收法律关系，对于正确理解国家税法的本质，严格依法纳税、依法征税都具有重要的意义。

（二）税收法律关系的特点

税收法律关系作为社会关系的组成部分，有其自身的个性特征，主要表现在以下几个方面。

1. 主体的一方只能是国家

在税收法律关系中，国家不仅以立法者与执法者的身份参与税收法律关系的运行与调整，而且直接以税收法律关系主体的身份出现。这样，构成税收法律关系主体的一方可以是负有纳税义务的法人或自然人，另一方只能是国家。

2. 只体现国家单方面意志

税收法律关系的成立、变更、消灭不以主体双方意思表示一致为要件。税收的法律关系之所以只体现国家单方面的意志，这是由于税收以无偿占有纳税人的财产或者收入为目标，从根本上讲，双方不可能意思表示一致。

3. 权利与义务关系具有不对等性

税法作为一种义务性法律规范，其规定的权利与义务是不对等的，即在税收法律关系中：国家享有较多的权利，承担较少的义务；纳税人则相反，承担较多的义务，享受较少的权利。这种权利与义务的不对等性是由税收无偿性和强制性的特征所决定的。赋予税务机关较多的权利和要求纳税人承担较多的义务恰恰是确保税收的强制性，以实现税收职能的法律保证。

4.具有财产所有权或支配权单向转移的性质

在税收法律关系中，纳税人履行纳税义务，缴纳税款，就意味着将自己一定数量的财物的所有权或支配权无偿地交给国家，使之成为政府的财政收入，国家不再将其直接返还给纳税人。

二、税收法律关系的构成要素

税收法律关系在总体上与其他法律关系一样，由税收法律关系的主体、客体和内容三个要素构成。这三个要素互相联系，形成统一的整体。

（一）税收法律关系的主体

税收法律关系的主体，是指税收法律关系中享有权利和承担义务的当事人，可分为征税主体和纳税主体两类。

征税主体，是指经过国家法定授权，代表国家行使征税职责的征税机关，包括各级税务机关、海关和财政机关。

纳税主体，是指履行纳税义务的当事人，即通常所说的纳税人，包括法人、自然人和其他组织。

对税收法律关系中权利主体另一方的确定，我国采取的是属地兼属人的原则。

启思导学

我国各级税务机关

1994年7月，我国进行分税制改革，建立了国税、地税两套税务机构分设的征管体制，多年来取得显著成效。但随着时代的发展，国税地税机构合并的必要性日渐凸显，条件也日趋成熟。

2018年2月28日，中共十九届三中全会审议通过的《深化党和国家机构改革方案》明确提出"改革国税地税征管体制"，"将省级和省级以下国税地税机构合并"。

2018年6月至7月，全国各省级新税务机构统一挂牌，标志着我国国税地税合并顺利完成。

（资料来源：国家税务总局网站）

（二）税收法律关系的客体

税收法律关系的客体，是指税收法律关系主体的权利、义务所共同指向的对象，也就是征税对象，包括实物、货币和行为。例如，流转税（如增值税、消费税等）法律关系客体就是货物或劳务收入，所得税（如企业所得税、个人所得税）法律关系客体就是生产经营所得和其他所得。

（三）税收法律关系的内容

税收法律关系的内容，是指税收法律关系主体各自所享有的权利和应承担的义务，主要包括征税机关的权利义务和纳税人的权利义务，这是税收法律关系中最实质的东西，也是税法的"灵魂"。它规定了税收法律主体可以有什么行为、不可以有什么行为，若违反了这些规定须承担何种法律责任。

税务机关的权利主要表现在依法进行税务管理、税款征收、税务检查以及税务处罚等；其义务主要是向纳税人宣传税收法规，接受咨询、辅导解读税法，对纳税人信息保密，依法办事、依法计征，及时把征收的税款解缴国库，依法受理纳税人对税收争议的申诉等。

纳税人的权利主要有税法知情权、保密权、依法申请延期纳税权、依法申请税收优惠权、多缴税款申请退还权、申请税务复议和提起诉讼权等；其义务主要包括依法诚信纳税，接受税务管理、税务检查和接受违法处理等。

三、税收法律关系的产生、变更和消灭

税法是引起税收法律关系的前提条件，但是税法本身并不能产生具体的税收法律关系。税收法律关系的产生、变更与消灭必须有能够引起税收法律关系产生、变更或消灭的客观情况，即由税收法律事实来决定。

税收法律事实可以分为税收法律事件和税收法律行为。税收法律事件是指不以税收法律关系权力主体的意志为转移的客观事件。例如，自然灾害可能导致税收减免，从而引起税收法律关系内容的变化。税收法律行为是指税收法律关系主体在正常意志支配下开展的活动。例如，纳税人开业经营即产生税收法律关系，纳税人转业或停业就会造成税收法律关系的变更或消灭。

（一）税收法律关系的产生

税收法律关系的产生，是指税收法律关系主体之间权利与义务关系的形成，以应税行为和事件的形成为标志。纳税主体在国家税收法规的范围内，发生了应税行为和事件，也就产生了税收法律关系。

税收法律关系产生的原因主要有：（1）税收法律行为的产生，如企业销售商品取得应税收入，就产生增值税等征纳关系；（2）税收法律事件的产生，如新办企业办理税务登记后为税收法律关系产生提供了前提，但新办企业须在从事生产经营取得收入后才会形成税收法律关系；（3）新税种的开征，会使一些非应税行为和事件转化为应税行为和事件，从而产生税收法律关系。

（二）税收法律关系的变更

税收法律关系的变更，是指依法形成的税收法律关系由于客观情况的变化而引起权利与义务的变化。但这种变更之后，税收法律关系仍以不同的形式继续存在。

税收法律关系变更的原因主要有：（1）税法的修改或补充，如征税范围扩大或缩小、税目增加或减少、税率提高或降低等；（2）纳税人的应税行为和事件发生了变化，如纳税人生产经营内容和纳税人收入、财产状况变化，纳税人联合、合并、改组、分设等；（3）由于不可抗力或其他特殊原因，如由于自然灾害等不可抗力，纳税人往往遭受重大的财产损失，被迫停产、减产，纳税人向主管税务机关申请减税得到批准后，税收法律关系发生变更。

（三）税收法律关系的消灭

税收法律关系的消灭，是指征纳税主体之间权利与义务关系的消失。它分为绝对终止和相对终止两种。绝对终止是指税收法律关系征纳税主体之间的权利与义务不再存在，如企业破产后依法缴清了税款、缴回发票等；相对终止是指税收法律关系征纳税主体之间的权利与义务暂时消失，如纳税人部分履行纳税义务、分期分批地缴纳税款等。

税收法律关系消灭的原因主要有：（1）纳税人依法完成了缴纳税款义务，这是最常见的税收法律关系消灭的原因；（2）纳税人产生符合免税的条件，并经税务机关审核确认后，纳税义务免除，税收法律关系消灭；（3）税法内容的部分废止或某一税务行为撤销，如2017年10月30日国务院决定营业税正式废止，导致税收法律关系消灭；（4）纳税主体消失，没有纳税主体，纳税无法进行，税收法律关系因此消失，如企业破产、撤销、合并或纳税个人死亡等。

四、税收法律关系的保护

税收法律关系是同国家利益及企业和个人的权益相联系的。保护税收法律关系，实质上就是保护国家正常的经济秩序，保障国家财政收入，维护纳税人的合法权益。税收法律关系的保护方式较多，如根据关于限期纳税、征收滞纳金和罚款的规定，纳税人不服税务机关征税处理决定的，可以申请复议或提出诉讼等规定都是对税收法律关系的直接保护。税收法律关系的保护对权利义务主体双方来说是对等的，对权利享有者的保护，就是对义务承担者的制约。

任务三　认知税收实体法与税收程序法

一、我国现行的税法体系

税法的内容十分丰富，涉及范围也极为广泛，各单行税收法律法规结合起来，形成了完整配套的税法体系,共同规范和制约税收分配的全过程,是实现依法办税的前提和保证。从法律角度来讲,一个国家在一定时期内、一定体制下以法定形式规定的各种税收法律、法规的总和,被称为税法体系。但从税收工作的角度来讲,所谓税法体系往往被称为税收制度。一个国家的税收制度是指在既定的管理体制下设置的税种以及与这些税种的征收、管理有关的、具有法律效力的各级成文法律、行政法规、部门规章等的总和。换句话说,税法体系就是通常所说的税收制度(以下简称税制)。

一个国家的税制,可按照构成方法和形式分为简单型税制和复合型税制。简单型税制是指税种单一、结构简单的税制,复合型税制是指由多个税种构成的税制。在现代社会中,世界各国一般都采用多种税并存的复合型税制。一个国家为了有效取得财政收入或调节社会经济活动,必须设置一定数量的税种,并规定每种税的征收和缴纳办法,包括对什么征税、向谁征税、征多少税以及何时纳税、何地纳税、按什么手续纳税和不纳税如何处理等。

因此,税制的内容主要有三个层次:(1)不同的要素构成税种,构成税种的要素主要包括纳税人、征税对象、税目、税率、纳税环节、纳税期限、减税免税等;(2)不同的税种构成税制,构成税制的具体税种,国与国之间差异较大,但一般都包括所得税(直接税),如企业(法人)所得税、个人所得税等,也包括商品课税(间接税),如增值税、消费税及其他一些税种等;(3)规范税款征收程序的法律法规,例如《中华人民共和国税收征收管理法》(以下简称《税收征收管理法》)等。

税法体系中各税法按基本内容、效力、职能作用和权限范围的不同,可分为不同类型。按照税法的职能作用的不同,可分为税收实体法和税收程序法。税收实体法主要关注的是税收法律关系的实体权利和义务,包括纳税主体、征税客体、计税依据、税目、税率等内容。它是税法的核心部分,直接影响到国家与纳税人之间权利与义务的分配。例如,《中华人民共和国企业所得税法》(以下简称《企业所得税法》)与《中华人民共和国个人所得税法》(以下简称《个人所得税法》)就属于税收实体法。税收程序法是指税务管理方面的法律,主要包括税收管理法、纳税程序法、发票管理法、税务机关组织法、税务争议处理法等。它注重公正性、透明性和效率性,旨在保障纳税人的合法权益,确保税收征收管理的公平、公开和高效。《税收征收管理法》属于税收程序法。

二、税收实体法的构成要素

税收实体法是关于税收法律关系主体的实体权利和义务的法律规范总称。税收实体法直接关系到征纳双方权力和责任(权利和义务)的界定,是税法的核心内容。如果没有税收实体法,政府就没有权力向纳税人征税,纳税人就没有纳税义务,也就没有税法体系。由于国家设置并征收的每个税种的特定目的不同,因此,一般按照每个税种立法,即一个税种一部税收实体法,即"一税一法"。但各税种的构成要素(基本要素)具有统一性,一般包括纳税人、课税对象(征税对象)、税目、税率、纳税环节、减税免税、纳税期限等。

（一）纳税人

纳税义务人简称纳税人，也称"纳税主体"，是税法规定的直接负有纳税义务的单位和个人，包括法人和自然人。

与纳税人相关的概念包括代扣代缴义务人和代收代缴义务人。代扣代缴义务人是指虽不承担纳税义务，但有义务从持有的纳税人收入中代为扣除其应纳税款并代为缴纳的企业单位或个人，例如个人的工资、薪金应缴纳的个人所得税由发放单位从员工工资中代扣代缴。代收代缴义务人是指虽不承担纳税义务，但在向纳税人收取商品或劳务收入税时，有义务代收代缴其应纳税款的单位和个人。例如委托加工的应税消费品，除受托方为个人外，由受托方在向委托方交货时代收代缴税款。

需要说明的是，实务工作中，应注意区分纳税人与负税人。纳税人是指直接向税务机关缴纳税款的单位和个人，而负税人是指实际负担税款的单位和个人。如果纳税人与负税人一致，就属于直接税，如所得税类；如果纳税人与负税人不一致，就属于间接税，如流转税类。纳税人与负税人不一致的主要原因是价格与价值背离引起的税负转移。

（二）课税对象

课税对象又叫征税对象、征税客体，是指税法中规定的对什么征税，也是征纳税双方权利义务共同指向的客体或标的物。课税对象是征税的依据，是一种税区别于另一种税的重要标志。课税对象是税法最基本的要素，它体现征税的最基本界限，决定了某一种税的基本征税范围，同时决定了各个不同税种的名称。例如，消费税、土地增值税、个人所得税等，这些税种因征税对象不同、性质不同，税名也就不同。课税对象按其性质的不同，通常可划分为流转额、所得额、财产、资源、特定行为五大类，通常也因此将税收分为相应的五大类：流转税、所得税、财产税、资源税和特定行为税。

与课税对象相关的两个基本概念是税目和税基。税目本身也是一个重要的税法要素，将单独讨论。税基又称为计税依据，是计算征税对象应纳税款的直接数量依据，它解决对征税对象课税的计算问题，是对课税对象的数量的规定。

（三）税目

税目是课税对象的具体化，反映具体的征税范围，代表征税的广度，是对课税对象质的界定。税目具有明确征税范围、解决征税对象归类等作用。

并非所有税种都需要规定税目，对于那些课税对象简单明确的税种，例如企业所得税、房产税等，不必另行规定税目。有些税种具体课税对象比较复杂，需要规定税目，例如消费税等，一般都规定有不同的税目。

（四）税率

税率是计算税额的尺度，代表课税的深度，关系着国家的财政收入多少和纳税人的负担程度。税率是税收制度的核心和灵魂，税率的形式主要有比例税率、累进税率、定额税率等。

1. 比例税率

比例税率是指对同一征税对象或同一税目，统一按一个百分比征税的税率。其形式包括：产品比例税率，如消费税中的小汽车按排气量设置税率；行业比例税率，如增值税销售服务按行业设置税率；地区差别比例税率，如城市维护建设税按纳税人所在地设置不同税率；有幅度的比例税率，如契税实行3%～5%的税率。我国现行的增值税、企业所得税等均采用比例税率。采用比例税率，计算简便，符合税收效率原则，对同一征税对象的不同纳税人来说税负相同，有利于企业在基本相同的条件下展开竞争。但采用比例税率不考虑纳税人实际环境差异而按同一税率征税，这与纳税人的实际负担能力不完全相符，在调节企业利润水平方面有一定的局限性。

2. 累进税率

累进税率是指随着征税对象数量增加而随之提高的税率。这种税率形式的特点是税率等级与计税依据的数额等级同方向变动，有利于按纳税人的不同负担能力设计税率，更加符合税收公平的原则。累进税率按其累进依据和累进方式的不同有以下三种形式。

（1）全额累进税率，是指将计税依据划分为若干个等级，对每个等级分别规定相应税率，当计税依据由低的一级升到高的一级时，全部计税依据均按高一级的税率计算应纳税额。这种方式计算简便，但累进程度急剧，特别是在两个等级的临界处，税负呈跳跃式递增，甚至会出现应纳税额增加额超过计税依据增加额的不合理现象。这种方法目前在世界各国已很少使用。

（2）超额累进税率，是指将计税依据划分为若干个等级，每一等级规定一个税率，一定数额的计税依据可以同时适用几个等级的税率，每超过一级，超过部分按高一级的税率计税，各等级应纳税额之和为纳税人的应纳税总额。这种方式累进程度比较和缓，目前已被多数国家所采用。

（3）超率累进税率，是指以征税对象的某种比例为累进依据，按超额累进方式计算应纳税额的税率。其计税原理与超额累进税率相同，只是税率累进的依据不是征税对象的绝对数额，而是相对比率，如我国现行的土地增值税税率。

3. 定额税率

定额税率是按征税对象确定的计算单位，直接规定一个固定税额，而不是规定征收比例，因此也称为固定税额，是税率的一种特殊形式。与征税对象的价值量无关，不受征税对象价值量变化的影响。它一般适用于从量计征的税种，如城镇土地使用税、车船税等。

（五）纳税环节

纳税环节是指税法规定的征税对象在从生产到消费的流转过程中应当缴纳税款的环节。例如，流转税在生产和流通环节纳税，所得税在分配环节纳税等。按照某税种征税环节的多少，可以将税种划分为一次课征制或多次课征制。我国现行增值税就属于多次课征制。

合理选择纳税环节，对加强税收征管，有效控制税源，保证国家财政收入的及时、稳定、可靠，方便纳税人生产经营活动和财务核算，灵活机动地发挥税收调节经济的作用，具有十分重要的理论和实践意义。

（六）减税免税

减税免税是指对某些纳税人或课税对象的鼓励或照顾措施。其中，减税是从应征税款中减征部分税款；免税是免征全部税款。减税免税是为了解决按税制规定的税率征税时所不能解决的具体问题而采取的一种措施，是在一定时期内给予纳税人的一种税收优惠，同时也是税收的统一性和灵活性相结合的具体体现。正确制定并严格执行减税免税规定，可以更好地贯彻国家的税收政策，发挥税收调节经济的作用。

（七）纳税期限

纳税期限是指税法规定的关于税款缴纳时间方面的规定。税法中关于纳税时间的规定，有以下三个相关概念。

1. 纳税义务发生时间

纳税义务发生时间是指应税行为发生的时间。例如，《中华人民共和国增值税暂行条例》（以下简称《增值税暂行条例》）规定，采取预收货款方式销售货物的，其纳税义务发生时间为货物发出的当天。

2. 纳税期限

纳税期限是负有纳税义务的纳税人向国家缴纳税款的最后时间限制。它是税收强制性、固定性在时间上的体现。例如，《增值税暂行条例》规定，增值税的纳税期限分别为1日、3日、5日、10日、15日、1个月或者1个季度。纳税人的具体纳税期限，由主管税务机关根据纳税人应纳税额的大小分别核定；不能按照固定期限纳的，可以按次纳税。

3. 缴库期限

缴库期限是指纳税人按照税法和税务机关的规定，将应纳税款缴纳入库的期限。例如，《增值税暂行条例》规定，纳税人以1个月或者1个季度为1个纳税期的，自期满之日起15日内申报纳税；以1日、3日、5日、10日或者15日为1个纳税期的，自期满之日起5日内预缴税款，于次月 1 日起 15 日内申报纳税并结清上月应纳税款。

三、税收程序法

除税收实体法外，我国税收征收管理适用的法律制度，是按照税收管理机关的不同而分别规定的。

由税务机关负责征收的税种的征收管理，按照全国人大常委会发布实施的《中华人民共和国税收征收管理法》及各实体税法中的征管规定执行。

由海关机关负责征收的税种的征收管理，按照《中华人民共和国海关法》《中华人民共和国进出口关税条例》等有关规定执行。

上述税收实体法和税收征收管理程序法的法律制度构成了我国现行税法体系。

◎ 项目评价

项目完成评价表

班级		姓名		学号		日期	
序号	评价要点				配分	得分	总评
1	税收与税法的概念				8		
2	税收的职能				8		
3	税法的分类				8		
4	税收法律关系的概念				8		
5	税收法律关系的构成要素				8		
6	税收法律关系的产生、变更和消灭				8		A □（86～100） B □（76～85） C □（60～75）
7	税收法律关系的保护				8		
8	我国现行的税法体系				8		
9	税收实体法的构成要素				8		
10	税收程序法				8		
11	能严格遵守作息时间安排				6		
12	上课积极回答问题				6		
13	及时完成老师布置的任务				8		
小结建议							

◎知识巩固

一、单选题

1. 以下关于税收概念的理解不正确的是（　　）。

A. 税收是目前我国政府取得财政收入的主要手段

B. 国家征税依据的是财产权利

C. 国家征税依据是满足社会公众需要

D. 税收分配是以国家为主体进行的分配

2. 以下关于税法概念的理解不正确的是（　　）。

A. 税法是税收制度的法律表现形式

B. 税法是指用以调整国家与纳税人之间在征纳税方面的权利及义务关系的法律规范的总称

C. 税法只具有义务性法规的特点

D. 税法体现为法律这一规范形式是税收制度的核心内容

3. 关于税收法律关系的特点，下述表述正确的是（　　）。

A. 作为纳税主体的一方只能是征税机关

B. 税收法律关系的成立、变更、消灭以主体双方意思表示一致为要件

C. 权利义务关系具有对等性

D. 具有财产所有权或支配权单向转移的性质

4. 下列属于税收实体法的是（　　）。

A.《税收征管法》　　　　　　B.《增值税暂行条例》

C.《企业所得税法》　　　　　D.《进出口关税条例》

5. 税收实体法由多种要素构成。下列各项中，不属于税收实体法构成要素的是（　　）。

A. 纳税担保人　　　　　　　　B. 课税对象

C. 税率　　　　　　　　　　　D. 纳税环节

二、填空题

1. 税收法律关系的主体，是指税收法律关系中享有权利和承担义务的当事人，可分为_____和_____两类。

2. 一个国家的税制，可按照构成方法和形式分为_____和_____。

3. 税制的内容主要有三个层次：_____、不同的税种构成税制、_____。

4.税法体系中各税法按基本内容、效力、职能作用和权限范围的不同，可分为不同类型。按照税法的职能作用的不同，可分为_____和_____。

5._____是指随着征税对象数量增加而随之提高的税率。

三、简答题

1.简述税收和税法的概念。

2.税收法律关系有哪些特征？

项目二　纳税准备

◎项目目标

知识目标：

1. 了解税收登记的概念及种类。
2. 熟悉账证管理、发票管理的基本知识。
3. 掌握纳税申报方式和税款缴纳方式的基本规定。

技能目标：

1. 能办理企业各类税务登记。
2. 能正确领用、使用各类发票。
3. 能操作纳税申报及税款缴纳的相关流程。

素养目标：

1. 通过了解税务登记的概念及种类，清楚纳税人与税务机关之间正常的工作联系，增强遵纪守法、纳税的意识，培养依法纳税的品质。
2. 通过学习账证管理、发票管理的基本知识，以及纳税申报及税款缴纳的相关流程，认识票据的重要性、纳税申报的必要性，加强责任感，培养爱岗敬业、诚实守信的职业道德。

◎ 项目描述

随着简政放权、放管结合、优化服务（"放管服"）的推进，纳税准备阶段的规定和程序不断简化、调整。税务登记、账证管理、纳税申报以及税款征收是纳税的准备工作，是对纳税人的生产、经营活动进行登记管理、设置账簿的一项法定制度，也是纳税人依法履行纳税义务的法定手续。对账簿和凭证进行管理，对于依法征税、依法纳税以及税收征收管理具有重要意义。本项目将通过四个学习任务，带领学生学习税务登记、账证管理、纳税申报以及税款征收，让学生理解并掌握纳税的准备工作，在今后的学习和生活中，做到依法纳税。

◎ 项目导入

国家税务总局于2014年首发《全国县级税务机关纳税服务规范》，目前已升级至4.0版本，全国近4000个县级税务机关实现"服务一把尺子、办税一个标准"。纳税服务标准全国已经实现统一，税务执法标准的统一也在重点协同区域内先行先试。为进一步推动区域协同发展，优化税收营商环境，有效规范税务行政处罚自由裁量权行使，切实保护税务行政相对人合法权益，长三角、京津冀和川渝等区域税务部门相继出台规定，在区域内对税务行政处罚自由裁量权予以统一和规范，实现"一个标准做到底、一把尺子量到底"。

2020年6月，国家税务总局上海市税务局、国家税务总局江苏省税务局、国家税务总局浙江省税务局、国家税务总局安徽省税务局、国家税务总局宁波市税务局联合出台《长江三角洲区域申报发票类税务违法行为行政处罚裁量基准》，首次统一跨省市税务执法裁量基准。

2021年10月，京津冀地区实施《京津冀税务行政处罚裁量基准》。该基准规范了税务登记、账簿凭证管理、纳税申报、税款征收、税务检查、发票及票证管理、纳税担保共7类53项税务违法行为的处罚标准，以违法行为的事实、性质、情节及社会危害程度划分裁量阶次，设定统一的处罚裁量标准，抹平税务行政处罚裁量权的地区差异。

2021年12月，川渝两地税务部门发布《川渝地区税务行政处罚裁量权实施办法》和《川渝地区税务行政处罚裁量基准》，统一了62项税收违法违章行为处罚标准。

任务一　税务登记

一、税务登记的概念

税务登记是税务机关依据税法规定，对纳税人的生产、经营活动进行登记并据此对纳税人实施税务管理的一种法定基本制度，也是纳税人依法履行纳税义务的法定手续。

二、税务登记的种类

税务登记的种类通常包括开业登记（设立登记）、变更税务登记、停（复）业登记、外出经营报验登记、注销税务登记等。

税务登记是税收征管的首要环节，纳税人均应依法进行税务登记。

（一）开业登记

开业登记，又称为设立登记，是指从事生产经营活动的纳税人，经市场监督管理机关批准开业并发放营业执照后，向所在地主管税务机关申报办理的纳税登记。

根据相关规定，开业登记的纳税人即领取营业执照从事生产、经营活动的纳税人，包括：（1）企业；（2）企业在外地设立的分支机构和从事生产经营的场所；（3）个体工商户；（4）从事生产经营的机关团体、部队、学校和其他事业单位。

（二）变更税务登记

变更税务登记是指纳税人办理税务登记后，因原税务登记的内容发生变化，需要对原有登记内容进行更改而向主管税务机关申报办理的税务登记管理制度，分工商登记变更和非工商登记变更两个内容。需要办理工商变更的，自市场监督管理机关变更登记之日起 30 日内，向税务机关办理变更税务登记；不需要办理企业变更的，自税务登记内容实际发生变化之日起 30 日内，向税务机关办理变更税务登记。

办理税务登记后，如果发生以下情形之一的，需到主管税务机关办理变更税务登记：改变企业（单位）名称；更换法定代表人；改变经济性质或经济类型；增设或撤销分支机构；改变住所或经营地点；改变生产、经营范围或经营方式；增减注册资本；改变隶属关系；改变生产经营期限；改变开户银行和银行账号；改变生产经营权属；改变其他税务登记内容。

因上述情形需变更税务登记内容的，应向主管税务机关提供企业营业执照资料、企业变更登记表及复印件、纳税人变更登记内容的决议及有关证明文件、原"税务登记证"原件、其他相关资料，并填写"税务变更登记表"。

（三）停（复）业登记

实行定期定额征收方式的纳税人需要停业的，应当在停业前向税务机关申报办理停业税务登记。纳税人的停业期限最长不得超过1年。纳税人在停业期间发生纳税义务的，应当按照税收法律、行政法规的规定申报缴纳税款。

纳税人应当于恢复生产经营之前，向税务机关申报办理复业登记，如实填写"停业复业报告书"，领回并启用税务登记证件、发票领购簿及其停业前领购的发票。纳税人停业期满不能及时恢复生产经营的，应当在停业期满前到税务机关办理延长停业登记，并如实填写"停业复业报告书"。

（四）外出经营报验登记

纳税人到外县（市）进行临时从事生产经营活动的，应当在外出生产经营前，持税务登记证向主管税务机关申请开具"外出经营活动税收管理证明"。税务机关按照一地一证的原则进行发放。该证有效期限为30天，最长不得超过180天。纳税人外出经营活动结束，应当向经营地税务机关填报"外出经营活动情况申报表"，并结清税款、缴销发票。

（五）注销税务登记

注销税务登记是指纳税人发生解散、破产、撤销及其他情形，依法终止纳税义务的，在向市场监督管理机关或者其他机关办理注销登记前，持有关证件向原税务登记机关申报办理注销税务登记的活动。

1.注销登记的对象和时间

（1）按照规定不需要在市场监督管理机关或者其他机关办理注册登记的，应当自有关机关批准或者宣告终止之日起15日内，持有关证件向原税务登记机关申报办理注销税务登记。

（2）纳税人因住所、经营地点变动，涉及变更税务登记机关的，应当在向市场监督管理机关或者其他机关申请办理变更或注销登记前，或者在住所、经营地点变动前，向原税务登记机关申报办理注销税务登记，并在30日内向迁入地税务机关申报办理税务登记。

（3）纳税人被市场监督管理机关吊销营业执照或者被其他机关予以撤销登记的，应当自营业执照被吊销或者被撤销登记之日起15日内，向原税务登记机关申报办理注销税务登记。

2. 注销税务登记的要求

（1）纳税人办理注销税务登记前，应当向税务机关提交相关证明文件和资料，结清应纳税款、滞纳金和罚款，缴销发票、税务登记证件和其他税务证件，经税务机关核准后办理注销税务登记手续。

（2）自2018年10月1日起，对向市场监管部门申请简易注销的，未办理过涉税事宜的纳税人或办理过涉税事宜但未领用发票、无欠税款（包括滞纳金）及罚款的纳税人，可免于到税务机关办理清税证明，直接向市场监管部门申请办理注销登记。

任务二　账证管理

纳税人建立健全账簿凭证管理制度是《税收征管法》的一项重要内容。账簿是纳税人、扣缴义务人连续地记录其各种经济业务的簿籍。凭证是指能够用来证明经济业务事项发生、明确经济责任并据以登记账簿、具有法律效力的书面证明。因此，对账簿和凭证进行管理，对于依法征税、依法纳税以及税收征收管理具有重要意义。

一、账簿、凭证的设置

从事生产、经营的纳税人自领取营业执照之日起15日内设置账簿；扣缴义务人应当自扣缴义务发生之日起10日内设置账簿，一般企业要设置的涉税账簿有总分类账、明细账及有关辅助性账。生产经营规模小又确无建账能力的纳税人，可以聘请经批准从事会计代理记账业务的专业机构或者经税务机关认可的财会人员代为建账和办理账务。纳税人、扣缴义务人应按照有关法律、行政法规和国务院财政、税务主管部门的规定来设置账户，根据合法、有效的凭证记账，进行核算。

二、账簿、凭证的管理

凡从事生产经营的纳税人必须将所采用的财务、会计制度和具体的财务、会计处理办法按税务机关的规定，自领取税务登记证件之日起15日内及时报送主管税务机关备案。纳税人、扣缴义务人的各类账、会计凭证、报表、完税凭证及其他有关纳税资料应当保存10年，法律、行政法规另有规定的除外。

三、发票管理

（一）发票的概念

发票是指在购销商品、提供或者接受服务以及从事其他经营活动中，所提供给对方的收付款的书面证明，是确定经济收支行为发生的法定凭证和会计核算的原始凭证。发票包括纸质发票和电子发票。电子发票与纸质发票具有同等法律效力。在我国，发票的种类、联次、内容、编码规划、数据标准、使用范围等具体管理办法由国务院税务主管部门规定。发票是税务稽查的重要依据，税务主要以此为依据进行稽查。

发票的基本联次包括存根联、发票联、记账联。存根联由收款方或开票方留存备查；发票联作为付款方或受票方付款原始凭证；记账联作为收款方或开票方记账原始凭证。依法办理税务登记的单位和个人，在领取税务登记证后，向主管税务机关申请领购发票；需要临时使用发票的单位和个人，可以直接向税务机关申请办理。

（二）增值税普通发票的申领与开具

1. 增值税普通发票的领购

领购增值税普通发票时，纳税人携发票领购簿和经办人身份证明（居民身份证、护照）等有关资料，供主管税务机关在发票管理环节审批发售增值税普通发票时查验。主管税务机关接到申请后，应根据纳税人生产经营等情况，确认纳税人使用发票的种类、联次、版面金额及购票数量。

2. 增值税普通发票的开具

销售商品、提供服务以及从事其他经营活动的单位和个人，对外发生经营业务收取款项，收款方应当向付款方开具发票。特殊情况下，由付款方向收款方开具发票。所有单位和从事生产、经营活动的个人在为购买商品、接受服务以及从事其他经营活动支付款项时，应当向收款方取得发票。取得发票时，不得要求变更品名和金额。开具发票应当按照规定的时限、顺序、栏目，全部联次一次性如实开具，并加盖发票专用章。不符合规定的发票，不得作为财务报销凭证，任何单位和个人有权拒收。任何单位和个人不得为他人、为自己开具与实际经营业务情况不符的发票。任何单位和个人都不得转借、转让、代开发票；未经税务机关批准，不得拆本使用发票；不得自行扩大专用发票使用范围。

3. 电子普通发票的基本规定

2015年11月16日，国家税务总局发布了《关于推行通过增值税电子发票系统开具的增值税电子普通发票有关问题的公告》，对增值税电子发票的开具和使用提出具体规定。开票方和受票方需要纸质发票的，可以自行打印增值税电子普通发票的版式文件，其法律效力、基本用途、基本使用规定等与税务机关监制的普通发票相同。增值税电子普通发票图2-1所示。

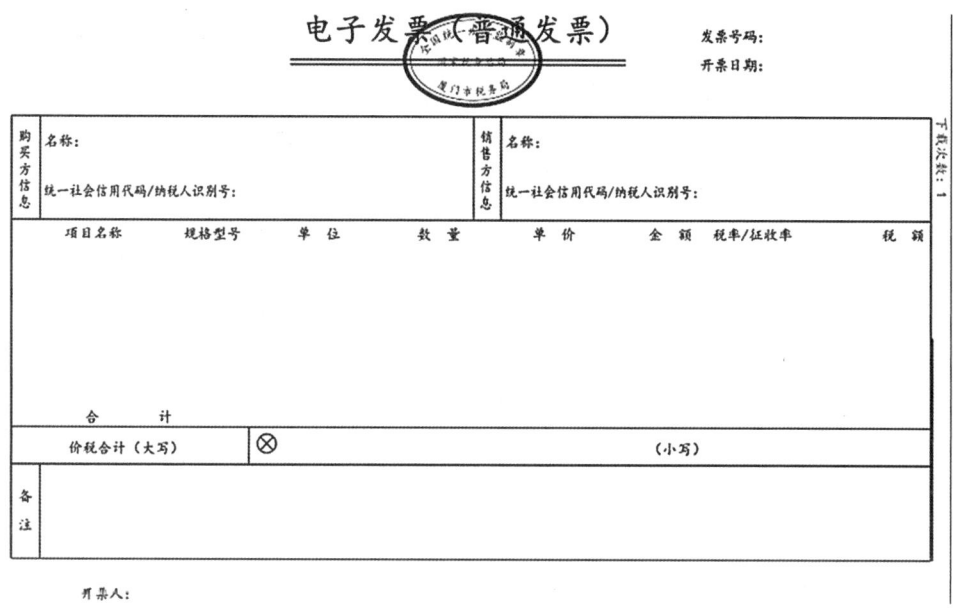

图2-1 增值税电子普通发票票样

（三）增值税专用发票的申领与开具

一般纳税人凭发票领购簿、IC卡和经办人身份证明领购专用发票。增值税专用发票应按照下列要求开具：项目齐全，与实际交易相符；字迹清楚，不得压线、错格；发票联和抵扣联加盖财务专用章或者发票专用章；按照增值税纳税义务的发生时间开具。增值税专用发票如图2-2所示。

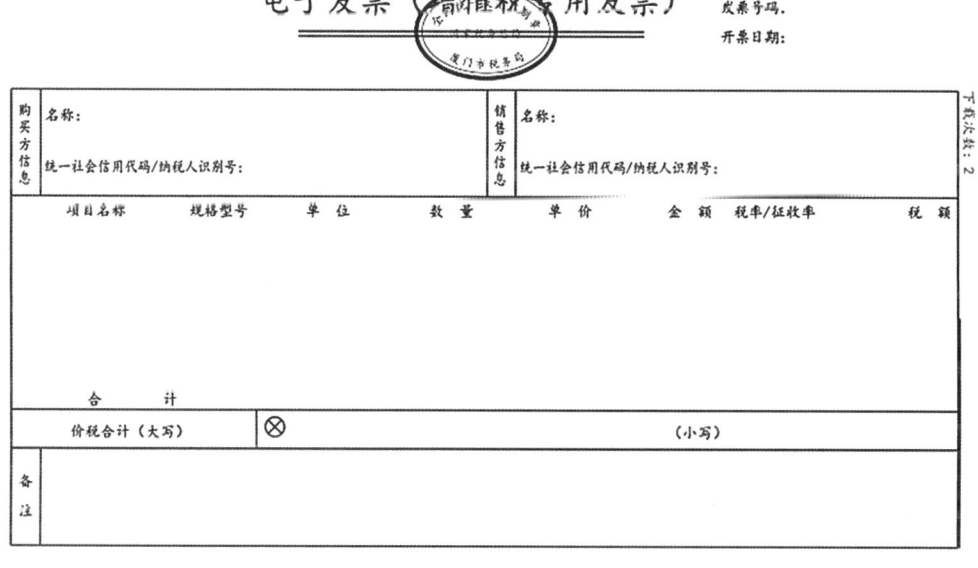

图2-2 增值税专用发票票样

项目二 纳税准备 | 25

启思导学

2020年12月20日，国家税务总局发布了《关于在新办纳税人中实行增值税专用发票电子化有关事项的公告》（国家税务总局公告2020年第22号），该公告第2条规定："电子专票由各省税务局监制，采用电子签名代替发票专用章，属于增值税专用发票，其法律效力、基本用途、基本使用规定等与增值税纸质专用发票相同。"《财政部 国家档案局关于规范电子会计凭证报销入账归档的通知》（财会〔2020〕6号）规定："来源合法、真实的电子会计凭证与纸质会计凭证具有同等法律效力。"《中华人民共和国档案法》第37条规定："电子档案应当来源可靠、程序规范、要素合规。电子档案与传统载体档案具有同等效力，可以以电子形式作为凭证使用。"因此，来源合法、真实的电子专票作为电子会计凭证与纸质会计凭证具有同等的法律效力，且可作为电子档案进行保存归档。

国家税务总局2020年第22号公告同时决定前期在宁波、石家庄和杭州等3个地区试点的基础上，在全国新办纳税人中实行增值税专用发票电子化。随着电子发票逐步推广应用，各单位应当按照有关法律法规的规定，规范使用电子发票进行报销、入账、归档等活动。

（资料来源：国家税务总局、财政部、中国人大网）

任务三　纳税申报

一、纳税申报的概念

纳税申报是指纳税人、扣缴义务人按照税法规定的期限和内容向税务机关提交有关纳税事项书面报告的法律行为，是纳税人、扣缴义务人履行纳税义务，界定纳税人、扣缴义务人法律责任的主要依据，是税务机关税收管理信息的主要来源和税务管理的一项重要制度。

二、办理纳税申报所需的材料

纳税人办理纳税申报时，应当如实填写纳税申报表，并根据不同的情况相应报送以下有关证件、资料：财务会计报表及其说明材料；与纳税有关的合同协议书及凭证；税控装置的电子报税资料；外出经营活动税收管理证明和异地完税凭证；境内或者境外公证机构出具的有关证明文件；税务机关规定应当报送的其他有关证件资料。

扣缴义务人办理代扣代缴、代收代缴税款报告时，应当如实填写代扣代缴、代收代缴税款报告表，并报送代扣代缴、代收代缴税款的合法凭证以及税务机关规定的其他有关证件、资料。

> **提示**
> 纳税人在纳税期内没有应纳税款的，也应当按照规定办理纳税申报；纳税人享受减税、免税待遇的，在减税、免税期间应当按照规定办理纳税申报。

三、纳税申报的方式

一般情况下，纳税人办理纳税申报主要采取的方式有直接申报、邮寄申报、简易申报以及其他申报方式。

（一）直接申报

直接申报，即自行申报，是指纳税人或扣缴义务人直接自行到税务机关办理纳税申报或者报送代扣代缴、代收代缴报告表的申报方式，这是一种传统申报方式。直接申报可以分为直接到办税服务厅申报、到巡回征收点申报和到代征点申报三种。

（二）邮寄申报

邮寄申报是指经税务机关批准的纳税人或扣缴义务人使用统一规定的纳税申报特快专递专用信封，并以邮政部门收据作为申报凭据，以寄出的日期作为实际申报日期的申报方式。凡实行查账征收方式的纳税人，经主管税务机关批准，可以采用邮寄纳税申报的方式。

（三）简易申报

简易申报是指实行定期定额征收方式缴纳税款的纳税人，经税务机关批准，通过以缴纳税款凭证代替纳税申报并可简并征期的一种申报方式。这种申报方式是以纳税人便利纳税为原则设置的只适用于实行定期定额征收方式的纳税人。

（四）其他申报方式

其他申报方式是指纳税人或扣缴义务人采用直接申报、邮寄申报、简易申报以外的方式向税务机关办理纳税申报或者报送代扣代缴、代收代缴报告表。

任务四 税款征收

一、税款征收的概念

税款征收是税务机关依照税收法律、法规的规定将纳税人应当缴纳的税款组织入库的一系列活动的总称。它是税收征收管理工作的中心环节，在整个税收征收管理工作中占有极其重要的地位。

二、税款征收的方式

（一）查账征收

查账征收也称"查账计征"或"自报查账"，是指税务机关按照纳税人提供的账表所反映的经营情况，依照适用税率计算应纳税额的方式。查账征收适用于经营规模较大、财务会计制度较为健全、能够认真履行纳税义务的单位和个人。

（二）查定征收

查定征收是指税务机关根据纳税人的从业人数、生产设备、耗用原材料等因素，在正常生产经营条件下，对纳税人生产的应税产品查实核定产量、销售额，并据以计算应纳税额的一种方式。查定征收适用于生产经营规模较小、产品零星、税源分散、会计核算不健全，但能控制原材料或进销货的小型厂矿和作坊。

（三）查验征收

查验征收是指税务机关对纳税人应税商品，通过查验数量，按市场一般销售单价计算其销售收入并据以计算应纳税额的一种征收方式。查验征收适用于财务制度不健全，经营品种比较单一，经营地点、时间和商品来源不固定的纳税单位。这种征收方式适用于零星分散、流动性大的税源，如城乡集贸市场中的临时经营者和火车站、机场码头、公路交通要道等地方的经营者。

（四）定期定额征收

定期定额征收是指对小型个体工商户在一定经营地点、一定经营时期、一定经营范围内的应纳税经营额（包括经营数量）或所得额（以下简称定额）进行核定，并以此为计税依据，确定其应纳税额的一种征收方式。这种征收方式适用于经主管税务机关认定和县以上税务机关（含县级）批准的生产、经营规模小，达不到《个体工商户建账管理暂行办法》规定的设置账簿标准，难以查账征收，不能准确计算纳税依据的个体工商户（包括个人独资企业，简称定期定额户）。

（五）核定征收

核定征收是指税务机关对不能完整、准确提供纳税资料的纳税人采用特定方式确定其应税收入或应纳税额，纳税人据以缴纳税款的一种方式。

1. 核定征收的适用情况
（1）依照法律、行政法规的规定可以不设置账簿的；
（2）依照法律、行政法规的规定应当设置账簿但未设置的；
（3）擅自销毁账簿或者拒不提供纳税资料的；
（4）虽设置账簿，但账目混乱，或者成本资料、收入凭证、费用凭证残缺不全，难以查账的；
（5）发生纳税义务，未按照规定的期限办理纳税申报，经税务机关责令限期申报，逾期仍不申报的；
（6）纳税人申报的计税依据明显偏低，无正当理由的。

2. 目前税务机关核定税额的方法
（1）参照当地同类行业或者类似行业中，经营规模和收入水平相近似的纳税人的收入额和利润率核定；
（2）按照成本加合理费用和利润的方法核定；
（3）按照耗用的原材料燃料动力等推算或者测算核定；
（4）按照其他合理的方法核定。

当采用以上一种方法不足以正确核定应纳税额时，可以同时采用两种以上的方法核定。

（六）代扣代缴

代扣代缴是指按照税法规定，负有扣缴税款义务的法定义务人，在向纳税人支付款项时从所支付的款项中直接扣收税款的方式，其目的是对零星分散、不易控制的税源实行源泉控制。

（七）代收代缴

代收代缴是指负有收缴税款义务的法定义务人，对纳税人应纳的税款进行代收代缴的方式，即由与纳税人有经济业务往来的单位和个人向纳税人收取款项时，依照税收的规定收取税款。这种方式一般适用于税收网络覆盖不到或很难控制的领域，如受托加工应缴消费税的消费品，由受托方代收代缴消费税。

（八）委托代征

委托代征是指受托单位按照税务机关核发的代征证书的要求，以税务机关的名义向纳税人征收一些零散税款的一种税款征收方式。

（九）其他征收方式

除上述征收方式外，还可以采取网络申报纳税、邮寄纳税等其他方式。

三、税收保全措施

税收保全措施仅适用于从事生产、经营的纳税人，对不从事生产、经营的纳税人，或者扣缴义务人和纳税担保人不适用。

（一）税收保全的措施

税务机关责令具有税法规定情形的纳税人提供纳税担保而纳税人拒绝提供纳税担保或无力提供纳税担保的，经县以上税务局（分局）局长批准，税务机关可以采取以下税收保全措施：（1）书面通知纳税人开户银行或者其他金融机构冻结纳税人的金额相当于应纳税款的存款；（2）扣押查封纳税人的价值相当于应纳税款的商品、货物或者其他财产。其他财产包括纳税人的房地产、现金、有价证券等不动产和动产。

（二）税收保全的解除

纳税人在税务机关采取税收保全措施后，按照税务机关规定的期限缴纳税款的，税务机关应当立即（自收到税款或者银行转回的完税凭证之日起1日内）解除税收保全措施。对限期期满仍未缴纳税款的纳税人，经县以上税务局（分局）局长批准，税务机关可以采取税收强制执行措施，即税务机关可以书面通知纳税人开户银行或者其他金融机构从其冻结的存款中扣缴税款，或依法拍卖变卖所扣押、查封的商品、货物或者其他财产，以拍卖或变卖所得款抵缴税款。

采取税收保全措施不当，或者纳税人在限期内已缴税款，税务机关未立即解除税收保全措施，致使纳税人的合法权益遭受损失的，税务机关应当承担赔偿责任。

（三）不适用税收保全的财产

不适用税收保全的财产主要有：（1）个人及其所抚养家属维持生活必需的住房和用品；（2）单价5000元以下的其他生活用品。

四、税收强制执行措施

（一）税收强制执行措施的前提

从事生产、经营的纳税人、扣缴义务人未按照规定的期限缴纳或者解缴税款，纳税担保人未按照规定的期限缴纳所担保的税款，由税务机关责令限期缴纳，逾期仍未缴纳的，经县以上税务局（分局）局长批准，税务机关可以采取强制执行措施。

对已采取税收保全措施的纳税人，限期内仍未履行纳税义务的，可依法采取税收强制执行措施。

（二）强制执行措施的形式

税收强制执行主要有以下两种措施：（1）书面通知其开户银行或者其他金融机构从其存款中扣缴税款；（2）依法拍卖或者变卖其价值相当于应纳税款的商品、货物或者其他财产，以拍卖或者变卖所得抵缴税款。

税务机关采取强制执行措施时，对上述所列纳税人、扣缴义务人、纳税担保人未缴纳的滞纳金同时强制执行。

（三）不适用强制执行措施的财产

不适用强制执行的财产有：（1）个人及其所抚养家属维持生活必需的住房和用品；（2）单价5000元以下的其他生活用品。

五、税款的退还与追征

（一）税款的退还

税款的退还分为两种情况：（1）税务机关发现纳税人多缴税款的，应当自发现之日起10日内办理退还手续；（2）若是纳税人发现多缴税款，则纳税人自结算缴纳税款之日起3年内发现的，可以向税务机关要求退还多缴的税款并加算银行同期存款利息，税务机关及时查实后应当立即退还，纳税人在结清缴纳税款当日起3年后才向税务机关提出退还多缴税款要求的，税务机关将不予受理。

（二）税款的追征

税款的追征分为两种情况：（1）若是税务机关的责任，税务机关在3年内可以要求纳税人、扣缴义务人补缴税款，但不得加收滞纳金。（2）若纳税人、扣缴义务人计算错误的，税务机关在3年内可以追征税款，并加收滞纳金；未缴或者少缴、未扣或者少扣、未收或者少收的税款累计数额在10万元以上的，追征期可以延长到5年。（3）因偷税、抗税、骗税等原因而造成未缴或少缴税款、骗取退税款的，对其未缴或者少缴的税款、滞纳金或者所骗取的税款的追征不受时间上的限制，税务机关可以无限期追征。

◎ 项目评价

项目完成情况评价表

班级		姓名		学号		日期		
序号		评价要点		配分		得分		总评
1		税务登记的概念		6				A □（86~100） B □（76~85） C □（60~75）
2		税务登记的种类		6				
3		账簿、凭证的设置		6				
4		账簿、凭证的管理		6				
5		发票管理		7				
6		纳税申报的概念		6				
7		办理纳税申报所需的材料		6				
8		纳税申报的方式		6				

续表

班级		姓名		学号		日期	
序号	评价要点			配分	得分	总评	
9	税款征收的概念			6		A □（86～100） B □（76～85） C □（60～75）	
10	税款征收的方式			6			
11	税收保全措施			7			
12	税收强制执行措施			6			
13	税款的退还与追征			7		A □（86～100） B □（76～85） C □（60～75）	
14	能严格遵守作息时间安排			6			
15	上课积极回答问题			6			
16	及时完成老师布置的任务			7			
小结建议							

◎ 知识巩固

一、单选题

1. 以下纳税人发生的情形中，不属于变更税务登记的情况的是（　　）。
A. 甲企业由于股东变动，法定代表人由李平换为张方
B. 由于银行系统的调整，乙企业的基本存款账户的银行账号由15位升级为18位
C. 由于经济效益良好，丙企业的股东追加投资，从500万元增资为700万元
D. 丁企业由于经营范围扩大，总机构从河北迁至北京

2. 发票是指在购销商品、提供或者接受劳务、服务以及从事其他经营活动中，所提供给对方的收付款的书面证明，是确定经济收支行为发生的法定凭证和会计核算的（　　）。
A. 收款凭证　　　B. 付款凭证　　　C. 电子凭证　　　D. 原始凭证

3. 下列各项中，不适用税收保全的财产是（　　）。
A. 纳税人的古董　　　　　　　　B. 纳税人的别墅
C. 纳税人的豪华小汽车　　　　　D. 纳税人的家庭唯一普通住房

4. 下列哪种材料是纳税人申报纳税时不必提交的材料？（　　）
A. 纳税申报表　　　　　　　　　B. 财务会计报表
C. 会计账簿　　　　　　　　　　D. 税务机关根据需要要求报送的纳税资料

5. 纳税申报方式不包括（　　）。
A. 直接申报　　　B. 邮寄申报　　　C. 简易申报　　　D. 口头申报

二、填空题

1. 税务登记的种类通常包括：_____、_____、停（复）业登记、外出经营报验登记、注销税务登记等。

2. 从事生产、经营的纳税人自领取营业执照之日起_____日内设置账簿。

3. 一般企业要设置的涉税账簿有_____、_____及有关辅助性账。

4. 纳税人、扣缴义务人对各类账、会计凭证、报表、完税凭证及其他有关纳税资料应当保存_____年，法律、行政法规另有规定的除外。

5. 发票的基本联次包括存根联、_____、记账联。

三、简答题

1. 什么是税务登记？税务登记有哪些种类？
2. 纳税人办理纳税申报主要采取的方式有哪几种？

项目三　增值税的计算与智能申报

◎项目目标

知识目标：

1. 掌握增值税的征收范围。
2. 掌握一般纳税人的认定方法。
3. 掌握现行增值税税率和征收率。
4. 掌握一般计税方法增值税应纳税额的计算。
5. 掌握简易计税方法增值税应纳税额的计算。
6. 掌握增值税纳税义务发生时间的规定。
7. 了解增值税纳税期限和纳税地点的规定。
8. 熟悉增值税的纳税申报流程。

技能目标：

1. 能准确判定小规模纳税人和一般纳税人。
2. 能选用正确的计税方法准确计算增值税当期应纳税额。
3. 能正确进行增值税智能申报。

素养目标：

1. 通过学习现行增值税税率的改革历程，领会政府减税让利、惠民利企的初心，培养家国情怀。
2. 通过学习增值税的减税、免税政策，加强思想政治学习，树立正确的税收观念。
3. 通过讨论如何区分企业税收的减免税与偷漏税等行为，认知职业道德的重要性，培养职业操守。
4. 通过学习增值税应纳税额的计算，懂得合理避税不是偷漏税，依法纳税是公民的基本义务，培养爱国情怀。
5. 通过学习纳税义务发生时间的规定，培养诚实守信、遵纪守法的职业品质，强化敬畏法律之心。

◎ 项目描述

　　增值税是国家收入的重要部分，其快速及时的征收有利于保证国家财政收入稳定增长，促进专业化协作生产的发展和生产经营结构的合理化，有利于"奖出限入"，促进对外贸易的发展。本项目将通过八个学习任务，带领学生学习增值税的计算与智能申报，掌握增值税的申报流程和申报方法，为以后的职业道路奠定基础。

◎ 项目导入

　　2017年11月19日，我国公布《国务院关于废止〈中华人民共和国营业税暂行条例〉和修改〈中华人民共和国增值税暂行条例〉的决定》（以下简称"《决定》"），自公布之日起施行。至此营业税退出历史舞台，营改增试点不仅是重大税制改革，也对全国整体经济、财政体制、企业经营行为等产生了深远影响。相关数据表明，营改增不仅实现了所有行业税负只减不增，更营造了更加简洁公平的税制环境，培育了经济发展新动能，拓展了小微企业生存空间。

任务一 增值税征税范围的确定

增值税是以单位和个人生产经营过程中取得的增值额为课税对象征收的一种税，即对销售货物、提供加工修理修配劳务或者发生应税行为过程中实现的增值额征收的一种流转税。

我国的增值税于1979年开始在部分省市试点征收，1984年由全国人大授权国务院发布《中华人民共和国增值税暂行条例（草案）》，增值税成为我国的一个正式税种。目前，增值税已经成为我国的第一大税种。

一、增值税征收范围的规定

增值税的征税范围包括货物的生产、批发、零售和进口四个环节，2016年5月1日以后营改增试点行业扩大到销售服务、无形资产和不动产，我国增值税的征税范围覆盖第一，第二和第三产业。按照《增值税暂行条例》的规定，目前我国增值税的征税范围包括在中华人民共和国境内销售货物或者加工、修理修配劳务（以下简称"劳务"）、销售服务、无形资产、不动产以及进口货物。

（一）销售货物

销售货物，是指有偿转让货物的使用权。货物是指有形动产，包括电力、热力、气体在内；有偿指的是从购买方取得货币、货物或者其他经济利益。

> **注意**
> 《增值税暂行条例》中所称的中华人民共和国境内，是指销售货物的起运地或所在地在中国境内。

（二）销售劳务

销售劳务，是指有偿提供加工、修理修配劳务。其中：加工是指受托加工货物，即委托方提供原料及主要材料，受托方按照委托方的要求，制造货物并收取加工费的业务；修理修配是指受托对损伤和丧失功能的货物进行修复，使其恢复原状和功能的业务。

> **注意**
> 　　单位或者个体工商户聘用的员工为本单位或者雇主提供加工、修理修配劳务，不包括在内。
> 　　供电企业利用自身的输变电设备对并入电网的企业自备电厂生产的电力产品进行电压调节，属于提供加工劳务。

（三）销售服务

销售服务，是指企业在产品销售活动过程中，为顾客提供的各种劳务的总称包括交通运输服务、邮政服务、电信服务、建筑服务、金融服务、现代服务、生活服务。

1. 交通运输服务

交通运输服务是指利用运输工具将货物或旅客送达目的地，使其空间位置得到转移的业务活动。交通运输服务包括陆路运输服务、水路运输服务、航空运输服务和管道运输服务。

（1）陆路运输服务，是指通过陆路（地上或者地下）运送货物或者旅客的运输业务活动，包括铁路运输服务和其他陆路运输服务。其中：铁路运输服务是指通过铁路运送货物或者旅客的运输业务活动；其他陆路运输服务是指除铁路运输服务以外的陆路运输业务活动，包括公路运输、缆车运输、索道运输、地铁运输、城市轻轨运输等。

> **注意**
> 　　出租车公司向使用本公司自有出租车的出租车司机收取的管理费用，按照"陆路运输服务"缴纳增值税。

（2）水路运输服务，是指通过江、河、湖、川等天然、人工水道或者海洋航道运送货物或者旅客的运输业务活动。

水路运输服务的程租、期租业务，属于水路运输服务。其中：程租业务是指运输企业为租船人完成某一特定航次的运输任务并收取租赁费的业务；期租业务是指运输企业将配有操作人员的船舶承租给他人使用一定期限，承租期内听候承租方调遣，不论是否经营均按天向承租方收取租赁费，发生的固定费用均由出租人负担的业务。

（3）航空运输服务，是指通过空中航线运送货物或者旅客的运输业务活动。航天运输服务，按照航空运输服务缴纳增值税。航天运输服务是指利用火箭等载体将卫星、空间探测器等空间飞行器发射到空间轨道的业务活动。

（4）管道运输服务，是指通过管道设施输送气体、液体、固体物质的运输业务活动。无运输工具承运业务，按照交通运输服务缴纳增值税。

> **注意**
> 　　无运输工具承运业务，是指经营者以承运人身份与托运人签订运输服务合同，收取运费并承担承运人责任，然后委托实际承运人完成运输服务的经营活动。
> 　　自2018年1月1日起，纳税人已售票但客户逾期未消费取得的运输逾期票证收入，按照"交通运输服务"缴纳增值税。

2. 邮政服务

邮政服务是指中国邮政集团公司及其所属邮政企业提供邮件寄递、邮政汇兑和机要通信等邮政基本服务的业务活动，包括邮政普遍服务、邮政特殊服务和其他邮政服务。

（1）邮政普遍服务，是指函件、包裹等邮件寄递以及邮票发行、报刊发行和邮政汇兑等业务活动。

（2）邮政特殊服务，是指义务兵平常信函、机要通信、盲人读物和革命烈士遗物的寄递等业务活动。

（3）其他邮政服务，是指邮册等邮品销售、邮政代理等业务活动。

> **注意**
> 中国邮政速递物流股份有限公司及其子公司（含各级分支机构），不属于中国邮政集团公司所属邮政企业。

3. 电信服务

电信服务，是指利用有线、无线的电磁系统或者光电系统等各种通信网络资源，提供语音通话服务，传送、发射、接收或者应用图像、短信等电子数据和信息的业务活动，包括基础电信服务和增值电信服务。

（1）基础电信服务，是指利用固网、移动网卫星联网，提供语音通话服务的业务活动以及出租或者出售带宽、波长等网络元素的业务活动。

（2）增值电信服务，是指利用固网、移动网卫星互联网有线电视网络，提供短信和彩信服务、电子数据和信息的传输及应用服务、互联网接入服务等业务活动。

卫星电视信号落地转接服务，按照增值税电信服务缴纳增值税；纳税人通过楼宇、隧道等分布系统，为电信企业提供的语音通话和移动互联网等无线信号分系统传输服务，分别按照"基础电信服务"和"增值电信服务"缴纳增值税。

4. 建筑服务

建筑服务，是指各类建筑物、构筑物及其附属设施的建造、修缮、装饰，线路、管道、设备、设施等的安装以及其他工程作业的业务活动，包括工程服务、安装服务、修缮服务、装饰服务和其他建筑服务。

（1）工程服务，是指新建、改建各种建筑物、构筑物的工程作业，包括与建筑物相连的各种设备或者支柱、操作平台的安装或者装设工程作业，以及各种密炉和金属结构工程作业。

（2）安装服务，是指生产设备、动力设备、起重设备、运输设备、传动设备、医疗实验设备以及其他各种设备、设施的装配、安置工程作业，包括与被安装设备相连的工作台、梯子、栏杆的装设工程作业，以及被安装设备的绝缘防腐保温、油漆等工程作业。

固定电话、有线电视、宽带、水、电、燃气、暖气等经营者向用户收取的安装费、初装费、开户费、扩容费以及类似收费，按照"安装服务"缴纳增值税。

（3）修缮服务，是指对建筑物、构筑物进行修补、加固、养护改善，使之恢复原来的使用价值或者延长其使用期限的工程作业。

（4）装饰服务，是指对建筑物、构筑物进行修饰装修，使之美观或者具有特定用途的工程作业。

（5）其他建筑服务，是指上列工程作业之外的各种工程作业服务，如钻井（打井）、拆除建筑物或者构筑物、平整土地、园林绿化、疏浚（不包括航道疏浚）、建筑物平移、搭脚手架、爆破矿山穿孔、表面附着物（包括岩层、土层、沙层等）剥离和清理等工程作业。

物业服务企业为业主提供的装修服务，按照"建筑服务"缴纳增值税；纳税人将建筑施工设备出租给他人使用并配备操作人员的，按照"建筑服务"缴纳增值税。

> **注意**
> 1. 物业服务企业为业主提供的装修服务，按照"建筑服务"缴纳增值税。
> 2. 纳税人将建筑施工设备出租给他人使用并配备操作人员的，按照"建筑服务"缴纳增值税。

5. 金融服务

金融服务，是指经营金融保险的业务活动，包括贷款服务、直接收费金融服务、保险服务和金融商品转让。

（1）贷款服务，是指将资金贷与他人使用而取得利息收入的业务活动。各种占用、拆借资金取得的收入，包括金融商品持有期间（含到期）利息（保本收益、报酬、资金占用费、补偿金等）收入、信用卡透支利息收入、买入返售金融商品利息收入、融资融券收取的利息收入，以及融资性售后回租、押汇、罚息、票据贴现、转贷业务等取得的利息及利息性质的收入，按照"贷款服务"缴纳增值税。

融资性售后回租，是指承租方以融资为目的，将资产出售给从事融资性售后回租业务的企业后，从事融资性售后回租业务的企业将该资产出租给承租方的业务活动。

> **注意**
> 以货币资金投资收取的固定利润或者保底利润，按照"贷款服务"缴纳增值税。

（2）直接收费金融服务，是指为货币资金融通及其他金融业务提供相关服务并且收取费用的业务活动，包括提供货币兑换、账户管理、电子银行、信用卡、信用证、财务担保、资产管理、信托管理、基金管理、金融交易场所（平台）管理、资金结算、资金清算、金融支付等服务。

（3）保险服务，是指投保人根据合同约定，向保险人支付保险费，保险人对于合同约定的可能发生的事故因其发生所造成的财产损失承担赔偿保险金责任，或者当被保险人死亡、伤残、疾病或者达到合同约定的年龄、期限等条件时承担给付保险金责任的商业保险行为，包括人身保险服务和财产保险服务。

（4）金融商品转让，是指转让外汇、有价证券非货物期货和其他金融商品所有权的业务活动。其他金融商品转让包括基金、信托、理财产品等各类资产管理产品和各种金融衍生品的转让。

6. 现代服务

现代服务，是指围绕制造业、文化产业、现代物流产业等提供技术性、知识性服务的业务活动，包括研发和技术服务、信息技术服务、文化创意服务、物流辅助服务、租赁服务、鉴证咨询服务、广播影视服务、商务辅助服务和其他现代服务。

（1）研发和技术服务，包括研发服务、合同能源管理服务、工程察探服务、专业技术服务。

（2）信息技术服务，是指利用计算机、通信网络等技术对信息进行生产、收集、处理、加工存储、运输、检索和利用，并提供信息服务的业务活动。包括软件服务、电路设计及测试服务、信息系统服务、业务流程管理服务和信息系统增值服务。

（3）文化创意服务，包括设计服务、知识产权服务、广告服务和会议展览服务"广告的制作、发布"属于"文化创意服务——广告服务"；宾馆、旅馆、旅社、度假村和其他经营性住宿场所提供会议场地及配套服务的活动，按照"会议展览服务"缴纳增值税。

（4）物流辅助服务，包括航空服务、港口码头服务、货运客运场站服务、打捞救助服务、装卸搬运服务、仓储服务和收派服务。

"货运客运场站服务"中的"车辆停放服务"属于"不动产租赁服务"。

（5）租赁服务，包括融资租赁服务和经营租赁服务。融资性售后回租不按照租赁服务缴纳增值税。

> **注意**
> 1. 将建筑物、构筑物等不动产或者飞机、车辆等有形动产的广告位出租给其他单位或者个人用于发布广告，按照"经营租赁服务"缴纳增值税；车辆停放服务、道路通行服务（包括过路费、过桥费、过闸费等）等按照"不动产经营租赁服务"缴纳增值税。
> 2. 水路运输的光租业务、航空运输的干租业务，属于经营租赁。

光租业务，是指运输企业将船舶在约定的时间内出租给他人使用，不配备操作人员，不承担运输过程中发生的各项费用，只收取固定租赁费的业务活动；干租业务，是指航空运输企业将飞机在约定的时间内出租给他人使用，不配备机组人员，不承担运输过程中发生的各项费用，只收取固定租赁费的业务活动。

（6）鉴证咨询服务，包括认证服务、鉴证服务和咨询服务。技术咨询服务按照"鉴证咨询服务"缴纳增值税。

（7）广播影视服务，包括广播影视节目（作品）的制作服务、发行服务和播映（含放映）服务。

（8）商务辅助服务，包括企业管理服务、经纪代理服务、人力资源服务、安全保护服务。

（9）其他现代服务，是指除研发和技术服务、信息技术服务、文化创意服务、物流辅助服务、租赁服务、鉴证咨询服务、广播影视服务和商务辅助服务以外的现代服务。

7. 生活服务

生活服务，是指满足城乡居民日常生活需求提供的各类服务活动，包括文化体育服务、教育医疗服务、旅游娱乐服务、餐饮住宿服务、居民日常服务和其他生活服务。

（1）文化体育服务，包括文化服务和体育服务。

> **注意**
> 纳税人在游览场所经营索道、摆渡车、电瓶车、游船等取得的收入，按照"文化体育服务"缴纳增值税。

（2）教育医疗服务，包括教育服务和医疗服务。
（3）旅游娱乐服务，包括旅游服务和娱乐服务。
（4）餐饮住宿服务，包括餐饮服务和住宿服务。

> **注意**
> 提供餐饮服务的纳税人销售的外卖食品，按照"餐饮服务"缴纳增值税；纳税人以长（短）租形式出租酒店式公寓并提供配套服务的，按照"住宿服务"缴纳增值税。

（5）居民日常服务，是指主要为满足居民个人及其家庭日常生活需求提供的服务，包括市容市政管理、家政、婚庆、养老、殡葬、照料和护理、救助救济、美容美发、按摩、桑拿、氧吧、足疗沐浴、洗染、摄影扩印等服务。

（6）其他生活服务，是指除文化体育服务、教育医疗服务、旅游娱乐服务、餐饮住宿服务和居民日常服务之外的生活服务。

（四）销售无形资产

销售无形资产，是指转让无形资产所有权或者使用权的业务活动。

无形资产，是指不具实物形态，但能带来经济利益的资产，包括技术、商标、著作权、商誉、自然资源使用权和其他权益性无形资产。其中：技术，包括专利技术和非专利技术；自然资源使用权，包括土地使用权、海域使用权、探矿权、采矿权、取水权和其他自然资源使用权；其他权益性无形资产，包括基础设施资产经营权、公共事业特许权、配额、经营权（包括特许经营权、连锁经营权、其他经营权）、经销权、分销权、代理权、会员权、席位权、网络游戏虚拟道具、域名、名称权、肖像权、冠名权、转会费等。

技术转让服务按照"销售无形资产"缴纳增值税；商标和著作权转让服务按照"销售无形资产"缴纳增值税。纳税人通过省级土地行政主管部门设立的交易平台转让补充耕地指标，按照销售无形资产缴纳增值税，税率为6%。补充耕地指标是指根据《中华人民共和国土地管理法》及国务院土地行政主管部门《耕地占补平衡考核办法》的有关要求，经省级土地行政主管部门确认，用于耕地占补平衡的指标。

（五）销售不动产

销售不动产，是指有偿转让不动产所有权的业务活动。

不动产，是指不能移动或者移动后会引起性质、形状改变的财产，包括建筑物、构筑物等。建筑物包括住宅、商业营业用房、办公楼等可供居住、工作或者进行其他活动的建筑物。构筑物，包括道路、桥梁、隧道、水坝等建造物。转让建筑物有限产权或者永久使用权的，转让在建的建筑物或者构筑物所有权的，以及在转让建筑物或者构筑物时一并转让其所占土地的使用权的，按照"销售不动产"缴纳增值税。

有偿是指从购买方取得货币、货物或者其他经济利益。单独转让土地使用权的，按"销售无形资产"缴纳增值税。

（六）进口货物

进口货物，是指申报进入中国海关境内的货物。只要是报关进口的应税货物，均属于增值税的征税范围，除享受免税政策外，在进口环节缴纳增值税。

二、视同销售行为的征税规定

（一）视同销售货物

根据《增值税暂行条例实施细则》的规定，单位或者个体工商户的以下行为，按视同销售货物征收增值税：（1）将货物交付其他单位或者个人代销；（2）销售代销货物；（3）设有两个以上机构并实行统一核算的纳税人，将货物从一个机构移送到其他机构用于销售，但相关机构设在同一县（市）的除外；（4）将自产委托加工的货物用于集体福利或个人消费；（5）将自产委托加工或购进的货物作为投资，提供给其他单位或者个体工商户；（6）将自产委托加工或购进的货物分配给股东或投资者；（7）将自产委托加工或购进的货物无偿赠送其他单位或个人。

（二）视同销售服务、无形资产或者不动产

根据《营业税改征增值税试点实施办法》的规定，单位或者个人的以下情形视同销售服务无形资产或者不动产，征收增值税：（1）单位或者个体工商户向其他单位或者个人无偿提供服务，但用于公益事业或者以社会公众为对象的除外；（2）单位或者个人向其他单位或者个人无偿转让无形资产或者不动产，但用于公益事业或者以社会公众为对象的除外；（3）财政部和国家税务总局规定的其他情形。

根据国家指令无偿提供的铁路运输服务、航空运输服务，属于用于公益事业的服务。纳税人出租不动产，租赁合同约定免租期的，不属于视同销售服务。

三、混合销售和兼营的征税规定

（一）混合销售

混合销售是指一项销售行为既涉及货物又涉及服务。从事货物的生产、批发或者零售的单位和个体工商户的混合销售行为，按照"销售货物"缴纳增值税；其他单位和个体工商户的混合销售行为，按照"销售服务"缴纳增值税。

上述从事货物的生产、批发或者零售的单位和个体工商户，包括以从事货物生产、批发或者零售为主、并兼营销售服务的单位和个体工商户在内。

自2017年5月1日起纳税人销售活动板房、机器设备、钢结构件等自产货物的同时提供建筑、安装服务，不属于混合销售行为，应分别核算货物和建筑服务的销售额，分别适

用不同的税率或者征收率。

（二）兼营

兼营是指纳税人的经营中包括销售货物、劳务、服务、无形资产或者不动产的行为。

纳税人兼营销售货物、劳务、服务、无形资产或者不动产，适用不同税率或者征收率的，应分别核算适用不同税率或者征收率的销售额；未分别核算销售额的，按照以下方法从高适用税率或者征收率：（1）兼有不同税率的销售货物、劳务、服务、无形资产或者不动产，从高适用税率；（2）兼有不同征收率的销售货物、劳务、服务、无形资产或者不动产，从高适用征收率；（3）兼有不同税率或征收率的销售货物、劳务、服务、无形资产或者不动产，从高适用税率。

四、征税范围的特殊规定

征税范围的特殊规定包括：（1）货物期货（包括商品期货和贵金属期货）应当征收增值税，在期货的实物交易环节纳税，其中：交割时采取由期货交易所开具发票的，以期货交易所为纳税人。期货交易所增值税按次计算，其进项税额为该货物交割时供货会员单位开具的增值税专用发票上注明的销项税额，期货交易所本身发生的各种进项税额不得抵扣。交割时采取由供货的会员单位直接将发票开给购货会员单位的，以供货会员单位为纳税人；（2）银行销售金银的业务，应当征收增值税；（3）典当业的死当物品销售业务和寄售业代委托人销售寄售物品的业务，应征收增值税；（4）缝纫业务，应征收增值税；（5）基本建设单位和从事建筑安装业务的企业附设的工厂车间生产的预制构件、其他构件或建筑材料，用于本单位或本企业建筑工程的，在移送使用时，征收增值税；（6）电力公司向发电企业收取的过网费，应征收增值税；（7）旅店业和饮食业纳税人销售非现场消费的食品应缴增值税；（8）纳税人提供的矿产资源开采、挖掘、切制、破碎、分拣、洗选等劳务，属于增值税应税劳务，应缴纳增值税。

五、不征收增值税的项目

不征收增值税的项目有：（1）根据国家指令无偿提供的铁路运输服务、航空运输服务，属于《营业税改征增值税试点实施办法》规定的用于公益事业的服务；（2）存款利息；（3）被保险人获得的保险赔付；（4）房地产主管部门或者其指定机构、公积金管理中心开发企业以及物业管理单位代收的住宅专项维修资金；（5）纳税人在资产重组过程中，通过合并、分立、出售、置换等方式，将全部或者部分实物资产以及与其相关联的债权、负债和劳动力一并转让给其他单位和个人，其中涉及的货物转让行为；（6）纳税人在资产重组过程中，通过合并、分立、出售、置换等方式，将全部或者部分实物资产以及与其相关联的债权、负债和劳动力一并转让给其他单位和个人，其中涉及的不动产土地使用权转让行为。

任务二　增值税纳税人和税率的确定

一、增值税纳税人

（一）纳税人

根据税法规定，在我国境内从事销售货物或者提供加工、修理修配劳务，销售服务、无形资产、不动产以及进口货物的单位和个人均为增值税的纳税人。2013年8月1日开始试点营业税改增值税的试点工作以来，经国务院批准，自2016年5月1日起在全国范围内全面推开营业税改征增值税试点，至此，试点纳税人包括运输业、邮政业、电信业、建筑业、房地产业、金融业、生活服务业等，均由缴纳营业税改为缴纳增值税。

上述的单位是指企业、行政单位、事业单位、军事单位、社会团体及其他单位。个人是指个体工商户和其他个人（自然人）。

单位以承包、承租、挂靠方式经营的，承包人、承租人、挂靠人以发包人、出租人、被挂靠人名义对外经营，并以发包人（出租人、被挂靠人）名义对外经营并由发包人承担相关法律责任的，以该发包人（出租人、被挂靠人）为纳税人，否则以承包人（承租人、挂靠人）为纳税人。

对报关进口的货物，进口货物的收货人或办理报关手续的单位和个人为进口货物的纳税人。

资管产品运营过程中发生的增值税应税行为，以资管产品的管理人为增值税纳税义务人资产管理人包括银行、信托公司、公募基金管理公司及其子公司、期货公司及其子公司、证券公司及其子公司、私募基金管理人、保险资产管理公司、专业保险资产管理机构、养老保险公司等建筑企业与发包方签订建筑合同后，以内部授权或第三方协议等方式授权集团内其他纳税人（第三方）为发包方提供建筑服务，并由第三方直接与发包方结算工程款的，由第三方缴纳增值税，与发包方签订建筑合同的建筑企业不缴纳增值税。

启思导学

税收与民生：营业税退出历史舞台

2017年11月19日，国务院总理李克强签署国务院令，公布《国务院关于废止〈中华人民共和国营业税暂行条例〉和修改〈中华人民共和国增值税暂行条例〉的决定》(以下简称《决定》),自公布之日起施行。至此,营业税退出历史舞台。营改增试点不仅是重大税制改革,也对全国整体经济、财政体制、企业经营行为等产生深远影响。相关数据表明,营改增不仅实现了所有行业税负只减不增,更营造了更加简洁公平的税制环境,培育了经济发展新动能,拓展了小微企业生存空间。这是贯彻习近平总书记提出的"两个一百年"奋斗目标,全面建成小康社会、把中国建成富强民主文明和谐美丽的社会主义现代化强国的必然要求。在实现中国梦的宏伟蓝图中,为我国的经济建设做出了贡献。

中华人民共和国成立和改革开放以来,我国发生翻天覆地的变化,祖国繁荣昌盛,中国特色社会主义进入了新时代。我们要坚定"四个自信",即增强中国特色社会主义道路自信、理论自信、制度自信、文化自信,厚植爱国主义情怀,把爱国情、强国志、报国行自觉融入坚持发展中国特色社会主义事业、建设社会主义现代化强国、实现中华民族伟大复兴的奋斗之中。

(资料来源:中国政府网)

(二)扣缴义务人

在我国境外的单位或者个人在境内发生应税行为,在境内未设有经营机构的,购买方为增值税扣缴义务人。如果设立了经营机构,应以其经营机构为增值税纳税人,就不存在扣缴义务人的问题。

二、增值税纳税人的分类

为了严格增值税的征收管理和对某些经营规模小的纳税人简化计税办法,增值税纳税人被分为小规模纳税人和一般纳税人两类。区分小规模纳税人和一般纳税人主要依据两个标准,一是年应税销售额是否达到规定标准;二是会计核算是否健全。这两类纳税人在税款计算方法、适用税率以及管理办法上都有所不同。

(一)小规模纳税人

小规模纳税人是指年应税销售额在规定标准以下或者会计核算不健全,不能按规定报送有关税务资料的增值税纳税人。年应征增值税销售额的规定标准自2018年5月1日起统一调整为500万元。

年应税销售额超过规定标准但不经常发生应税行为的单位和个体工商户,以及非企业性单位、不经常发生应税行为的企业,可选择按照小规模纳税人纳税。

小规模纳税人不能抵扣增值税进项税额,按简易计税办法计算缴纳增值税。发生应税行为,购买方索取增值税专用发票的,可以自愿使用增值税发票管理系统自行开具。选择自行开具增值税专用发票的小规模纳税人,税务机关不再为其代开增值税专用发票。如果小规模纳税人未选择自行开具增值税专用发票,则可以向主管税务机关申请代开。

（二）一般纳税人

一般纳税人，年应税销售额超过财政部、国家税务总局规定的小规模纳税人标准的，除按照政策规定，选择按照小规模纳税人纳税的和年应税销售额超出规定标准的其他个人外，应当向主管税务机关办理一般纳税人登记。所称年应税销售额，是指纳税人在连续不超过12个月或四个季度的经营期内累计应征增值税销售额，包括纳税申报销售额、稽查查补销售额、纳税评估调整销售额。"经营期"包含未取得销售收入的月份和季度；"纳税申报销售额"是指纳税人自行申报的全部应征增值税销售额，其中包括免税销售额和税务机关代开发票销售额。"稽查查补销售额"和"纳税评估调整销售额"计入查补税款申报下期（或当季）的销售额，不计入税款所属期销售额。

年应税销售额未超过规定标准的纳税人，会计核算健全，能够提供准确税务资料的，可以向主管税务机关办理一般纳税人登记。会计核算健全，是指能够按照国家统一的会计制度规定设置账簿，根据合法、有效凭证进行核算。

纳税人在年应税销售额超过规定标准的月份（或季度）的所属申报期结束后15日内应当向其机构所在地主管税务机关申请办理一般纳税人登记手续；未按规定时限办理的，主管税务机关应当在规定时限结束后5日内制作《税务事项通知书》，告知纳税人应当在5日内向主管税务机关办理相关手续；逾期仍不办理的，次月起按销售额依照增值税税率计算应纳税额，不得抵扣进项税额，直至纳税人办理相关手续为止。

纳税人登记为一般纳税人后，不得转为小规模纳税人，国家税务总局另有规定的除外。

以下纳税人不得办理一般纳税人登记：（1）按照政策规定，选择按照小规模纳税人纳税的；（2）年应税销售额超过规定标准的其他个人（自然人）。

三、增值税税率

增值税税率体现了应税交易的整体税负，反映征税的深度，适用于增值税一般纳税人。我国现行增值税税率包括以下类别。

（一）13%税率

纳税人销售货物、劳务、有形动产租赁服务或者进口货物，除有特殊规定外，税率为13%。

（二）9%税率

纳税人销售交通运输、邮政、基础电信、建筑、不动产租赁服务，销售不动产，转让土地使用权，以及纳税人销售或进口下列货物，税率为9%。

（1）农产品：包括粮食、食用植物油、食用盐等；（2）能源产品：如自来水、暖气、冷气、热水、天然气等；（3）出版物：包括图书、报纸、杂志、音像制品、电子出版物等；

(4)农业生产资料:如饲料、化肥、农药、农机等;(5)国务院规定的其他货物。

(三)6%税率

纳税人销售服务、无形资产,除另有规定外,适用税率为6%。

(四)零税率

纳税人出口货物,税率为零,但国务院另有规定的除外。境内单位和个人跨境销售国务院规定范围内的服务、无形资产,包括:(1)国际运输服务;(2)航天运输服务;(3)向境外单位提供的完全在境外消费的下列服务:研发服务、合同能源管理服务、设计服务、广播影视节目(作品)的制作和发行服务、软件服务、电路设计及测试服务、信息系统服务、业务流程管理服务、离岸服务外包业务、转让技术;(4)国务院规定的其他服务。

> **注意**
> 免税和零税率是两个不同的概念。以货物为例,出口货物免税仅指在出口环节不征收增值税。而零税率是指出口货物除了在出口环节不征收增值税外,还要对该货物在出口前已经缴纳的增值税进行退税,使该出口货物在出口时完全不含增值税税款,从而以无税货物状态进入国际市场。

现行增值税税率表总结如表3-1所示。

表3-1 现行增值税税率表

项目	增值税税率	适用情形
基本税率	13%	(1)销售或者进口一般货物(低税率货物除外) (2)销售加工修理修配劳务 (3)销售有形动产租赁服务
低税率 (第一类)	9%	(1)销售或进口法定适用低税率9%的货物 (2)一般纳税人提供交通运输服务、邮政服务、基础电信服务、建筑服务、不动产租赁服务,销售不动产,转让地使用权
低税率 (第二类)	6%	增值电信服务、金融服务、现代服务(租赁服务除外)、生活服务、销售无形资(转让使用权除外)
零税率	零税率	出口货物(国务院另有规定的除外)境内单位和个人跨境销售国务院规定范围内的服务、无形资产

四、增值税征收率

增值税征收率适用于小规模纳税人和选择按照简易办法计税的一般纳税人,另有规定的除外。目前,我国增值税征收率有3%和5%两种情形,具体规定如下。

> **注意**
> 增值税预征率是指为了保障增值税税款按期均衡入库，对课税对象进行先行征收采用的征税比例。目前预征率主要针对不动产和建筑行业采用，主要有5%、3%和2%三个档次。此外，还有预征率的形式（本书略）。

（一）一般纳税人适用3%增值税征收率的情形

1. 一般纳税人生产销售货物可以选择3%增值税征收率的情形

一般纳税人生产销售下列货物，可以选择适用简易计税方法计税，增值税征收率为3%。

（1）县级及县级以下小型水力发电单位生产的电力。小型水力发电单位，是指各类投资主体建设的装机容量为5万千瓦以下（含5万千瓦）的小型水力发电单位。

（2）自产的建筑用和生产建筑材料所用的砂、土、石料。

（3）以自己采掘的砂、石料或其他矿物连续生产的砖、瓦、石灰（不含黏实心砖、瓦）。

（4）商品混凝土（仅限以水泥为原料生产的水泥混凝土）。

（5）用微生物、微生物代谢产物、动物毒素、人或动物的血液或组织制成的生物制品。

（6）自来水。

2. 一般纳税人销售货物适用3%增值税征收率的情形

一般纳税人销售货物属于下列情形之一的，暂按简易计税方法计税，增值税征收率为3%。

（1）寄售商店代销寄售物品（包括居民个人寄售的物品在内）。

（2）典当业销售死当物品。

3. 一般纳税人销售服务可以选择3%增值税征收率的情形

一般纳税人销售以下服务，可以选择简易计税方法计税，征收率为3%：公共交通运输服务；经认定的动漫企业为开发动漫产品提供的动漫脚本编撰、形象设计、背景设计、动画设计、分镜、动画制作、摄制、描线、上色、画面合成、配音、配乐、音效合成、剪辑、字幕制作、压缩转码服务，以及在境内转让动漫版权等服务；电影放映服务、仓储服务、装卸搬运服务、收派服务和文化体育服务；国务院规定的其他情形。

一般纳税人提供的建筑服务，可以选择简易计税方法计税，征收率为3%。一般纳税人以清包工方式提供的建筑服务，可以选择简易计税方法计税；一般纳税人为甲供工程提供的建筑服务，以选择简易计税方法计税；一般纳税人为建筑工程老项目提供的建筑服务，可以选择简易计税方法计税；国务院规定的其他情形。

4. 一般纳税人销售旧货

一般纳税人销售旧货，依照3%征收率减按2%征收增值税。旧货是指进入二次流通，具有部分使用价值的货物，但不包括自己使用过的物品。

自2024年1月1日至2027年12月31日从事二手车经销业务的纳税人（包括一般纳税人和小规模纳税人）销售其收购的二手车，按照简易办法依3%征收率减按0.5%征收增值税。二手车，是指从办理完注册登记手续至达到国家强制报废标准之前进行交易并转移所有权的车辆。

一般纳税人销售自己使用过的固定资产，适用简易计税方法的情形有：（1）2008年12月31日以前未纳入扩大增值税抵扣范围试点的一般纳税人，销售自己使用过的2008年12月31日以前购进或者自制的固定资产，依照3%征收率减按2%征收增值税；（2）2008年12月31日以前已纳入扩大增值税抵扣范围试点的一般纳税人，销售自己使用过的在本地区扩大增值税抵扣范围试点以前购进或者自制的固定资产，依照3%减按2%征收增值税。

（二）一般纳税人适用5%增值税征收率的情形

一般纳税人适用5%增值税征收率的情形有：（1）一般纳税人转让、出租其2016年4月30前取得的不动产土地使用权，选择简易计税方法的，征收率为5%；（2）房地产开发企业的一般纳税人销售自行开发的房地产老项目，选择简易计税方法的征收率为5%；（3）一般纳税人收取试点前开工的一级公路、二级公路、桥、闸通行费可以选择简易计税方法的，征收率为5%。试点前开工，是指相关施工许可证注明的合同开工日期在2016年4月30日前；（4）一般纳税人提供劳务派遣服务和提供安全保护服务，选择差额计税的，征收率为5%；（5）自2021年10月1日起，住房租赁企业中的增值税一般纳税人向个人出租住房，可以选择简易计税方法，按照5%的征收率减按1.5%计算缴纳增值税。

（三）小规模纳税人适用3%增值税征收率的情形

小规模纳税人适用3%增值税征收率的情形有：（1）小规模纳税人在境内销售货物、提供劳务、销售服务、无形资产发生的应税行为，采用简易计税方法，一般按3%征收率征收增值税（除不动产销售、不动产租赁、转让土地使用权、提供劳务派遣服务和安全保护服务等征收率为5%的以外）；（2）小规模纳税人除其他个人以外销售已使用过的除固定资产以外的物品，按3%征收率征收增值税；（3）小规模纳税人（除其他个人以外）销售自己使用过的固定资产，依照3%征收率减按2%征收增值税；（4）小规模纳税人销售旧货依照3%征收率减按2%征收增值税；（5）2027年12月31日前，增值税小规模纳税人适用3%征收率的应税销售收入，减按1%征收率征收增值税；适用3%预征率的预缴增值税项目，减按1%预征率预缴增值税。

（四）小规模纳税人适用5%增值税征收率的情形

小规模纳税人适用5%增值税征收率的情形有：（1）小规模纳税人转让取得的不动产、出租取得的不动产（不含个人出租住房）、转让土地使用权，征收率为5%；（2）房地产开发企业的小规模纳税人销售自行开发的房地产项目，征收率为5%；（3）小规模纳税人提供劳务派遣服务和提供安全保护服务，征收率为5%；（4）住房租赁企业中的小规模纳税人向个人出租房，依照5%的增值税征收率减按1.5%计算缴纳增值税。个人出租住房，依照5%的增值税征收率减按1.5%计算缴纳增值税。

小规模纳税人和一般纳税人选择简易计税方法的，一般情况下增值税征收率为3%。5%增值税征收率大多数情况下与不动产有关，5%增值税征收率明细表如表3-2所示。

表3-2　5%增值税征收率明细表

纳税人	应税项目	特殊情形
一般纳税人	转让、出租其2016年4月30日前取得的不动产和土地使用权，选择简易计税方法的	
	房地产开发企业的一般纳税人销售自行开发的房地产老项目，选择简易计税方法的	
	一般纳税人收取试点前开工的一级公路、二级公路、桥、闸通行费，可以选择简易计税方法的	
	一般纳税人提供劳务派遣服务和提供安全保护服务，选择差额计税方法的	
	自2021年10月1日起，住房租赁企业中的增值税一般纳税人向个人出租住房，选择简易计税方法	依照5%的征收率减按1.5%计算缴纳增值税
小规模纳税人	小规模纳税人转让取得的不动产、出租取得的不动产（不含个人出租住房）、转让土地使用权	
	房地产开发企业的小规模纳税人销售自行开发的房地产项目	
	住房租赁企业中的小规模纳税人向个人出租住房	依照5%的征收率减按1.5%计算缴纳增值税
	个人出租住房	依照5%的征收率减按1.5%计算缴纳增值税

任务三　增值税的减税与免税

为了实现不同的政策目标，我国在增值税领域规定了较多的减税、免税项目，主要涉及扶持农业发展、促进资源综合利用、鼓励产业发展、照顾社会公共事业等目标。

一、《增值税暂行条例》规定的免税项目

《增值税暂行条例》规定的免税项目有：（1）农业生产者销售的自产农产品；（2）药品和用具；（3）古旧图书，是指向社会收购的古书和旧书；（4）直接用于科学研究科学试验和教学的进口仪器、设备；（5）外国政府和国际组织无偿援助的物资和设备；（6）由残疾人的组织直接进口供残疾人专用的物品；（7）销售自己使用过的物品（其他个人）。

农业生产者销售的自产农产品为免税项目，包括从事农业生产的单位和个人。农业包括种植业、养殖业、林业、牧业、水产业。

农产品增值税计税规则如表3-3所示。

表3-3 农产品增值税计税规则

情形	卖方	买方（进项）
农业生产者自产农产品	免税	计算抵扣：买价×扣除率
经营者销售农产品（一般纳税人）	9%计算销项税	凭票抵扣：9%或10%
经营者销售农产品（小规模纳税人）	3%计算销项税	计算抵扣：9%或10%
工业加工后的农产品	13%计算销项税 3%计算销项税	凭票抵扣：13%或3%

> **提示**
>
> 纳税人采用"公司＋农户"经营模式从事畜禽饲养，纳税人回收再销售畜禽，属于农业生产者销售自产农产品。
>
> 对农业生产者销售的外购农产品，以及单位和个人外购农产品生产、加工后销售的仍然属于规定范围的农业产品，不属于免税的范围，应按规定的税率征收增值税。

二、"营改增"规定的税收优惠政策

（一）文教卫生

与文教卫生相关的免税项目有：（1）托儿所、幼儿园提供的保育和教育服务；（2）养老机构提供的养老服务；（3）残疾人福利机构提供的育养服务；（4）婚姻介绍服务；（5）殡葬服务；（6）医疗机构提供的医疗服务；（7）从事学历教育的学校（含民办学校，但不含职业培训机构）提供的教育服务；（8）从事学历教育的学校提供的教育服务，包括境外教育机构与境内从事学历教育的学校开展中外合作办学，提供学历教育服务取得的收入；（9）政府举办的从事学历教育的高等、中等和初等学校（不含下属单位），举办进修班、培训班取得的全部归该学校所有的收入；（10）政府举办的职业学校设立的主要为在校学生提供实习场所，并由学校出资自办、由学校负责经营管理、经营收入归学校所有的企业，从事"现代服务"（不含融资租赁服务、广告服务和其他现代服务）、"生活服务"（不含文化体育服务、其

他生活服务和桑拿、氧吧）业务活动取得的收入；（11）纪念馆、博物馆、文化馆、文物保护单位管理机构、美术馆、展览馆、书画院、图书馆在自己的场所提供文化体育服务取得的第一道门票收入；（12）寺院、宫观、清真寺、教堂举办文化、宗教活动门票收入；（13）2027年12月31日前，对科普单位的门票收入以及县级及以上党政部门和科协开展科普活动的门票收入免征增值税；（14）免征图书批发、零售环节增值税。

（二）个人

与个人相关的免税项目有：（1）个人转让著作权；（2）个人销售自建自用住房；（3）个人从事金融商品转让业务；（4）残疾人员本人为社会提供的服务；（5）学生勤工俭学提供的服务；（6）涉及家庭财产分制的个人无偿转让不动产、土地使用权，包括：离婚财产分制；无偿赠予配偶、父母、子女、祖父母、外祖父母、孙子女、外孙子女、兄弟姐妹；无偿赠予对其承担直接抚养或者赡养义务的抚养人或者赡养人；房屋产权所有人死亡，法定继承人、遗嘱继承人或受遗赠人依法取得房屋产权；（7）个人住房销售。非北上广深地区：不满2年，全额计税；满2年，免税。北上广深地区：不满2年，全额计税；满2年，普通住房免税，非普通住房差额计税。

（三）特殊人群

随军家属、军队转业干部（"二类人员"）创业就业享受税收优惠政策：（1）为安置"二类人员"而新开办的企业，自领取税务登记证之日起3年免征增值税；（2）从事个体经营的"二类人员"，自办理税务登记证之日起3年内免征增值税。

（四）房地资源

与房地资源相关的税收优惠政策有：（1）军队空余房产租赁收入；（2）企业、行政事业单位按房改成本价、标准价出售住房取得的收入；（3）将土地使用权转让给农业生产者用于农业生产；（4）土地所有者出让土地使用权和土地使用者将土地使用权归还给土地所有者；（5）县级以上地方人民政府或自然资源行政主管部门出让、转让或收回自然资源使用权（不含土地使用权）。

（五）金融保险

1.列明的利息收入

（1）国家助学贷款。
（2）国债、地方政府债。
（3）人民银行对金融机构的贷款。
（4）住房公积金个人住房贷款。
（5）外汇管理部门委托金融机构发放的外汇贷款。

（6）统借统还业务中按不高于支付给金融机构的借款利率水平或者支付的债券票面利率水平，向企业集团或集团内下属单位收取的利息。统借方向资金使用单位收取的利息，高于支付给金融机构借款利率水平或者支付的债券票面利率水平的，应全额缴纳增值税。

> **提示**
> 2027年12月31日前，对企业集团内单位（含企业集团）之间的资金无偿借贷行为，免征增值税。

具体有两种操作模式：

①企业集团A或者企业集团中的核心企业B向金融机构借款或对外发行债券取得资金后，将所借资金分拨给下属单位C、D（包括独立核算单位和非独立核算单位，下同），并向下属单位C、D收取用于归还金融机构或债券购买方本息的业务。

②企业集团A向金融机构借款或对外发行债券取得资金后，由集团所属财务公司B与企业集团A或者集团内下属单位C、D签订统借统还贷款合同并分拨资金，并向企业集团A或者集团内下属单位C、D收取本息，再转付企业集团A，由企业集团统一归还金融机构或债券购买方的业务。

（7）2027年12月31日前，对金融机构向小型企业、微型企业和个体工商户发放小额贷款取得的利息收入，免征增值税。

【例3-1】 甲集团总部为增值税一般纳税人，2021年6月取得统借统还利息收入100万元，保本理财产品利息收入21.2万元。判断是否需要缴纳增值税，如需缴纳并计算出结果。统借统还业务的利息收入可以免征增值税。保本理财产品利息收入按贷款服务缴纳增值税。

甲集团总部应纳增值税销项税额 = 21.2 ÷ (1 + 6%) × 6% = 1.2（万元）。

（8）2025年12月31日前，对境外机构投资境内债券市场取得的利息收入，暂免征增值税。

2. 被撤销金融机构以货物、不动产、无形资产、有价证券、票据等财产清偿债务

被撤销金融机构以货物、不动产、无形资产、有价证券、票据等财产清偿债务享受免税政策。除另有规定外，被撤销金融机构所属、附属企业，不享受此免税政策。

3. 保险公司开办的1年期以上人身保险产品取得的保费收入

4. 再保险服务

5. 金融同业往来利息收入

金融同业往来利息收入包括：金融机构与人民银行往来利息收入、银行联行往来业务、金融机构间资金往来业务、金融机构之间开展的转贴现业务等。

6. 同时符合条件的担保机构从事中小企业信用担保或者再担保业务取得的收入（不含信用评级咨询培训等收入）3年内免征增值税

7. 金融商品转让收入

金融商品转让收入免税的有：

（1）合格境外投资者（QFII）委托境内公司在我国从事证券买卖业务。

（2）香港市场投资者（单位和个人）通过沪港通和深港通买卖上海证券交易所和深圳

证券交易所上市 A 股；内地投资者（包括单位和个人）通过沪港通买卖香港联交所上市股票。

（3）对香港市场投资者（单位和个人）通过基金互认买卖内地基金份额。

（4）证券投资基金管理人运用基金买卖股票债券。

（5）个人从事金融商品转让业务。

（6）全国社会保障基金理事会、全国社会保障基金投资管理人运用全国社会保障基金买卖证券投资基金、股票、债券取得的金融商品转让收入，免征增值税。

（7）对社保基金会、社保基金投资管理人在运用社保基金投资过程中提供贷款服务，取得的全部利息及利息性质的收入和金融商品转让收入，免征增值税。

> 提示
> 　　中国信达、中国华融、中国长城、中国东方资产管理公司及各自分支机构，在收购、承接和处置剩余政策性剥离不良资产和改制银行剥离不良资产过程中开展的特定业务免征增值税。
> 　　注册在特定区域的保险企业国际航运保险业务免征增值税。

（六）其他免税项目

其他免税项目主要有：

（1）纳税人提供技术转让、技术开发所得和与之相关的技术咨询、技术服务所得，在同一张发票上开具的可以一同享受免税，如单独提供技术咨询或技术服务应正常纳税。

（2）符合条件的合同能源管理服务。

（3）福利彩票、体育彩票的发行收入。

（4）农业机耕、排灌、病虫害防治和植物保护、农牧保险以及相关技术培训业务，家禽、牲畜、水生动物的配种和疾病防治。动物诊疗机构提供的动物疾病预防、诊断、治疗和动物绝育手术等动物诊疗服务，属于"配种和疾病防治"，免征增值税。动物诊疗机构销售动物食品和用品，提供动物清洁、美容、代理看护等服务，应按照现行规定缴纳增值税。

（5）行政单位之外的其他单位收取的符合条件的政府性基金和行政事业性收费。

（6）各党派、共青团、工会、妇联、中科协、青联、台联、侨联收取党费、团费、会费，以及政府间国际组织收取会费，属于非经营活动，不征收增值税。

（7）家政服务企业由员工制家政服务员提供家政服务取得的收入。

（8）台湾航运公司航空公司、从事海峡两岸海上直航空中直航业务在大陆取得的运输收入。

（9）纳税人提供的直接或者间接国际货物运输代理服务。

（10）国家商品储备管理单位及其直属企业承担商品储备任务，从中央或地方财政取得的利息补贴收入和价差补贴收入。

（11）青藏铁路公司提供的铁路运输服务免征增值税。

（12）中国邮政集团公司及其所属邮政企业提供的邮政普遍服务和邮政特殊服务，免征增值税。

（13）中国邮政集团公司及其所属邮政企业为金融机构代办金融保险业务取得的代理收入，在"营改增"期间免征增值税。

（14）自2024年1月1日至2027年12月31日对国家级、省级科技企业孵化器大学科技园和国家备案众创空间向在孵对象提供孵化服务取得的收入，免征增值税。孵化服务包括为在孵对象提供：经纪代理、经营租赁、研发和技术、信息技术、鉴证咨询服务。

（七）财政补贴收入计税规则

纳税人取得的财政补贴收入，与其销售货物、劳务、服务、无形资产、不动产的收入或数量直接挂钩的，应计算增值税。纳税人取得的其他情形的财政补贴收入，不属于增值税应税收入，不征收增值税。

三、财政部、国家税务总局规定的其他部分免税项目

财政部、国家税务总局规定的其他部分免税项目主要有：

（1）纳税人销售自产的综合利用产品和提供资源综合利用劳务，可享受增值税即征即退政策。退税比例有30%、50%、70%和100%四个档次。

（2）对从事蔬菜批发、零售的纳税人销售的蔬菜免征增值税。蔬菜免征各个流通环节的增值税。此处蔬菜的范围包括经挑选、清洗、切分、晾晒、包装、脱水、冷藏、冷冻等工序加工的蔬菜，但不包括各种蔬菜罐头。

（3）除豆粕外的其他粕类饲料产品，均免征增值税。

（4）制种行业列明经营模式下生产销售种子属于农业生产者销售自产农业产品，免征增值税。

（5）纳税人生产销售和批发零售有机肥产品免征增值税。

（6）自2019年1月1日起至2027年12月31日对边销茶生产企业销售自产的边销茶及经销企业销售的边销茶继续执行免征增值税政策。

（7）按债转股企业与金融资产管理公司签订的债转股协议，债转股原企业将货物资产作为投资提供给债转股新公司的，免征增值税。

（8）自2014年3月1日起对外购用于生产烯芳烃类化工产品（以下简称"特定化工产品"）的石脑油、燃料油（以下简称"两类油品"），且使用两类油品生产特定化工产品的产量占本企业用石脑油、燃料油生产各类产品总量50%（含）以上的企业，其外购两类油品的价格中消费税部分对应的增值税额，予以退还。

（9）自2023年1月1日至2027年12月31日，对月销售额10万元（以1个季度为1个纳税期的，季度销售额未超过30万元）以下（含本数）的增值税小规模纳税人免征增值税。规模人发生增值税应税销售行为合计月销售额未超过15万元（以1个季度为1个纳税期的，季度销售额未超过45万元）的，免征增值税。

小规模纳税人发生增值税应税销售行为，合计销售额超过10万元但扣除本期发生的销

售不动产的销售额后未超过 10 万元的，其销售货物、劳务、服务、无形资产取得的销售额免征增值税。

适用增值税差额征税政策的小规模纳税人，以差额后的余额为销售额确定是否可以享受上述规定的免征增值税政策。

（10）小规模纳税人退还增值税

小规模纳税人月销售额未超过 10 万元的，当期因开具增值税专用发票已经缴纳的税款，在增值税专用发票全部联次追回或者按规定开具红字专用发票后，可以向主管税务机关申请退还。

（11）境内的单位和个人销售规定的服务和无形资产免征增值税，但按规定适用增值税零税率的除外。

（12）对东北、西北、华北等地区的供热企业向居民个人供热而取得的采暖费收入免征增值税，执行期限延长至 2027 年供暖期结束。

（13）符合规定的内资研发机构和外资研发中心采购国产设备全额退还增值税。研发机构已退税的国产设备，自增值税发票开具之日起 3 年内，设备所有权转移或移作他用的，研发机构须向主管税务机关补缴已退税款。计算公式如下：

应补税款＝增值税发票上注明的金额×（设备折余价值/设备原值）×增值税适用税率
设备折余价值＝设备原值－累计已提折旧

（14）原对城镇公共供水用水户在基本水价（自来水价格）外征收水资源税的试点省份在水源费改税试点期间，按照不增加城镇公共供水企业负担的原则，城镇公共供水企业缴纳的水资源税所对应的税费收入，不计征增值税，按"不征税自来水"项目开具增值税普通发票。

（15）纳税人采取转包、出租、互换、转让、入股等方式将承包地流转给农业生产者用于农业生产，免征增值税。

（16）自 2016 年 5 月 1 日起社会团体收取的会费，免征增值税。2017 年 12 月 25 日前已征的增值税，可抵减以后月份应缴纳的增值税，或办理退税。

（17）其他个人，采取一次性收取租金形式出租不动产取得的租金收入，可在对应的租赁期内平均分摊，分摊后的月租金收入未超过 10 万元的免征增值税。

（18）新企业发行存款凭证免征增值税；对个人投资者转计新企业 CDR 取得的差价收入暂免征收增值税；对单位投资者转让创新企业 CDR 取得的差价收入，按金融商品转让政策规定免征增值税；自试点开始之日起，对公募证券投资基金（封闭式证券投资基金、开放式证券投资基金）管理人运营基金过程中转让创新企业 CDR 取得的差价收入，3 年内暂免征收增值税；对合格境外机构投资者（QFII）人民币合格境外机构投资者（RQFII）委托境内公司转让创新企业 CDR 取得的差价收入，暂免征收增值税。

（19）自 2023 年 9 月 22 日至 2027 年 12 月 31 日继续对国产抗艾滋病病毒药品免征生产环节和流通环节增值税。

（20）符合条件的扶贫捐赠免征增值税。

自 2019 年 1 月 1 日至 2025 年 12 月 31 日，对单位或者个体工商户将自产、委托加工或购买的货物通过公益性社会组织、县级及以上人民政府及其组成部门和直属机构，或直接无偿捐赠给目标脱贫地区的单位和个人，免征增值税。在政策执行期限内，目标脱贫地区实现脱贫的，可继续适用上述政策。

增值税中直接或间接扶贫捐赠均可免征，但企业所得税中，符合规定的间接扶贫捐赠可以全额税前扣除。

（21）自2019年6月1日至2025年12月31日为社区提供养老与家政等服务的机构，提供社区养老、托育、家政服务取得的收入免征增值税。

（22）广播影视免征增值税。

自2019年1月1日至2027年12月31日，对电影主管部门（包括中央省、地市及县级）按照各自职能权限批准从事电影制片、发行、放映的电影集团公司（含成员企业）、电影制片及其他电影企业取得的销售电影拷贝（含数字拷贝）收入、转让电影版权（包括转让和许可使用）收入、电影发行收入以及在农村取得的电影放映收入，免征增值税。

对广播电视运营服务企业收取的有线数字电视基本收视维护费和农村有线电视基本收视费，免征增值税。

四、即征即退优惠政策

根据规定，对以下情形施行即征即退优惠政策：

（1）增值税一般纳税人销售其自行开发生产的软件产品，按13%基本税率征收增值税后，对其增值税实际税负超过3%的部分实行即征即退政策（其中：税负=税额/收入）。动漫软件也享受此优惠。

> **提示**
> 一般纳税人将进口软件产品进行本地化改造后对外销售，其销售的软件产品可享受上述规定的增值税即征即退政策。单纯对进口软件产品进行汉字化处理不包括在内。

【例3-2】甲软件生产企业是一般纳税人，2021年10月取得销售软件不含税收入为200万元，相关的进项税为6万元。计算甲软件生产企业应当缴纳的增值税。

该企业10月应纳增值税为20（200×13%－6）万元，且这20万元需要在11月15日前交到主管税务局，然后可向主管税务局申请增值税即征即退，退税金额为14（20－200×3%）万元。主管税务局审核无误后，14万元会在2021年11月月底前退回企业。

（2）一般纳税人提供管道运输服务，对其增值税实际税负超过3%的部分实行即征即退政策。

（3）经批准从事融资租赁业务的试点纳税人中的一般纳税人，提供有形动产融资租赁服务和有形动产融资性售后回租服务，对其增值税实际税负超过3%的部分实行即征即退政策。

（4）安置残疾人的单位和个体户，按安置人数限额即征即退增值税。具体计算公式为：

本期应退增值税额=本期所含月份每月应退增值税额之和

月应退增值税额=纳税人本月安置残疾人员人数×本月最低工资标准的4倍

五、扣减税额优惠政策

扣减税额优惠政策主要是针对退役士兵和重点群体创业就业。

二类人从事个体经营的，在 3 年内按每户每年 20000 元为限额依次扣减其当年实际应缴纳的增值税、城市维护建设税、教育费附加、地方教育附加和个人所得税。限额标准最高可上浮 20%。

企业安置二类人就业的，在 3 年内按每实际招用人数每年 6000 元为限额，依次扣减增值税、城市维护建设税、教育费附加、地方教育附加和企业所得税。重点群体定额标准最高可上浮 30%；退役士兵定额标准最高可上浮 50%。

六、先征后退优惠政策

自 2024 年 1 月 1 日起至 2027 年 12 月 31 日，对宣传文化执行增值税先征后退政策，不同类别的出版物在出版环节执行增值税 100% 或 50% 先征后退的政策。

七、起征点优惠政策

起征点仅适用于个人，包括个体工商户和其他个人，但不适用于登记为一般纳税人的个体工商户。个人发生应税行为的销售额未达到增值税起征点的，免征增值税；达到起征点的，全额计算缴纳增值税。起征点幅度为：按期纳税的，为月销售额 5000～20000 元（含）；按次纳税的，为每次（日）销售额 300～500 元（含）。

八、其他有关减免税的规定

兼营减税、免税项目的纳税人需分别核算减税、免税货物与其他货物的销售额，未分别核算的不得减免。

适用免税规定的，可以按规定选择放弃免税。纳税人放弃免税权的：提交书面声明报主管税务机关备案，次月起正常计税；符合规定的可认定为一般纳税人并使用专用发票；不能选择部分免税期内取得的用于免税项目的进项税不得抵扣。放弃免税后次月起 36 个月内不得再申请免税。

任务四 增值税应纳税额的计算

增值税的计税方法主要包括一般计税方法、简易计税方法两种。

一、一般计税方法应纳税额的计算

增值税一般纳税人发生应税销售行为的应纳税额，除适用简易计税方法外的，均应采用一般计税方法。我国采用的一般计税方法是间接计算法，即先按当期销售额和适用税率计算出销项税额，然后将当期准予抵扣的进项税额进行抵扣，从而间接计算出当期增值额部分的应纳税额。其计算公式为：

当期应纳税额＝当期销项税额－当期进项税额

增值税一般纳税人当期应纳税额的多少，取决于当期销项税额和当期进项税额这两个因素。要特别注意"当期"这个重要的时间限定，是指税务机关依照税法规定对纳税人确定的纳税期限。一般纳税人销售货物、劳务、服务、无形资产、不动产（以下简称"应税销售行为"），应纳税额为当期销项税额抵扣当期进项税额后的余额。

（一）当期销项税额的确定

纳税人销售货物或提供应税劳务、应税服务、无形资产或者不动产，按照销售额或应税劳务收入和应税服务收入与税法规定的税率计算，并向购买方收取的增值税额，即为销项税额。其计算公式如下：

销项税额＝销售额×增值税税率

该公式有两层含义：一是销项税额是计算出来的，对销售方来讲，在没有依法抵扣其进项税额前，销项税额不是其应纳增值税额，而是应税销售行为的整体税负；二是销售额是不含销项税额的销售额，销项税额是从购买方收取的，体现了价外税性质。当期销售额的确定是应纳税额计算的关键。

1.一般销售方式下当期销售额的确定

应税销售额为纳税人发生应税销售行为收取的全部价款和价外费用，但是不包括收取的销项税额。

（1）应税销售额包括：向购买方收取的全部价款；向购买方收取的各种价外费用（价外费用无论其在会计上如何核算，都应并入销售额计税），包括手续费、补贴、基金、集资费、返还利润、奖励费、滞纳金、违约金、延期付款利息、赔偿金、包装费、包装物租金、储备费、优质费、运输装卸费、代收款项、代垫款项及其他各种性质的价外收费；消费税等价内税金。

（2）应税销售额中不包含：向购买方收取的销项税额；受托加工应征消费税的消费品所代收代缴的消费税；同时符合两个条件（承运部门的运输费用发票开具给购买方、纳税人将该项发票转交给购买方的）的运输费用；符合条件代为收取的政府性基金和行政事业性收费；销货同时代办保险收取的保险费、代购买方缴的车辆购置税、车辆牌照费。

2. 货物的特殊销售方式下的销售额

在市场竞争过程中，纳税人会采取某些特殊、灵活的销售方式销售货物、劳务服务、无形资产或者不动产，以求扩大销售并占领市场。这些特殊销售方式下的销售额可分为以下多种情形：

（1）采取折扣方式销售。

折扣方式销售，是指销售方在销售货物、提供应税劳务，销售服务、无形资产或者不动产时，因购买方需求量大等原因，而给予的价格方面的优惠。

现行税法规定：纳税人采取折扣方式销售货物，如果销售额和折扣额在同一张发票上分别注明，可以按折扣后的销售额征收增值税，销售额和折扣额在同一张发票上分别注明是指销售额和折扣额在同一张发票上的"金额"栏分别注明，未在同一张发票"金额"栏注明折扣额而仅在发票的"备注"栏注明折扣额的，折扣额不得从销售额中减除。如果将折扣额另开发票不论其在财务上如何处理，均不得从销售额中减除折扣额。

折扣销售，销售折扣通常是为了促进销售而给予的折扣优待。销售时折扣已确定发生，在同一张发票上注明并在入账时直接扣除。

【例3-3】甲服装厂为增值税一般纳税人，2021年6月销售给以企业500套服装，不含税价格为800元/套。由于乙企业购买数量较多，甲服装厂给予乙企业7折的优惠，并按原价开具了增值税专用发票，折扣额在同一张发票的"备注"栏注明。甲服装厂当月的销项税额计算如下：

甲服装厂当月的销项税额 = 500×800×13% = 52000（元）

本题中，甲服装折扣额在同一张发票的"备注"栏注明，因此甲服装厂当月的计算销项税额的折扣额不得从销售额中减除。

销售折扣，又称现金折扣，是指为了鼓励购货方及早付款而给予购货方的一种折扣优待。销售折扣额不得从销售额中减除。

销售折让，是指货物售出后，由于货物的品种、质量等原因引起购货方要求予以未退货，但要求销货方给予购货方的一种价格折让。销货方可以通过开具红字专用发票从销售额中减除，未按规定开具红字增值税专用发票的，不得扣减销项税额或销售额。

（2）采取以旧换新方式销售。

以旧换新方式销售，是指纳税人在销售过程中，折价收回同类旧货物，并以折价款部分冲减新货物的一种销售方式。纳税人采取弃旧换新方式销售的（金银首饰除外），应按照新货物的同期销售价格确定销售额。

> **提示**
> 如果是金银首饰以旧换新，应按照销售方实际收到的不含增值税的差额征税。

【例3-4】甲商场2021年5月以旧换新销售6台空调，新空调每台零售价3300元（含税），旧空调每台作价100元，每台空调收取差价3200元，计算该项业务的增值税销项税额。

该项业务的增值税销项税额 = 3300×6÷（1＋13%）×13% = 2277.88（元）。

【例3-5】甲首饰商城为增值税一般纳税人，2021年5月采取"以旧换新"方式向消费者销售金项链5000条，新项链每条零售价2500元，旧项链每条作价2200元，每条项链取得差价款300元。计算该项业务的增值税销项税额。（计算结果保留整数）

该项业务的增值税销项税额 = 5000×300÷（1＋13%）×13% = 172566（元）。

在以旧换新方式销售金银首饰时，纳税人的销售额是按照实际收到的价款为销售额，纳税人实际收到的是新旧金项链的差价，每条300（2500－2200）元，共销售5000条，所以它的销售额就是1500000（5000×300）元，那么相对应的它的销项税额就是1327433 [5000×300（1＋13%）] 元价税分离之后再乘以13%等于172566元。

（3）采取还本销售方式销售。

还本销售方式是指将货物销售出去以后，到约定的期限再由销货方一次或分次将购货款部分或全部退还给购货方的一种销售方式，其实质是一种以提供货物换取还本不付息的融资行为。税法规定纳税人采取还本销售方式销售货物，其销售额应是货物的销售全价，不得从销售额中减除还本支出。

（4）采取以物易物方式销售。

以物易物方式是指购销双方不是以货币结算或主要不以货币结算，而是以货物相互结算，实现货物购销，是一种较为特殊的货物购销方式。虽然这种方式没有涉及货币收支，但其本质也是一种购销行为。税法规定，以物易物的双方都应作购销处理，以各自发出的货物核算销售额，并以此计算销项税额，以各自收到的货物按规定核算购货额，并以此计算进项税额。以物易物的双方，如果未相互开具增值税专用发票，也应计算销项税额，但没有进项税额。如果双方相互开具了增值税专用发票，则双方既要计算销项税额，也可抵扣进项税额。

（5）包装物押金、租金计税问题。

包装物是指纳税人包装本单位货物的各种物品。为了促使购货方尽早退回包装物以便周转使用，一般情况下，销货方向购货方收取包装物押金，购货方在规定的期间内返回包装物，销货方再将收取的包装物押金返还。

根据税法规定，纳税人为销售货物而出租出借包装物收取的押金，单独记账的、时间在1年内又未过期的，不并入销售额纳税，但对逾期未收回不再退还的包装物押金，应按所包装货物的适用税率计算纳税。

> **提示**
>
> "逾期"的界定，"逾期"是以1年（12个月）为期限；押金属于含税收入，应先将其换算为不含税销售额再并入销售额征税。另外包装物押金与包装物租金不能混淆，包装物租金属于价外费用，在收取时便并入销售额征税。
>
> 对销售除啤酒、黄酒以外的其他酒类产品，其包装物押金一律计入销售额，一并计税。

【例3-6】 甲生产企业（增值税一般纳税人）2021年7月销售化工产品取得含税销售额793.26万元，为销售货物出借包装物收取押金15.21万元，约定3个月内返还；当月没收逾期未退还包装物的押金1.3万元。计算该企业2021年7月上述业务计税销售额。（计算结果保留两位小数）

为销售货物出借包装物收取押金15.21万元，未逾期，因此不作为当月的销售额。而没收逾期未退还包装物的押金1.3万元就要做销售额，之前包装物押金是含税销售额，因此：

该企业的2021年7月上述业务计税销售额＝（793.26＋1.3）÷（1＋13%）＝703.15（万元）。

（6）销货退回或销售折让计税问题。

纳税人在销售货物时，因货物质量、规格等原因而发生销货退回或销售折让，由于销货退回或折让不仅涉及销货价款或折让价款的退回，还涉及增值税的退回，因此销货方应对当期销项税额进行调整。税法规定，一般纳税人因销货退回和销售折让而退还给购买方的增值税额，应从发生销货退回或折让当期的销项税额中扣减。

（7）贷款服务，以提供贷款服务取得的全部利息及利息性质的收入为销售额。银行提供贷款服务按期计收利息的，结息日当日计收的全部利息收入，均应计入结息日所属期的销售额按照现行规定计算缴纳增值税。

3. 服务的特殊销售方式下的销售额

常见的特殊服务销售主要有以下九种情况。

（1）金融商品转让。金融商品转让的销售额为卖出价与买入价的差额。转让金融商品出现的正负差，按盈亏相抵后的余额为销售额。若相抵后出现负差，可结转下一纳税期与下期转让金融商品销售额相抵，但年末仍出现负差的，不得转入下一个会计年度。

金融商品的买入价，可以选择按照加权平均法或者移动加权平均法进行核算，选择后36个月内不得变更。金融商品转让，不得开具增值税专用发票。

【例3-7】乙公司为增值税一般纳税人，2021年10月买入A上市公司股票，买入价280万元，支付手续费0.084万元。当月卖出其中的50%，发生买卖负差10万元。2021年10月卖出剩余的50%，卖出价200万元，支付手续费0.06万元，印花税0.2万元，以上价格均为含税价格。该企业2021年10月应缴纳增值税的计算如下：

该企业2021年10月应缴纳增值税=（200－280×50%－10）÷（1＋6%）×6%＝2.83（万元）

（2）经纪代理服务。以取得的全部价款和价外费用，扣除向委托方收取并代为支付的政府性基金或者行政事业性收费后的余额为销售额。向委托方收取的政府性基金或者行政事业性收费，不得开具增值税专用发票。发票开具注意事项向委托方收取的政府性基金或者行政事业性收费，不得开具增值税专用发票。

（3）融资租赁和融资性售后回租业务。经批准提供融资租赁服务，以取得的全部价款和价外费用，扣除支付的借款利息、发行债券利息和车辆购置税后的余额为销售额；提供融资性售后回租服务，以取得的全部价款和价外费用（不含本金），扣除对外支付的借款利息、发行债券利息后的余额作为销售额。

（4）航空运输企业的销售额。此次销售额不包括代收的机场建设费和代售其他航空运输企业客票而代收转付的价款。航空运输销售代理企业提供境内机票代理服务，以取得的全部价款和价外费用，扣除向客户收取并支付给航空运输企业或其他航空运输销售代理企业的境内机票净结算款和相关费用后的余额为销售额。航空运输销售代理企业就取得的全部价款和价外费用，向购买方开具行程单，或开具增值税普通发票。

（5）提供客运场站服务。以其取得的全部价款和价外费用，扣除支付给承运方运费后的余额为销售额。

（6）提供旅游服务。提供旅游服务可以选择已取得的全部价款和价外费用，扣除向旅游服务购买方收取并支付给其他单位或者个人的住宿费、餐饮费、交通费、签证费、门票费和支付给其他接团旅游企业的旅游费用后的余额为销售额。选择该办法计算销售额的试点纳税人，向旅游服务购买方收取并支付的上述费用，不得开具增值税专用发票，可以开具普通发票。旅游服务销售额计算公式如下：

旅游服务销售额＝价款＋价外费用－向旅游服务购买方收取并支付给其他单位或者个人的住宿费、餐饮费、交通费、签证费、门票费－支付给其他接团旅游企业的旅游费用

（7）提供建筑服务适用简易计税方法的，以取得的全部价款和价外费用扣除支付的分

包款后的余额为销售额。

（8）房地产开发企业中的一般纳税人销售其开发的房地产项目（选择简易计税方法的房地产老项目除外），以取得的全部价款和价外费用，扣除受让土地时向政府部门支付的土地价款后的余额为销售额。

（9）人力资源外包服务。其销售额不包括受客户单位委托代为向客户单位员工发放的工资和代理缴纳的社会保险、住房公积金。向委托方收取并代为发放的工资和代理缴纳的社会保险、住房公积金，不得开具增值税专用发票，可以开具增值税普通发票。

4.视同销售行为销售额的确定

视同销售行为是指增值税税法规定的特殊销售行为。由于视同销售行为一般不以资金形式反映出来，因而会出现视同销售而无销售额的情况。根据《增值税暂行条例》，纳税人发生应税销售行为的价格明显偏低并无正当理由的，由主管税务机关按照下列顺序核定其计税销售额：

（1）按纳税人最近时期同类货物、服务、无形资产或者不动产的平均销售价格确定。

（2）按其他纳税人最近时期同类货物、服务、无形资产或者不动产的平均销售价格确定。

（3）用以上两种方法均不能确定其销售额的情况下，按组成计税价格确定销售额。公式为：

$$组成计税价格=成本\times（1+成本利润率）$$

上式中："成本"为销售自产货物的为实际生产成本，销售外购货物的为实际采购成本。使用这个公式组价的货物不涉及消费税。

属于应征消费税的货物，其组成计税价格应加计消费税税额，其计算公式为：

$$组成计税价格=成本\times（1+成本利润率）+消费税税额$$

$$或：组成计税价格=成本\times（1+成本利润率）\div（1-消费税税率）$$

上式中：货物"成本"分为属于销售自产货物的为实际生产成本和属于销售外购货物的为实际采购成本两种情况。

货物"成本利润率"为10%。但属于应征收消费税的货物，其组成计税价格公式中的成本利润率，为消费税政策中规定的成本利润率。成本利润率由国家税务总局确定。

【例3-8】丙服装厂为一般纳税人，2020年3月将自产的服装作为福利发给本厂职工该批产品制造成本（不含税）共计10万元，成本利润率为10%。请计算发给职工的服装应纳增值税销项税额。

发给职工的服装应纳增值税销项税额 = $10\times（1+10\%）\times13\% = 1.43$（万元）。

5.含税销售额的换算

现行增值税实行价外税，即纳税人向购买方销售货物或应税劳务所收取的价款中不应包含增值税税款，价款和税款在增值税专用发票上分别注明。一部分纳税人（包括一般纳税人和小规模纳税人）在销售货物或提供应税劳务时，将价款和税款合并定价，发生销售额和增值税额合并收取的情况。

在这种情况下，就必须将含税销售额换算成不含税销售额，作为增值税的税基。其换算公式如下：

$$不含税销售额＝含税销售额÷（1＋增值税税率）$$

（二）当期进项税额的确定

进项税额是指纳税人购进货物、劳务、服务、无形资产、不动产所支付或者负担的增值税税额。进项税额与销项税额是相互对应的两个概念，在购销业务中，对于销货方而言，在收回货款的同时，收回销项税额；对于购货方而言，在支付货款的同时，支付进项税额。也就是说，销货方收取的销项税额就是购货方支付的进项税额。增值税的核心就是用纳税人收取的销项税额抵扣其支付的进项税额后，以余额缴纳增值税税额。进项税额作为可抵扣部分，对于纳税人当期应纳税额的计算影响巨大。

当期进项税额是指纳税人当期购进货物或者应税劳务已缴纳的增值税税额。并不是纳税人支付的所有进项税额都可以从销项税额中抵扣，增值税法律法规对不能抵扣进项税额的项目作了严格的规定。在计算当期应纳税额时要严格把握哪些进项税额可以抵扣，哪些进项税额不能抵扣。

1. 准予从销项税额中抵扣的进项税额

我国的增值税普遍采用凭票抵扣方式，即上一个环节开具的增值税专用发票等扣税凭证上注明的增值税销项税额即为下一个环节可以抵扣的进项税额，部分特殊的购进项目有计算抵扣等特殊抵扣方法。根据《增值税暂行条例》，准予从销项税额中抵扣的进项税额主要有以下情形：

（1）凭票抵扣。

凭票抵扣主要体现在从销售方取得的增值税专用发票上或海关进口增值税专用缴款书上，包括以下几类：

从销售方取得的增值税专用发票（含税控机动车销售统一发票，下同）上注明的增值税税额；

从海关取得的海关进口增值税专用缴款书上注明的增值税税额。即一般纳税人销售进口货物时，可以从销项税额中抵扣的进项税额，为从海关取得的海关进口增值税专用缴款书上注明的增值税税额；

纳税人购进服务、无形资产或不动产，取得的增值税专用发票上注明的增值税额为进项税额，准予从销项税额中抵扣；

纳税人从境外单位或者个人购进劳务、服务、无形资产或者境内的不动产，从税务机关或者扣缴义务人取得的代扣代缴税款的完税凭证上注明的增值税额。

（2）纳税人购进一般农产品的抵扣政策。

纳税人购进一般农产品，按照下列规定抵扣进项税：

纳税人购进农产品取得一般纳税人开具的增值税专用发票或海关进口增值税专用缴款书的，以增值税专用发票或海关进口增值税专用缴款书上注明的增值税额为进项税额；

从按照简易计税方法依照3%征收率计算缴纳增值税的小规模纳税人取得增值税专用发票的，以增值税专用发票上注明的金额和9%的扣除率计算进项税额；

取得（开具）农产品销售发票或收购发票的，以农产品销售发票或收购发票上注明的农产品买价和9%的扣除率计算进项税额。

纳税人购进用于生产销售或委托加工13%税率货物的农产品，按照10%的扣除率计算进项税额。

购进农产品进项税额的计算公式为：

$$进项税额=买价\times 扣除率$$

【例3-9】丁公司为增值税一般纳税人，2022年2月购进一批农产品，农产品收购发票注明买价680800元，当月全部用于生产小麦面粉。已知农产品扣除率为9%。甲公司当月该笔业务准予抵扣进项税额计算如下：

甲公司当月该笔业务准予抵扣进项税额＝680800×9%＝61272（元）

【例3-10】戊公司为增值税一般纳税人，2022年2月从农民手中购进玉米用于加工爆米花，当月全部领用，收购发票上注明买价20000元，支付运费取得增值税专用发票上注明金额为3000元。戊公司当月可抵扣的增值税进项税额计算如下：

戊公司当月可抵扣的增值税进项税额＝20000×10%＋3000×9%＝2270（元）

（3）国内旅客运输服务的进项税额抵扣政策。

纳税人允许抵扣的国内旅客运输服务进项税额，是指纳税人于2019年4月1日及以后实际发生，并取得合法有效增值税扣税凭证注明的或依据其计算的增值税税额。以增值税专用发票或增值税电子普通发票为增值税扣税凭证的，为2019年4月1日及以后开具的增值税专用发票或增值税电子普通发票。

纳税人未取得增值税专用发票的，暂按照以下规定确定进项税额：

纳税人购进国内旅客运输服务，取得增值税电子普通发票的，发票上注明的税额可以进行抵扣（凭票抵扣）。

电子普通发票上注明的购买方"名称""纳税人识别号"等信息，应当与实际抵扣税款的纳税人一致，否则不予抵扣。

取得注明旅客身份信息的航空运输电子客票行程单的，按照航空旅客运输进项税额＝（票价＋燃油附加费）÷（1＋9%）×9%抵扣进项税额；

取得注明旅客身份信息的铁路车票的，按照铁路旅客运输进项税额＝票面金额÷（1

＋9%）×9% 抵扣进项税额；

取得注明旅客身份信息的公路、水路等其他客票的，按照公路、水路等其他旅客运输进项税额＝票面金额÷（1＋3%）×3% 抵扣进项税额；

取得航空运输电子客票行程单、铁路车票、公路、水路等其他客票均要求注明旅客身份信息。国内旅客运输服务的增值税计算抵扣，仅限于与本单位签订了劳动合同的员工以及本单位接受的劳务派遣员工发生的国内旅客运输服务。

【例3-11】2022年2月，乙公司员工高某出差取得航空运输电子客票行程单上注明票价2130元，燃油附加费50元；取得铁路车票上注明的票价为1526元，取得船票（已注明身份信息）注明的价格为309元；取得国内旅客运输服务的增值税电子普通发票注明的金额为500元，税额为15元。乙公司本月准予抵扣的进项税额计算如下：

a. 取得航空运输电子客票行程单可抵扣的进项税额＝（2130＋50）÷（1＋9%）×9%＝180（元）

b. 取得铁路车票可抵扣的进项税额＝1526÷（1＋9%）×9%＝126（元）

c. 取得船票可抵扣的进项税额＝309÷（1＋3%）×3%＝9（元）

d. 取得国内旅客运输服务的增值税电子普通发票凭票抵扣15元

e. 合计抵扣金额＝180＋126＋9＋15＝330（元）

（4）收费公路通行费增值税抵扣规定。

纳税人支付的道路、桥、闸通行费，按照以下规定抵扣进项税额：纳税人支付的道路通行费，按照收费公路通行费增值税电子普通发票上注明的增值税税额抵扣进项税额。

纳税人支付的桥、闸通行费，暂凭取得的通行费发票上注明的收费金额按照下列公式计算可抵扣的进项税额：

桥、闸通行费可抵扣进项税额＝桥、闸通行费发票上注明的金额÷（1＋5%）×5%

【例3-12】甲公司2022年2月经营过程中，支付桥、闸通行费7455元，取得通行费发票（非财政票据）；支付高速公路通行费，取得增值税电子普通发票注明税额353元，甲公司上述发票可抵扣进项税计算如下：

甲公司上述发票可抵扣的进项税额＝7455÷（1＋5%）×5%＋353＝708（元）

（5）增值税加计抵减政策。

自2023年1月1日至2023年12月31日，允许生产性服务业纳税人按照当期可抵扣进项税额加计5%抵减应纳税额。生产性服务业纳税人，是指提供邮政服务、电信服务、现代服务、生活服务取得的销售额占全部销售额的比重超过50%的纳税人；允许生活性服务业纳税人按照当期可抵扣进项税额加计10%抵减应纳税额。生活性服务业纳税人，是指提供生活服务取得的销售额占全部销售额的比重超过50%的纳税人。

纳税人可计提但未计提的加计抵减额，可在确定适用加计抵减政策当期一并计提。

纳税人应按照当期可抵扣进项税额的5%或10%计提当期加计抵减额。

按照现行规定不得从销项税额中抵扣的进项税额，不得计提加计抵减额；已计提加计抵减额的进项税额，按规定作进项税额转出的，应在进项税额转出当期，相应调减加计抵减额。计算公式为：

当期计提加计抵减额＝当期可抵扣进项税额×5%（或10%）

当期可抵减加计抵减额＝上期末加计抵减额余额＋当期计提加计抵减额－当期调减加计抵减额

【例3-13】A公司为增值税一般纳税人，公司符合加计抵减条件。2023年2月，A公司取得广告制作费1225.36万元（含税），支付给重庆某媒体的广告发布费为460万元（不含税），取得增值税专用发票。则当月A公司需缴纳的增值税计算如下：

当月A公司需缴纳的增值税＝1225.36÷（1＋6%）×6%－460×6%×（1＋5%）＝40.38（万元）

2. 不得从销项税额中抵扣的进项税额

纳税人购进货物、劳务、服务、无形资产、不动产，取得的增值税扣税凭证不符合法律、行政法规或者国务院税务主管部门有关规定的，其进项税额不得从销项税额中抵扣。

按照增值税法律法规的规定，下列项目的进项税额不得从销项税额中抵扣。

用于简易计税方法计税项目、免征增值税项目、集体福利或者个人消费的购进货物劳务、服务、无形资产和不动产。其中涉及的固定资产、无形资产、不动产，仅指专用于上述项目的固定资产、无形资产（不包括其他权益性无形资产）、不动产。但是发生兼用于上述不允许抵扣项目情况的，该进项税额准予全部抵扣。

纳税人的交际应酬消费属于个人消费，即交际应酬消费不属于生产经营中的生产投入和支出。

适用一般计税方法的纳税人，兼营简易计税方法计税项目、免征增值税项目而无法划分不得抵扣的进项税额，按照下列公式计算不得抵扣的进项税额：

不得抵扣的进项税额＝当期无法划分的全部进项税额×（当期简易计税方法计税项目销售额＋免征增值税项目销售额）÷当期全部销售额

【例3-14】辛公司为增值税一般纳税人，2022年2月份销售一般商品不含增值税的销售额为220万元，销售免税商品销售额为60万元，当月购入生产用原材料一批，取得增值税专用发票上注明税款16.8万元，已知一般商品与免税商品无法划分耗料情况，一般商品适用税率为13%，辛公司当月应纳增值税计算如下：

a. 不得抵扣的进项税额＝16.8×60/（220＋60）＝3.6（万元）

b. 应纳增值税税额＝220×13%－（16.8－3.6）＝15.4（万元）

c. 非正常损失的购进货物，以及相关的加工修理修配劳务或者交通运输服务。

d. 非正常损失的在产品、产成品所耗用的购进货物（不包括固定资产）、劳务或者交通运输服务。

e. 非正常损失的不动产，以及该不动产所耗用的购进货物、设计服务和建筑服务。

f. 非正常损失的不动产在建工程所耗用的购进货物、设计服务和建筑服务。纳税人新建、改建、扩建、修缮、装饰不动产，均属于不动产在建工程。

> **提示**
> 非正常损失，是指因管理不善造成被盗、丢失、霉烂变质的损失及被执法部门依法没收、销毁、拆除的货物或不动产。因地震等自然灾害造成的非正常损失，进项税额准予抵扣；生产经营过程中的合理损耗进项税额准予抵扣。

g. 购进的贷款服务、餐饮服务、居民日常服务和娱乐服务。

h. 纳税人接受贷款服务向贷款方支付的与该笔贷款相关的投融资顾问费、手续费、咨询费等费用，其进项税额不得从销项税额中抵扣。

i. 财政部和国家税务总局规定的其他情形。

【例3-15】壬公司是增值税一般纳税人，适用税率13%，公司取得的发票均合法并可在当月抵扣2022年2月有关生产经营业务如下：

a. 购进货物取得增值税专用发票，注明支付的货款310万元、进项税额40.3万元，支付购货运输费用12万元（不含税），取得运输公司开具的增值税专用发票。

b. 向农业生产者购进免税农产品一批，支付收购价52万元，支付给运输单位运费5万元（不含税），取得农产品销售发票和运输单位开具的增值税专用发票。本月将购进农产品的40%用于本企业职工福利。

c. 外购货物支付增值税进项税额36万元，因管理不善造成该批货物50%发生霉烂变质。

d. 外购材料支付的增值税进项税额30万元，一部分用于应税项目，另一部分用于免税项目，无法分开核算；当期销售应税货物取得不含增值税销售额800万元，销售免税货物取得销售额400万元。

壬公司当月可以抵扣的进项税额计算如下：

e. 外购货物可以抵扣的进项税额 = 40.3 + 12×9% = 41.38（万元）

f. 外购免税农产品可以抵扣的进项税额 = (52×10% + 5×9%)×(1 − 40%) = 3.39（万元）

g. 外购货物可以抵扣的进项税额 = 36 − 36×50% = 18（万元）

h. 销售货物可以抵扣的进项税额 = 30 − 30×400÷(800 + 400) = 20（万元）

当月可以抵扣的进项税额 = 41.38 + 3.39 + 18 + 20 = 82.77（万元）

3. 不得抵扣增值税进项税额的具体处理方法

（1）购入时不予抵扣。

一般纳税人当期购进的货物或劳务用于生产经营，其进项税额在当期销项税额中予以抵扣。但购进货物或劳务如果属于按税法规定不予抵扣情形的，应当将该项购进货物或者劳务的进项税额从当期的进项税额中扣减。

（2）进项税额转出。

已抵扣过进项税额的项目，如果事后改变用途，发生了"不可抵扣进项税额"的情形，用于简易计税方法、免税项目、集体福利和个人消费、非正常损失、进货退回或者折让等，在发生上述情形的当期进行进项税额转出。

【例3-16】癸公司上月外购一批水泥，取得增值税专用发票注明价款230万元，已认证抵扣，本月将该批水泥用于建设职工食堂，癸公司本月计算进项税额转出金额如下：

癸公司本月进项税额转出金额＝230×13%＝29.9（万元）

（3）平销返利。

商业企业向供货方收取的凡与商品销量和销售额挂钩（如：以一定比例、金额、数量计算）的各种返还收入，均应按平销返利行为的有关规定冲减"返利"当期增值税进项税额。计算公式为：

当期应冲减进项税额＝当期取得的返还资金÷（1＋所购货物适用税率）× 所购货物适用税率

> **提示**
> 商业企业向供货方收取的各种返还收入，一律不得开具增值税专用发票，应由供货方开增值税红字发票或商业企业开增值税普通发票。

【例3-17】B商场受托代销甲公司A产品，2022年2月销售A产品取得零售额280000元，平价与甲公司结算，并按合同向甲公司收取代销额18%的返还收入50400元，商场与甲公司均为增值税一般纳税人，B商场当期应冲减的进项税额金额为（计算结果保留两位小数）：

B商场当期应冲减的进项税额＝50400÷（1＋13%）×13%＝5798.23（元）

4. 留抵税额

一般计税方法下，当期应纳税额按以下公式计算：

当期应纳税额＝当期销项税额－当期进项税额

上述公式计算结果如果出现负数，即当期销项税额小于当期进项税额，计算出来的结果就是"留抵税额"。留抵税额允许结转下期继续抵扣。因此，如果某一期间存在上期结转的留抵税额，则当期应纳税额计算公式如下：

当期应纳税额＝当期销项税额－当期进项税额－上期留抵税额

项目三　增值税的计算与智能申报 | 71

启思导学

税收与民生：增值税留抵退税为小微企业"输血"活血

财政部下达 2022 年支持小微企业留抵退税有关专项转移支付财力补助 4000 亿元，用于地方保障小微企业增值税留抵退税，为小微企业雪中送炭，激发企业发展活力。专项资金纳入财政直达资金范围，财政部将单独调拨资金，支持地方切实做好退税资金保障，确保将退税资金及时足额退还给企业，其中小微企业存量留抵税额将于 2022 年 6 月底前一次性全部退还。政府工作报告提出，预计全年退税减税约 2.5 万亿元，其中留抵退税约 1.5 万亿元，退税资金全部直达企业。留抵退税是什么？这项政策又会对小微企业的发展产生怎样的影响？留抵退税是指把增值税期末未抵扣完的税额退还给纳税人。增值税实行链条抵扣机制，以纳税人当期销项税额抵扣进项税额后的余额为应纳税额。其中，销项税额是指按照销售额和适用税率计算的增值税额；进项税额是指购进原材料等所负担的增值税额。当进项税额大于销项税额时，未抵扣完的进项税额会形成留抵税额。

国际上对于留抵税额一般有两种处理方式：允许纳税人结转下期继续抵扣或申请当期退还。同时，允许退还的国家或地区，也会相应设置较为严格的退税条件，如留抵税额必须达到一定数额；每年或一段时期内只能申请一次退税；只允许特定行业申请退税等。

留抵退税主要内容包括三方面：一是优先支持小微企业，加大小微企业增值税留抵退税政策力度。对所有符合条件的小微企业一次性退还存量留抵税额，在退税进度上优先安排小微企业；二是重点支持制造业等行业，全面解决制造业等行业留抵税额问题。将范围扩大到全部制造业，以及科学研究和技术服务业、电力热力燃气及水生产和供应业，软件和信息技术服务业、生态保护和环境治理业、交通运输仓储和邮政业等行业；三是中央提供财力保障，确保退税及时退付、"三保"足额保障。财政部在按现行税制负担 50% 退税资金的基础上，再通过安排 1.2 万亿元转移支付资金支持基层落实退税减税降费和保就业保基本民生等。2022 年我国大力改进增值税留抵退税制度，对留抵税额实行大规模退税，优先安排小微企业，对小微企业的存量留抵税额于 6 月底前一次性全部退还，增量留抵税额足额退还。退税资金全部直达企业，既大力改进增值税留抵退税制度，又有力为企业提供现金流支持、促进消费投资，为市场主体"输血""活血"纾困解难。

（资料来源：人民网）

（三）一般计税方法应纳税额计算实例

【例3-18】 甲工厂为增值税一般纳税人，其生产的货物适用13%增值税税率，2022年2月该厂的有关生产经营业务如下：

（1）销售A产品给丁商场，开具了增值税专用发票，取得不含税销售额为100万元；同时为丁商场提供A产品送货服务，取得送货运输费收入为11.3万元（含增值税价格，与销售货物不能分别核算）。

（2）销售B产品给小规模纳税人，开具了增值税普通发票，取得含税销售额为45.2万元。

（3）购进材料取得增值税专用发票，上面注明的货款金额为80万元，税额为10.4万元；另支付购货的运输费用为4万元，取得运输公司开具的增值税专用发票，上面注明的税额为0.36万元。

（4）从小规模纳税人丙公司购进农产品一批作为原材料，取得的增值税专用发票上注明的不含税金额为40万元，税额为1.2万元，同时支付给运输单位的运费为3万元（不含增值税），取得运输部门开具的增值税专用发票，上面注明的税额为0.27万元。本月将购进的农产品的10%用于本企业职工福利。

（5）为本公司职工活动中心购入健身器材，取得增值税专用发票注明的金额为10万元增值税额为1.3万元。

（6）将自产的10台C产品（总成本为4.5万元）赠送给当地的敬老院。C产品当月平均不含税售价为每台0.95万元。C产品成本利润率为10%。

（7）将甲工厂新试制的2台F产品用于本企业的职工食堂，每台成本2万元，市场上无F产品的销售价格F产品的成本利润率为10%。

（8）以附赠促销的方式销售D产品300件，同时赠送E产品300件。D产品每件不含税销售价为0.5万元，E产品每件不含税销售价为0.05万元。

（9）因管理不善导致上月购入的已抵扣过进项税的材料霉烂变质，成本为30万元，上月已抵扣的进项税额为3.9万元。

以上相关票据均符合税法的规定。甲工厂2月应缴纳的增值税税额分析计算如下：
（1）销售A产品的销项税额＝100×13%＋11.3/（1＋13%）×13%＝14.3（万元）
（2）销售B产品的销项税额＝45.2（1＋13%）×13%＝5.2（万元）
（3）允许抵扣的进项税额＝80×13%＋4×9%＝10.76（万元）
（4）允许抵扣的进项税额＝（40×10%＋0.27）×（1－10%）＝3.843（万元）
（5）用于集体福利的购进货物，其进项税额不得从销项税额中抵扣。
（6）赠送C产品的销项税额＝0.95×10×13%＝1.235（万元）
（7）F产品用于职工食堂的销项税额＝2×（1＋10%）×2×13%＝0.572（万元）
（8）附赠促销销售D产品和E产品的销项税额＝300×0.5×13%＋300×0.05×13%＝21.45（万元）
（9）将已抵扣的进项税额转出＝3.9（万元）

甲工厂 2022 年 2 月增值税应纳税额 ＝ 14.3 ＋ 5.2 ＋ 1.235 ＋ 0.572 ＋ 21.45 － 10.76 － 3.843 ＋ 3.9 ＝ 32.054（万元）

二、简易计税方法应纳税额的计算

为方便小规模纳税人进行税额计算，减轻小规模纳税人的纳税成本，我国对小规模纳税人采用简易计税方法，只对小规模纳税人发生的销售额征税，同时小规模纳税人购进项目所含进项税额不可以抵扣，其计算公式如下：

当期应纳增值税额＝当期销售额（不含税）×征收率

一般纳税人发生特定销售行为，也可以选择简易计税方法计税，但不可以抵扣进项税额。简易计税方法与一般计税方法的差异如表 3-4 所示。

表3-4　简易计税方法与一般计税方法的差异

计税方法	基本计税差异
简易计税方法	一般计税方法计算价税分离时使用的是税率，简易计税方法使用征收率计算价税分离
一般计税方法	一般计税方法用销售额计算的是销项税额，简易计税方法用销售额计算的是应纳税额

（一）小规模纳税人简易计税方法应纳税额的计算

小规模纳税人销售货物、加工修理修配劳务、服务、无形资产或者不动产，实行按照销售额和增值税征收率计算应纳税额的简易计税办法，不得抵扣进项税额。小规模纳税人应纳增值税税额计算公式：

应纳税额＝销售额×征收率

上述公式中的销售额为不含税销售额，纳税人采用销售额和应纳税额合并定价方法的，应将含税销售额换算成不含税销售额其计算公式为：

不含税销售额＝含税销售额÷（1＋征收率）

纳税人提供适用简易计税方法计税的，因销售折让、中止或者退回而退还给购买方的销售额，应当从当期销售额中扣减。扣减当期销售额后仍有余额造成多缴的税款，可以从以后的应纳税额中扣减。

> **提示**
>
> 自 2004 年 12 月 1 日起，增值税小规模纳税人购置税控收款机，经主管税务机关审核批准后，可凭购进税控收款机取得的增值税专用发票，按照发票上注明的增值税税额，抵免当期应纳增值税，或者按照购进税控收款机取得的普通发票上注明的价款，依下列公式计算可抵免的税额：
>
> 可抵免的税额＝价款÷（1＋适用税率）×适用税率
>
> 当期应纳税额不足抵免的，未抵免的部分可在下期继续抵免。

【例3-19】甲生产企业为增值税小规模纳税人，2021年4月销售A货物取得含税收入20.6万元，销售B货物取得含税收入15.45万元；当月购进货物18万元。计算该企业当月应纳增值税税额。

当月取得的不含税销售额＝(20.6＋15.45)÷(1＋3%)＝35(万元)

当月应缴纳增值税税额＝35×3%＝1.05(万元)

（二）一般纳税人简易计税方法应纳税额的计算

一般纳税人选择适用简易计税方法计税，应纳税额计算公式如同小规模纳税人的计算公式：

$$应纳税额＝销售额×征收率$$

【例3-20】乙公司为增值税一般纳税人，2021年8月出售使用过的设备，适用简易办法计税，放弃减税，开具增值税专用发票，注明金额50万元。请计算乙公司当月应纳税额。

乙公司当月应纳税额＝50×3%＝1.5(万元)

任务五　增值税的纳税申报

一、增值税纳税义务发生时间

（一）基本规定

增值税纳税义务发生时间，是指增值税纳税义务人、扣缴义务人发生应税行为或扣缴行为应承担纳税义务、扣缴义务的时间。《增值税暂行条例》明确规定了增值税纳税义务发生时间为：纳税人发生应税行为并收取销售款项或者取得索取销售款项凭据的当天；先开具发票的，为开具发票的当天；进口货物，为报关进口的当天。增值税扣缴义务发生时间为纳税人增值税纳税义务发生的当天。

收讫销售款项，是指纳税人销售货物、劳务、服务、无形资产、不动产过程中或者完成后收到款项。取得索取销售款项凭据的当天，是指书面合同确定的付款日期；未签订书面合同或者书面合同未确定付款日期的，为货物、劳务、服务、无形资产转让完成的当天或者不动产权属变更的当天。

（二）具体规定

按结算方式的不同，增值税纳税义务发生时间具体规定如下：（1）直接收款的方式销售货物，不论货物是否发出，均为收到销售款或取得销售款凭据的当天；（2）托收承付和委托银行收款的方式销售货物，为发出货物并办妥托收手续的当天；（3）赊销和分期收款的方式销售货物，为书面合同约定的收款日期的当天，无书面合同或者书面合同没有约定收款日期的，为货物发出的当天；（4）预收货款的方式销售货物，为货物发出的当天，但生产销售生产工期超过12个月的大型机械设备、船舶、飞机等货物，为收到预收款或者书面合同约定的收款日期的当天；（5）委托他人代销的方式销售货物，为收到代销清单或者收到全部或部分货款的当天，未收到代销清单及货款的，为发出代销货物满180天的当天；（6）发生除代销以外的视同销售货物行为的方式销售货物，为货物移送的当天；（7）销售应税劳务为提供劳务同时收销售款或取得索取销售款凭据的当天；（8）纳税人提供建筑服务租赁服务采取预收款方式的，其纳税义务发生时间为收到预收款的当天；（9）纳税人从事金融商品转让的，为金融商品所有权转移的当天；（10）纳税人发生视同销售劳务、服务、无形资产或者不动产情形的，其纳税义务发生时间为劳务、服务、无形资产转让完成的当天或者不动产权属变更的当天；（11）纳税人进口货物的，纳税义务发生时间为报关进口的当天；（12）增值税扣缴义务发生时间为纳税人增值税纳税义务发生的当天。

二、增值税纳税期限和纳税地点

（一）纳税期限

增值税的纳税期限分别为1日、3日、5日、10日、15日、1个月或者1个季度。纳税人的具体纳税期限，由主管税务机关根据纳税人应纳税额的大小分别核定。以1个季度为纳税期限的规定适用于小规模纳税人、银行、财务公司、信托投资公司、信用社，以及财政部和国家税务总局规定的其他纳税人。不能按照固定期限纳税的，可以按次纳税。

按固定期限纳税的小规模纳税人可以选择以1个月或1个季度为纳税期限，一经选择，每个会计年度内不得变更。

纳税人以 1 个月或者 1 个季度为 1 个纳税期的，自期满之日起 15 日内申报纳税；以 1 日、3 日、5 日、10 日或者 15 日为 1 个纳税期的自期满之日起 5 日内预缴税款，于次月 1 日起 15 日内申报纳税并结清上月应纳税款。

扣缴义务人解缴税款的期限，按照上述规定执行。

纳税人进口货物的，应当自海关填发海关进口增值税专用缴款书之日起 15 日内缴纳税款。

（二）纳税地点

固定业户应当向其机构所在地主管税务机关申报纳税。总机构和分支机构不在同一县（市）的，应当分别向各自所在地的主管税务机关申报纳税；经财政部和国家税务总局或者其授权的财政和税务机关批准，可以由总机构汇总向总机构所在地主管税务机关申报纳税。

固定业户到外县（市）销售货物或者劳务的应当向其机构所在地主管税务机关报告外出经营事项，申请开具外出经营活动税收管理证明，并向其机构所在地主管税务机关申报纳税。未报告的，应当向销售地或劳务发生地主管税务机关申报纳税；未向销售地或劳务发生地主管税务机关申报纳税的，由其机构所在地主管税务机关补征税款。

非固定业户销售货物或者劳务，应当向销售地或者劳务发生地的主管税务机关申报纳税；未向销售地或者劳务发生地的主管税务机关申报纳税的，由其机构所在地或者居住地主管税务机关补征税款。

其他个人提供建筑服务，销售或者租赁不动产，转让自然资源使用权，应向建筑服务发生地、不动产所在地、自然资源所在地主管税务机关申报纳税。

扣缴义务人应当向其机构所在地或者居住地主管税务机关申报缴纳扣缴的税款。

进口货物，应当由进口人或其代理人向报关地海关申报纳税。

特殊规定。纳税人跨县（市）提供建筑服务，在建筑服务发生地预缴税款后，应向机构所在地主管税务机关进行纳税申报；纳税人销售不动产，在不动产所在地预缴税款后，应向机构所在地主管税务机关进行纳税申报；纳税人租赁不动产，在不动产所在地预缴税款后，应向机构所在地主管税务机关进行纳税申报。

任务六　增值税智能申报实训

一、企业主体信息

企业名称：福建普运天下智慧物流园开发有限公司
企业地址：福建省莆田市涵江区大洋乡首林路 165 号
电话：19959584362
法人代表：于爽
性质：有限责任公司
统一社会信用代码：91350303MA33A2MG6T
增值税纳税人：小规模纳税人
公司经营范围：负责莆田市涵江区大洋乡首林路 165 号的运营管理；为集群企业提供住所托管、代理收发各类法律文书以及代办相关商务托管事务；房屋及场所租赁、物业管理等服务；物流园区策划、开发、管理；智慧物流平台运营；园区综合服务；物联网技术服务；软件系统集成开发；项目投资；企业管理咨询服务；商务信息咨询服务（以上均不含证券、期货、保险投资信息咨询）；供应链管理；货物运输代理；普通货物运输；无车承运；无船承运；多式联运；仓储、装卸服务（不含危险化学品）；增值电信业务；以服务外包方式从事生产线管理、人力资源管理、计算机系统服务、电脑图文和视频设计、制作及发布广告；汽车服务外包。（依法须经批准的项目，经相关部门批准后方可开展经营活动）。

二、申报增值税及其附加税操作步骤

登录电子税务局后，点击"我要办税"—"税费申报及缴纳"—"增值税及附加税费申报（小规模纳税人）"功能菜单，如图 3-1 所示。

图3-1 税费申报及缴纳界面

三、系统自动匹配申报模式

进入系统后,根据身份特征和历史涉税行为,系统自动匹配申报模式。申报模式主要有确认式申报模式和填报式申报模式。

1. 确认式申报模式

(1)需要对税(费)数据展示结果进行确认,如图 3-2 所示。

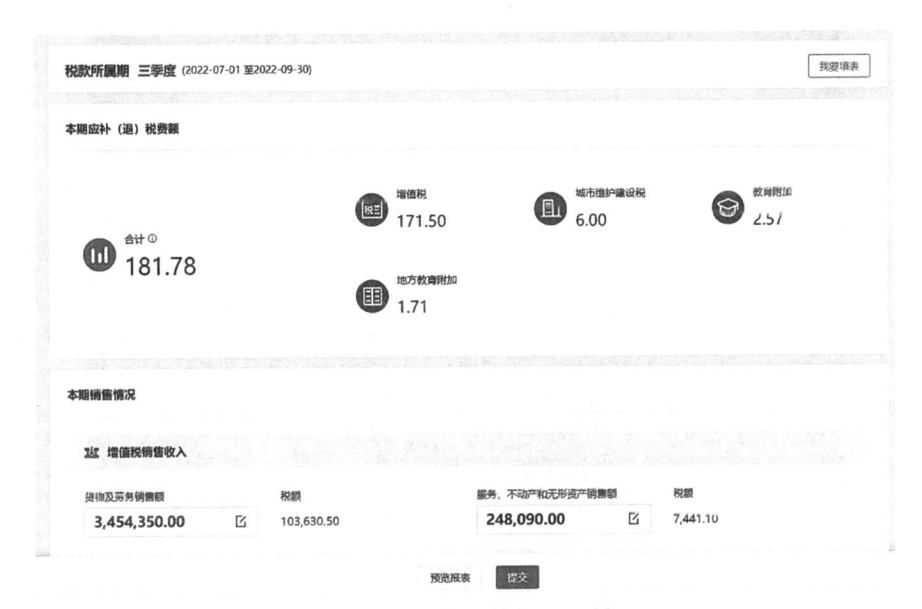

图3-2 税(费)数据展示结果

项目三 增值税的计算与智能申报 | 79

（2）确认销售收入是否正确，如存在未开票收入情况，可将未开票收入分货物及劳务与服务、不动产和无形资产，分别进行补录，如图3-3所示。

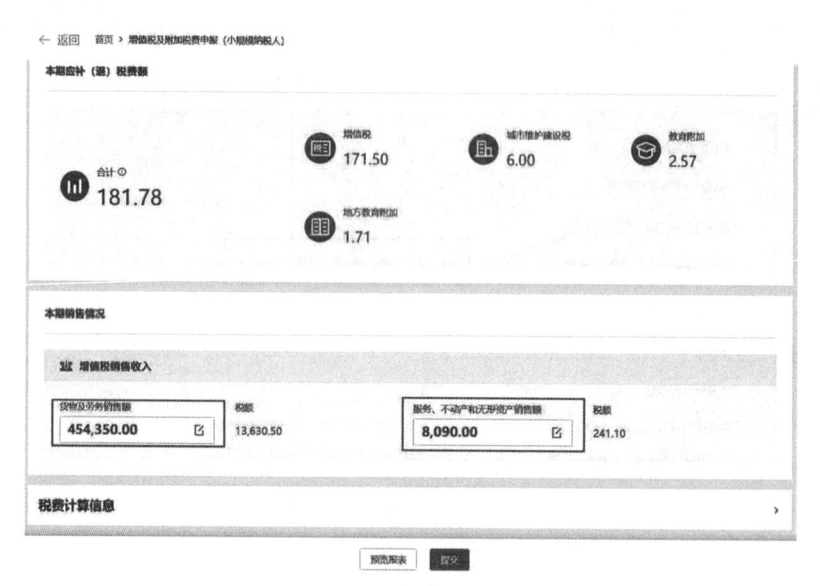

图3-3　增值税销售收入框

（3）确认增值税销售收入点击"货物及劳务销售额"输入框，进入货物及劳务未开票收入补录，可根据实际经营情况编辑完成后点击"确认"，如图3-4所示。

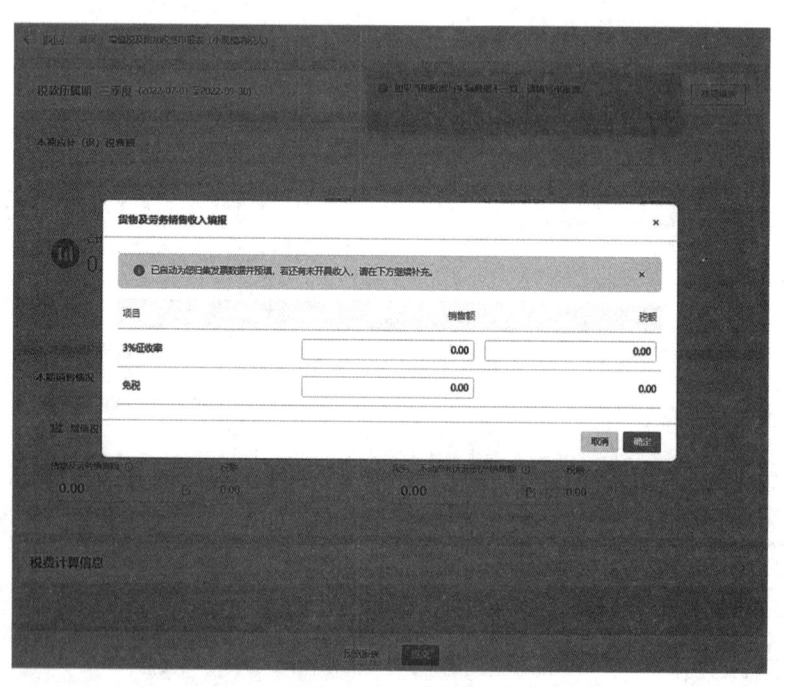

图3-4　货物及劳务销售收入填报

（4）服务、不动产和无形资产收入补录点击"服务、不动产和无形资产销售额"输入框，进入服务、不动产和无形资产未开票收入补录，可根据实际经营情况编辑完成后点击

"确认",如图 3-5 所示。

图3-5　服务、不动产和无形资产销售额输入框

（5）若需申报表预览，可通过点击"预览报表"进行查看明细报表数据，如图 3-6、图 3-7 所示。

图3-6　预览报表

项目三　增值税的计算与智能申报 | 81

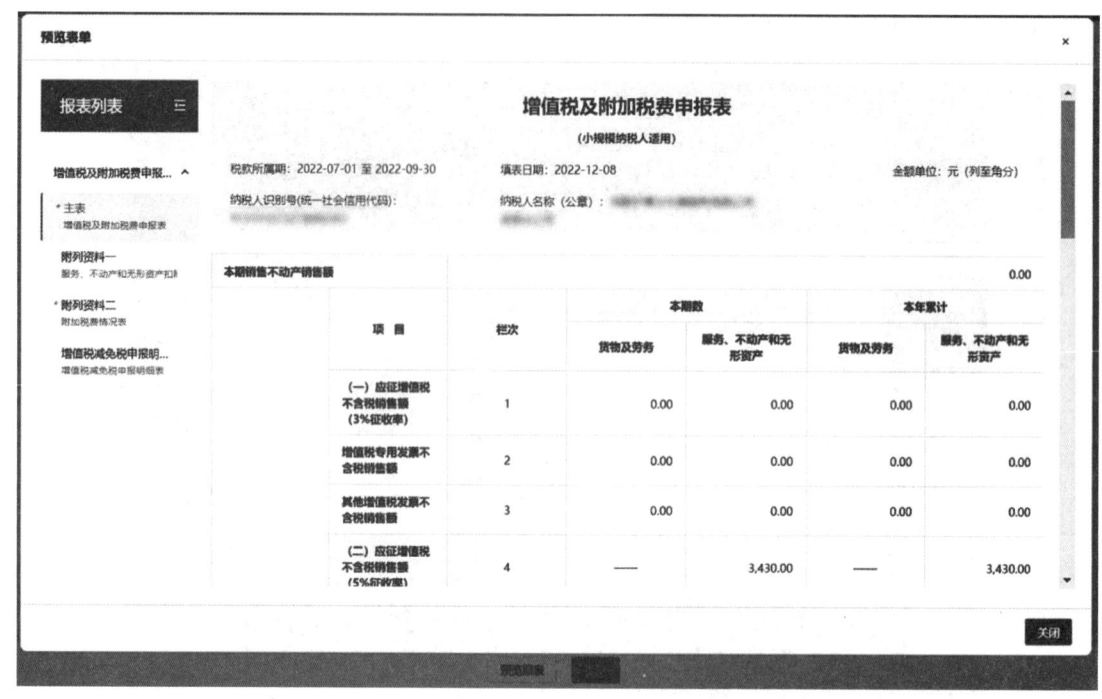

图3-7　申报表预览

（6）填写完成，确认数据无误后，点击"提交"后，需要对本次申报结果进行确认声明，按提示补全声明信息后，点击"确认"即可提交申报，如图3-8所示。

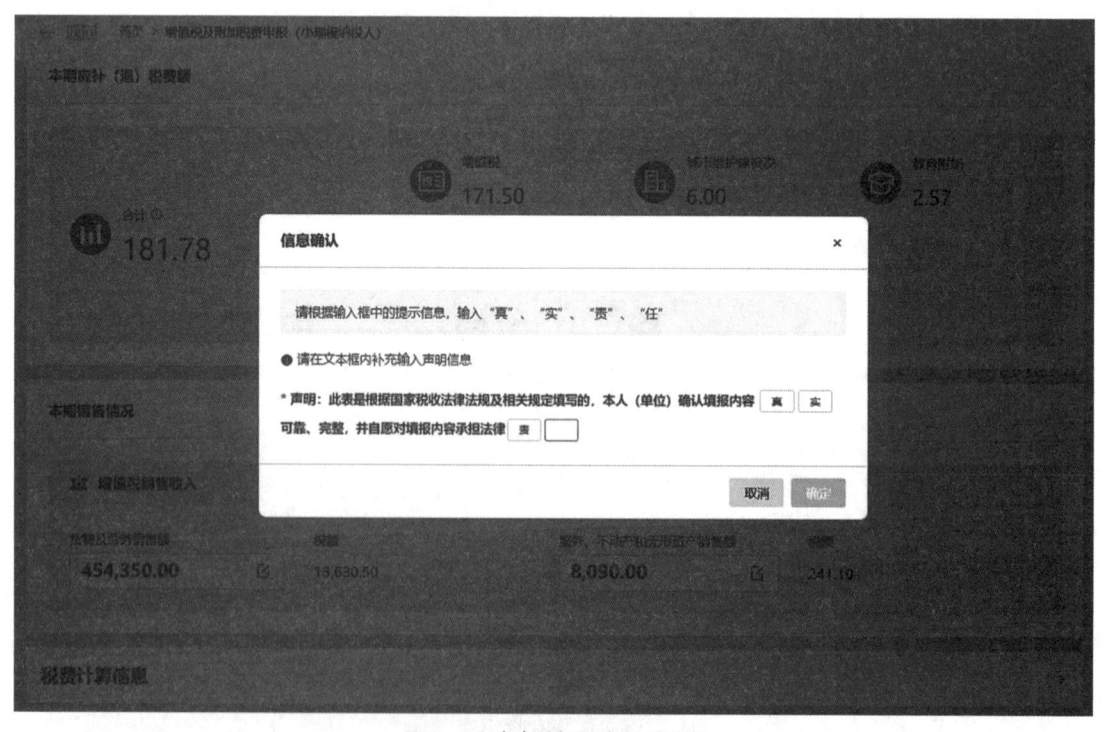

图3-8　申报结果确认声明

（7）申报成功后，可以进行立即缴款，查验本期税款显示无误之后，可选择立即缴款或者预约缴款完成本次申报涉及的税费款缴纳，如图3-9所示。

图3-9　申报成功

（8）若需从确认式切换为填表式，可点击"我要填表"，进入填表式申报模式，如图3-10所示。

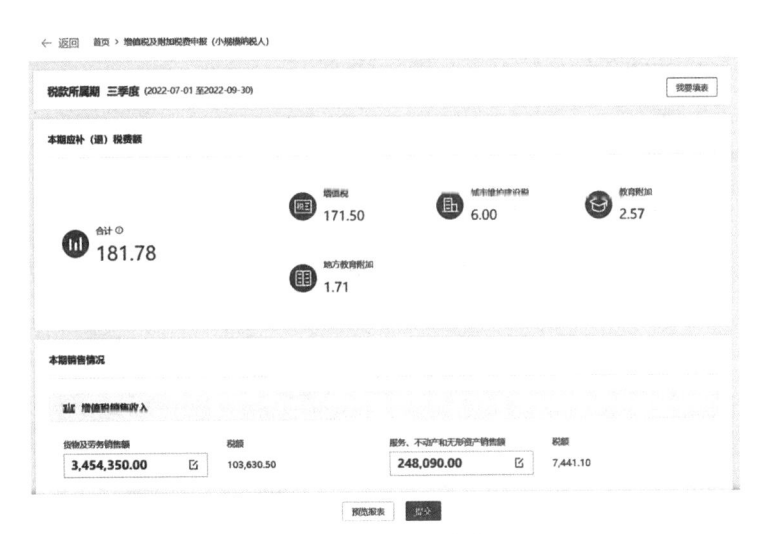

图3-10　"我要填表"

2. 填表式申报模式

（1）系统默认获取发票等经营数据并预填表单数据，可按实际情况进行调整，如图3-11所示。

图3-11 系统预填表单数据

（2）若需填写减免信息，则在"增值税减免税申报明细表"附表中选择减免性质代码及名称，并输入对应的减免税额信息，如图3-12所示。

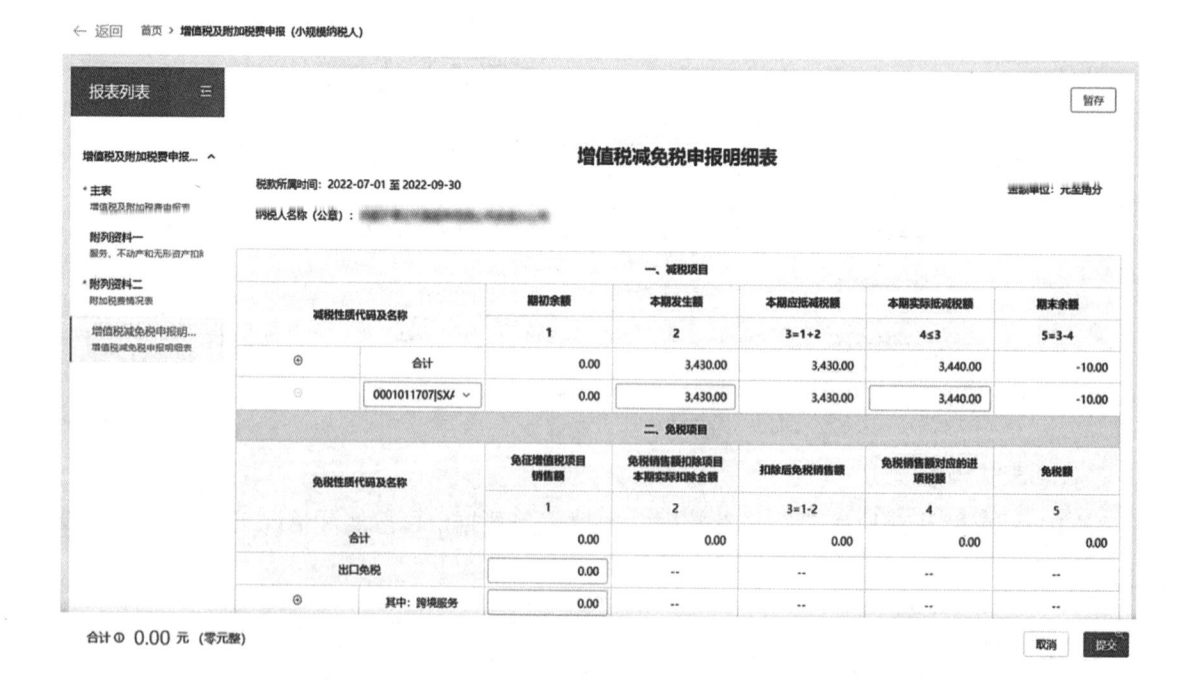

图3-12 减免税额信息填写界面

（3）当申报提交出现比对不通过的情况时，根据信息提示，先修改申报表数据，特别是出现强制性比对不通过时，系统将无法进行申报，如图3-13所示。

图3-13　表间比对界面

（4）申报完成后系统进行申报数据与后台发起数据进行比对，判断是否存在比对不通过的强制性校验，若不通过会出现提示，如图3-14所示。

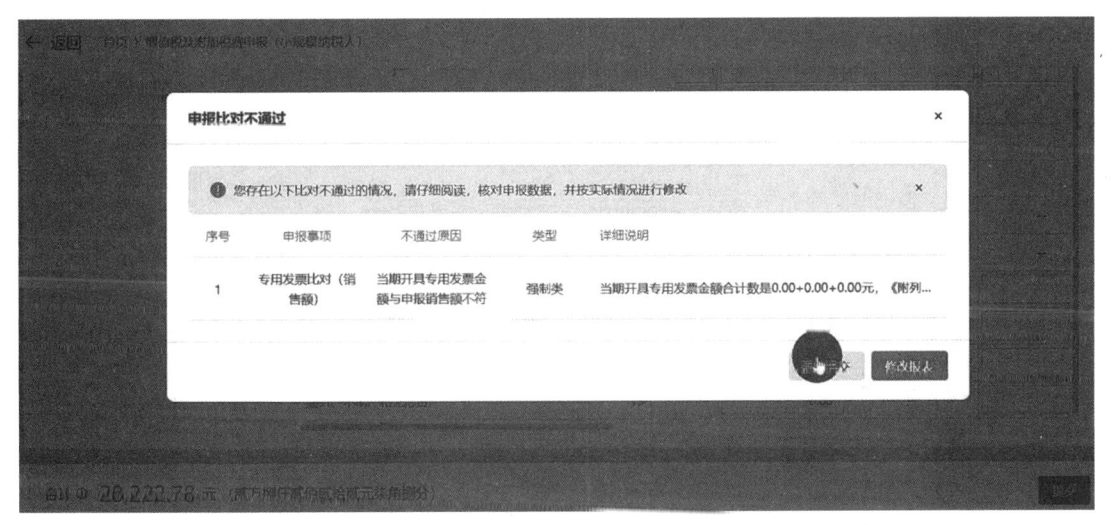

图3-14　申报比对不通过提示界面

（5）申报成功后，可以进行立即缴款，查验本期税款显示无误之后，可选择立即缴款或者预约缴款完成本次申报涉及的税费款缴纳，如图3-15所示。

项目三　增值税的计算与智能申报 | 85

图3-15　申报成功

◎ 项目评价

项目完成情况评价表

班级		姓名		学号		日期	
序号	评价要点			配分	得分	总评	
1	增值税征税范围的规定			3			
2	视同销售行为的征税规定			3			
3	混合销售和兼营的征税规定			3			
4	征税范围的特殊规定			3			
5	不征收增值税的项目			3			
6	增值税纳税人			4			
7	增值税纳税人的分类			3		A □（86～100）	
8	增值税税率			3		B □（76～85）	
9	增值税征收率			3		C □（60～75）	
10	《增值税暂行条例》规定的免税项目			3			
11	"营改增"规定的税收优惠政策			4			
12	财政部、国家税务总局规定的其他部分免税项目			3			
13	一般计税方法应纳税额的计算			4			
14	简易计税方法应纳税额的计算			3			
15	增值税纳税义务发生时间			3			

续表

班级		姓名		学号		日期	
序号		评价要点		配分	得分	总评	
16	增值税纳税期限和纳税地点			3			
17	进口货物纳税人			3			
18	进口货物征税范围			3			
19	进口货物的适用税率			3			
20	进口货物应纳税额的计算			3			
21	跨境电子商务零售进口商品征收方法			4			
22	增值税出口退（免）税概念			3		A □（86~100）	
23	增值税出口退（免）税办法			3		B □（76~85）	
24	增值税出口退（免）率			3		C □（60~75）	
25	增值税出口退税的计税依据			3			
26	增值税出口退（免）税额计算			4			
27	增值税的智能申报实训			5			
28	能严格遵守作息时间安排			3			
29	上课积极回答问题			4			
30	及时完成老师布置的任务			5			
小结建议							

◎知识巩固

一、单选题

1.下列各项中，不征收增值税的是（　　）。

A.银行销售金银的业务　　　　B.电信单位销售移动电话

C.货物期货　　　　　　　　　D.企业雇员为企业提供的应税服务

2.下列行为中属于增值税征税范围，应征收增值税的是（　　）。

A.2013年2月以后，纳税人取得的中央财政补贴

B.个体工商户聘用的员工为雇主提供加工劳务

C.水库供应农业灌溉用水

D.缝纫劳务

3.一般纳税人销售下列货物，适用13%税率的是（　　）。

A.销售图书　　　　　　　　　B.销售金银首饰

C.销售化妆品　　　　　　　　D.销售机器设备

4.某零售企业为一般纳税人，月销售收入为29250元，该企业当月计税销售额为（　　）元。

A.25000　　　　B.25884　　　　C.27594　　　　D.35240

5.某商场实行还本销售家具，家具现价16500元，5年后还本，该商场增值税计税销售额是（　　）元。

A.16500　　　　B.3300　　　　C.1650　　　　D.不征税

二、填空题

1.目前我国增值税的征税范围包括在中华人民共和国境内_____、修理修配劳务（以下简称"劳务"），销售服务，无形资产，不动产以及进口货物。

2.年应征增值税销售额的规定标准自2018年5月1日起统一调整为_____元。

3.纳税人销售货物、劳务、有形动产租赁服务或者进口货物，除有特殊规定外，税率为_____。

4.纳税人出口货物，税率为_____。

5.销项税额＝_____×增值税税率。

三、简答题

1.从事二手车经销业务的一般纳税人，2022年2月销售其收购的二手车，应如何计算应纳增值税税额？

2.农民销售外购农产品是否免税？

项目四　企业所得税的计算与智能申报

◎项目目标

知识目标：

1. 了解企业所得税的概念及意义，熟悉企业所得税的纳税人、征税对象，掌握企业所得税税率。
2. 熟悉企业所得税的税收优惠政策。
3. 掌握应纳税所得额的确认和计算。
4. 掌握企业所得税的申报。
5. 了解企业所得税汇算清缴概念、掌握汇算清缴期限、范围。

技能目标：

1. 能识别企业所得税征收的纳税人、征税对象。
2. 能熟练掌握企业所得税税率、熟练运用税收优惠政策。
3. 会正确计算应纳税所得额。
4. 能正确申报企业所得税。
5. 能正确进行企业所得税汇算清缴申报。

素养目标：

1. 培养严谨认真高效率的会计职业素养。
2. 强化遵纪守法、有章可循的法律意识，认识到遵守职业道德、具备职业操守的重要性。
3. 培养诚实守信、实事求是的职业习惯，树立正确的道德观和法治观，具有较强的社会责任。

◎ 项目描述

　　企业所得税在组织财政收入、促进社会经济发展、实施宏观调控等方面具有重要的职能作用。本项目将通过六个学习任务，带领学生学习企业所得税的基础知识、了解并掌握企业所得税的计算与智能申报，熟知企业所得税的申报流程和申报方法，为以后从事会计工作奠定基础。

◎ 项目导入

　　企业所得税是以企业或公司生产经营所得和其他所得为征税对象的税种，是国家筹集财政收入、参与企业利润分配、调节经济结构发展的重要税种。国际上，企业所得税或被称作公司税、公司所得税、法人税等。财政部统计数据显示2024年一季度全国税收收入49172亿元，同比下降4.9%。企业所得税11780亿元，同比增长1%。企业所得税是规范和处理国家与企业分配关系的重要形式，在企业纳税活动中占有重要地位。

任务一　企业所得税纳税人的确定

企业所得税是对企业和其他取得收入的组织的生产经营所得和其他所得征收的一种所得税。2007年，企业所得税法和企业所得税法实施条例通过，明确对企业统一实行25%标准税率，对符合条件的小微企业实行20%优惠税率，对高新技术企业实行15%优惠税率，并明确税前扣除标准等一系列政策规范，标志着中国税制现代化建设迈出重大步伐，具有划时代的意义。企业所得税法自2008年起实施以来，先后修订过3次，主要明确了超过年度利润总额12%的部分公益性捐赠，准予结转以后3年内扣除，至今沿用的是2019年修订版。

一、企业所得税纳税人

（一）企业所得税纳税人的含义

在中华人民共和国境内，企业和其他取得收入的组织（以下统称"企业"）为企业所得税的纳税人，依照《企业所得税法》的规定缴纳企业所得税。

企业所得税纳税人包括各类企业、事业单位、社会团体、民办非企业单位和从事经营活动的其他组织。

依照中国法律、行政法规成立的个人独资企业、合伙企业，不属于企业所得税纳税人，不缴纳企业所得税。

（二）企业所得税纳税人的分类标准

企业所得税采取收入来源地管辖权和居民管辖权相结合的双重管辖权，把企业分为居民企业和非居民企业，分别确定不同的纳税义务。

1. 居民企业

居民企业是指依法在中国境内成立，或依照外国（地区）法律成立但实际管理机构在中国境内的企业。

实际管理机构是指对企业的生产经营、人员、账务、财产等实施实质性全面管理和控制的机构。

2. 非居民企业

非居民企业，是指依照外国（地区）法律成立且实际管理机构不在中国境内，但在中国境内设立机构、场所的，或者在中国境内未设立机构、场所，但有来源于中国境内所得的企业。

非居民企业委托营业代理人在中国境内从事生产经营活动的，包括委托单位或者个人经常代其签订合同，或者储存、交付货物等，该营业代理人视为非居民企业在中国境内设立的机构、场所。

二、企业所得税征税对象

（一）居民企业的征税对象

居民企业应当就其来源于中国境内、境外的所得缴纳企业所得税。包括销售货物所得、提供劳务所得、转让财产所得、股息红利等权益性投资所得、利息所得、租金所得、特许权使用费所得、接受捐赠所得和其他所得。

（二）非居民企业的征税对象

1. 在中国境内设立机构、场所的

应当就其所设机构、场所取得的来源于中国境内的所得，以及发生在中国境外但与其所设机构、场所有实际联系的所得，缴纳企业所得税。

2. 未在中国境内设立机构、场所的

未在中国境内设立机构、场所的，或者设立但取得的所得与其所设机构、场所没有实际联系的，应当就其来源于中国境内的所得缴纳企业所得税。

实际联系，是指非居民企业在中国境内设立的机构、场所拥有据以取得所得的股权、债权，以及拥有、管理、控制据以取得所得的财产等。

（三）来源于中国境内、境外所得的确定原则

来源于中国境内、境外的所得，按照以下原则确定：（1）销售货物所得，按照交易活动发生地确定；（2）提供劳务所得，按照劳务发生地确定；（3）转让财产所得，不动产转让所得按照不动产所在地确定，动产转让所得按照转让动产的企业或者机构、场所所在地确定，权益性投资资产转让所得按照被投资企业所在地确定；（4）股息、红利等权益性投资所得，按照分配所得的企业所在地确定；（5）利息所得、租金所得、特许权使用费所得，按照负担、支付所得的企业或者机构、场所所在地确定，或者按照负担、支付所得的个人的住所地确定；（6）其他所得，由国务院财政、税务主管部门确定。

三、企业所得税税率

（一）25%基础税率

企业所得税的基本税率为25%。

（二）20%税率

对小型微利企业减按25%计算应纳税所得额，按20%的税率缴纳企业所得税政策，延续执行至2027年12月31日（财政部 税务总局公告2023年第12号）。

（三）15%税率

1. 高新技术企业
国家需要重点扶持的高新技术企业，减按15%的税率征收企业所得税。
2. 技术先进型服务企业
对经认定的技术先进型服务企业，减按15%的税率征收企业所得税。
3. 平潭综合实验区符合条件的企业
2021年1月1日至2025年12月31日，对设在平潭综合实验区的符合条件的企业减按15%的税率征收企业所得税。
4. 注册在海南自由贸易港并实质性运营的鼓励类产业企业
2020年1月1日至2024年12月31日，对注册在海南自由贸易港并实质性运营的鼓励类产业企业，减按15%的税率征收企业所得税。
所称鼓励类产业企业，是指以海南自由贸易港鼓励类产业目录中规定的产业项目为主营业务，且其主营业务收入占企业收入总额60%以上的企业。
5. 西部地区鼓励类产业
2021年1月1日至2030年12月31日，对设在西部地区的鼓励类产业企业减按15%的税率征收企业所得税。本条鼓励类产业企业是指以《西部地区鼓励类产业目录》中规定的产业项目为主营业务，且其主营业务收入占企业收入总额60%以上的企业。
6. 中国（上海）自贸试验区临港新片区重点产业
自2020年1月1日起，对新片区内从事集成电路、人工智能、生物医药、民用航空等关键领域核心环节相关产品（技术）业务，并开展实质性生产或研发活动的符合条件的法人企业，自设立之日起5年内减按15%的税率征收企业所得税。
7. 从事污染防治的第三方企业
2024年1月1日至2027年12月31日，对符合条件的从事污染防治的第三方企业减按15%的税率征收企业所得税。所称从事污染防治的第三方企业是指受排污企业或政府委托，负责环境污染治理设施（包括自动连续监测设施）运营维护的企业。

启思导学

国家需要重点扶持的高新技术企业

国家需要重点扶持的高新技术企业，是指拥有核心自主知识产权，并同时符合下列条件的企业：

（1）产品（服务）属于《国家重点支持的高新技术领域》规定的范围。
（2）研究开发费用占销售收入的比例不低于规定比例。
（3）高新技术产品（服务）收入占企业总收入的比例不低于规定比例。
（4）科技人员占企业职工总数的比例不低于规定比例。
（5）高新技术企业认定管理办法规定的其他条件。

（四）10%税率

1. 国家鼓励的重点集成电路设计企业和软件企业

自2020年1月1日起，国家鼓励的重点集成电路设计企业和软件企业，自获利年度起，第一年至第五年免征企业所得税，后续年度减按10%的税率征收企业所得税。

国家鼓励的重点集成电路设计和软件企业清单由国家发展改革委、工业和信息化部会同财政部、税务总局等相关部门制定。

2. 非居民企业

非居民企业取得《企业所得税法》第二十七条第（五）项规定的所得，减按10%的税率征收企业所得税，即非居民企业在中国境内未设立机构、场所的，或者虽设立机构、场所但取得的所得与其所设机构、场所没有实际联系的，应当就其来源于中国境内的所得缴纳企业所得税。

资料来源：中华人民共和国科学技术部网站

任务二　熟悉企业所得税的税收优惠

我国企业所得税的税收优惠方式包括免税收入，减、免税所得，加计扣除，应纳税所得额抵扣，加速折旧和设备、器具一次性税前扣除，减计收入，应纳税额抵免等优惠政策。企业同时从事适用不同企业所得税待遇的项目的，其优惠项目应当单独计算所得，并合理分摊企业的期间费用；没有单独计算的，不得享受企业所得税优惠。企业所得税税收优惠项目如图4-1所示。

```
税收优惠 ──┬── 免税收入
          ├── 减免税所得
          ├── 加计扣除
          ├── 应纳税所得额抵扣
          ├── 加速折旧和设备、器具一次性税前扣除
          ├── 减计收入
          └── 应纳税额抵免
```

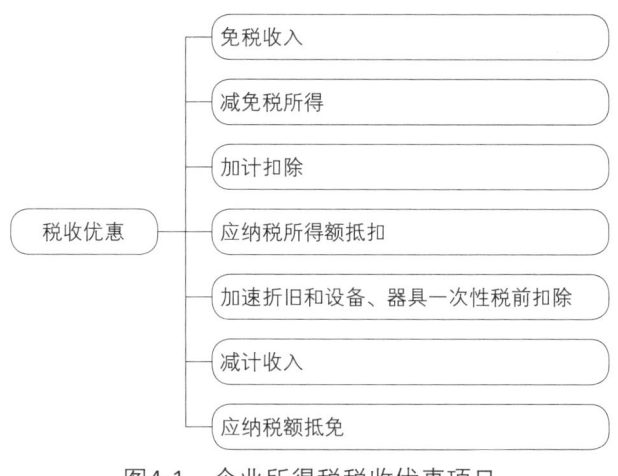

图4-1 企业所得税税收优惠项目

一、免税收入

免税收入主要包括以下四种收入。

1. 国债利息收入

国债利息收入是指企业持有国务院财政部门发行的国债取得的利息收入。

2. 符合条件的居民企业之间的股息、红利等权益性投资收益

符合条件的居民企业之间的股息、红利等权益性投资收益,是指居民企业直接投资于其他居民企业取得的投资收益。

3. 在中国境内设立机构、场所的非居民企业从居民企业取得与该机构、场所有实际联系的股息、红利等权益投资收益

股息、红利等权益性投资收益,不包括连续持有居民企业公开发行并上市流通的股票不足 12 个月取得的投资收益。

4. 符合条件的非营利组织的收入

符合条件的非营利组织的收入,不包括非营利组织从事营利性活动取得的收入,但国务院财政、税务主管部门另有规定的除外。对非营利组织从事非营利性活动取得的收入给予免税,但从事营利性活动取得的收入则要征税。

二、减、免税所得

1. 免征企业所得税

企业从事下列项目的所得,免征企业所得税:(1)蔬菜、谷物、薯类、油料、豆、花、麻类、糖料、水果、坚果的种植;(2)农作物新品种的选育;(3)中药材的种植;(4)林木的培育和种植;(5)牲畜、家禽的饲养;(6)林产品的采集;(7)灌溉、农产品初加工、兽医、农技推广、农机作业和维修等农、林、牧、渔服务业项目;(8)远洋捕捞。

项目四 企业所得税的计算与智能申报 | 95

2. 减半征收企业所得税

企业从事下列项目的所得，减半征收企业所得税：（1）花卉、茶以及其他饮料作物和香料作物的种植；（2）海水养殖、内陆养殖；（3）持有2019—2027年发行铁路债券取得的利息收入。

3. 三免三减半

企业从事国家重点扶持的公共基础设施项目的投资经营的所得；从事符合条件的环境保护、节能节水项目的所得；对符合条件的节能服务公司实施合同能源管理项目；从事符合规定扣除标准的电网（输变电设备设施）的新建项目。自项目取得第一笔生产经营收入所属纳税年度起，第1年至第3年免征企业所得税，第4年至第6年减半征收企业所得税。

> **注意**
> 企业承包经营、承包建设和内部自建自用上述项目，不得享受上述企业所得税优惠。

4. 技术转让所得

一个纳税年度内，居民企业技术转让所得不超过500万元的部分，免征企业所得税；超过500万元的部分，减半征收企业所得税。

三、加计扣除

1. 研发费用

根据《财政部税务总局科技部关于进一步提高科技型中小企业研发费用税前加计扣除比例的公告》（2022年第16号），科技型中小企业开展研发活动中实际发生的研发费用，未形成无形资产计入当期损益的，在按规定据实扣除的基础上，自2022年1月1日起，再按照实际发生额的100%在税前加计扣除；形成无形资产的，自2022年1月1日起，按照无形资产成本的200%在税前摊销。

> **注意**
> 科技型中小企业是指依托一定数量的科技人员从事科学技术研究开发活动，取得自主知识产权并将其转化为高新技术产品或服务，从而实现可持续发展的中小企业。

下列行业不适用税前加计扣除政策：（1）烟草制造业、住宿和餐饮业；（2）批发和零售业、房地产业；（3）租赁和商务服务业；（4）娱乐业；（5）财政部和国家税务总局规定的其他行业。

2. 安置残疾人员

在按照支付给残疾职工工资据实扣除的基础上，按照支付给残疾职工工资的100%加计扣除。

四、应纳税所得额抵扣

以下企业采用股权投资的方式,时间满 2 年的,可以按照投资额的 70% 抵扣公司的应纳税所得额(从合伙企业分得的所得),当年抵扣不完的,可结转以后年度抵扣:(1)创业投资企业投资于未上市的中小高新技术企业;(2)公司制创投企业直接投资于种子期、初创期科技型企业;(3)有限合伙制创业投资企业直接投资于初创科技型企业;(4)有限合伙制创业投资企业投资于未上市的中小高新技术企业。

五、加速折旧和设备、器具一次性税前扣除

1. 条件

技术进步,产品更新换代较快的固定资产;(2)常年处于强震动、高腐蚀状态的固定资产。

2. 方法

企业可以采取缩短折旧年限(最低折旧年限不得低于税法规定折旧年限的 60%)或者采取加速折旧的方法(双倍余额递减法和年数总和法)进行加速折旧。

3. 特别规定

在 2024 年 1 月 1 日至 2027 年 12 月 31 日期间新购进的设备、器具,单位价值不超过 500 万元的,允许一次性计入成本费用在计算应纳税所得额时扣除,不分年度计算折旧。

六、减计收入

企业以《资源综合利用企业所得税优惠目录》规定的资源作为主要原材料,生产国家非限制和禁止并符合国家和行业相关标准的产品取得的收入,减按 90% 计入收入总额。

自 2019 年 6 月 1 日起至 2025 年 12 月 31 日,社区提供养老、托育、家政等服务的机构,提供社区养老、托育、家政服务取得的收入,在计算应纳税所得额时,减按 90% 计入收入总额。

七、应纳税额抵免

企业购置并实际使用规定的环境保护、节能节水、安全生产等专用设备的,该专用设备的投资额的 10% 可以从企业当年的应纳税额中抵免;当年不足抵免的,可以在以后 5 个纳税年度结转抵免。

> **注意**
> 企业购置上述专用设备 5 年内转让、出租的,应当停止享受企业所得税优惠,并补缴已经减免的企业所得税款。

任务三　企业所得税应纳税额的计算

一、应纳税所得额的概念

（一）应纳税所得额的含义

应纳税所得额是指按照税法规定确定纳税人在一定期间所获得的所有应税收入减除在该纳税期间依法允许减除的各种支出后的余额，是计算企业所得税税额的计税依据。企业所得税应纳税所得额指企业每一纳税年度的收入总额，减除不征税收入、免税收入、各项扣除、其他支出以及允许弥补的以前年度亏损后的余额，为应纳税所得额。其计算公式为：

应纳税所得额＝收入总额－不征税收入－免税收入－各项扣除－其他支出－弥补的以前年度亏损

企业应纳税所得额的计算，以权责发生制为原则，属于当期的收入和费用，不论款项是否收付，均作为当期的收入和费用；不属于当期的收入和费用，即使款项已经在当期收付，均不作为当期的收入和费用。

（二）收入总额

企业的收入总额是指企业以货币形式和非货币形式从各种来源取得的收入之和。货币形式，包括现金、存款、应收账款、应收票据、准备持有至到期的债券投资以及债务的豁免等；非货币形式，包括固定资产、生物资产、无形资产、股权投资、存货、不准备持有至到期的债券投资、劳务以及有关权益等。

企业的收入包括：销售货物收入，提供劳务收入，转让财产收入，股息、红利等权益性投资收益，利息收入，租金收入，特许权使用费收入，接受捐赠收入，其他收入。

1. 销售货物收入

销售货物收入是指企业销售商品、产品、原材料、包装物、低值易耗品以及其他存货取得的收入。满足下列五个条件的，才能确认为收入：

（1）企业已将商品所有权上的主要风险和报酬转移给购货方。

（2）企业既没有保留通常与所有权相联系的持续管理权，也没有对已售出的商品实施有效控制。

（3）收入的金额能够可靠地计量。

（4）相关的经济利益很可能流入企业。

（5）相关的已发生或将发生的成本能够可靠地计量。

另以分期收款方式销售货物的，按照合同约定的收款日期确认收入；受托加工制造大型机械设备、船舶、飞机，以及从事建筑、安装、装配工程业务或者提供其他劳务等，持续时间超过12个月的，按照纳税年度内施工进度或者完成的工作量比例确认收入；采取产品分成方式取得收入的，按照企业分得产品的日期确认收入，其收入额按照产品的公允价值确定。

2. 提供劳务收入

提供劳务收入是指企业从事建筑安装、修理修配、交通运输、仓储租赁、金融保险、邮电通信、咨询经纪、文化体育、科学研究、技术服务、教育培训、餐饮住宿、中介代理、卫生保健、社区服务、旅游、娱乐、加工以及其他劳务服务活动取得的收入。

3. 转让财产收入

转让财产收入是指企业转让固定资产、生物资产、无形资产、股权、债权等财产取得的收入。

4. 股息、红利等权益性投资收益

股息、红利等权益性投资收益是指企业因权益性投资从被投资方取得的收入。收入确认日期为被投资方作出利润分配决定的日期，国务院财政、税务主管部门另有规定外。

5. 利息收入

利息收入是指企业将资金提供他人使用但不构成权益性投资，或者因他人占用本企业资金取得的收入，包括存款利息、贷款利息、债券利息、欠款利息等收入。收入确认日期为合同约定的债务人应付利息的日期。

6. 租金收入

租金收入是指企业提供固定资产、包装物或者其他有形资产的使用权取得的收入。收入确认日期为合同约定的承租人应付租金的日期。

7. 特许权使用费收入

特许权使用收入是指企业提供专利权、非专利技术、商标权、著作权以及其他特许权的使用权取得的收入。收入确认日期为合同约定的特许权使用人应付特许权使用费的日期。

8. 接受捐赠收入

接受捐赠收入是指企业接受的来自其他企业、组织或者个人无偿给予的货币性资产、非货币性资产接受捐赠收入，收入确认日期为实际收到捐赠资产的日期。

9. 其他收入

其他收入是指企业取得的前1—8项收入外的其他收入，包括企业资产溢余收入、逾期未退包装物押金收入、确实无法偿付的应付款项、已作坏账损失处理后又收回的应收款项、债务重组收入、补贴收入、违约金收入、汇兑收益等。

> **提示**
> 企业发生非货币性资产交换，以及将货物、财产、劳务用于捐赠、补偿、赞助、集资、广告、样品、职工福利或者利润分配等用途的，应当视同销售货物、转让财产或者提供劳务，确认相应的收入，国务院财政、税务主管部门另有规定的除外。

（三）不征税收入

不征税收入是指从性质和根源上不属于企业营利性活动带来的经济利益，不负有纳税义务且不作为应纳税所得额组成部分的收入，包括：财政拨款，依法收取并纳入财政管理的行政事业性收费，政府性基金，具有专项用途的财政性资金以及国务院规定的其他不征税收入。

1. 财政拨款

财政拨款是指各级人民政府对纳入预算管理的事业单位、社会团体等组织拨付的财政资金。

2. 依法收取并纳入财政管理的行政事业性收费、政府性基金

行政事业性收费指依照法律法规等有关规定，按照国务院规定程序批准，在实施社会公共管理，以及在向公民、法人或者其他组织提供特定公共服务过程中，向特定对象收取并纳入财政管理的费用。

政府性基金指企业依照法律、行政法规等有关规定，代政府收取的具有专项用途的财政资金。

3. 国务院规定的其他不征税收入

国务院规定的其他不征税收入是指企业取得的，由国务院财政、税务主管部门规定专项用途并经国务院批准的财政性资金。

（四）免税收入

免税收入是指属于企业的应税所得但按照税法规定免于征收企业所得税的收入。免税收入包括国债利息收入，符合条件的居民企业之间的股息、红利收入，在中国境内设立机构、场所的非居民企业从居民企业取得与该机构、场所有实际联系的股息，红利收入，符合条件的非营利公益组织的收入等。

启思导学

扣除项目的原则

企业在生产经营活动中，所发生的费用支出必须严格区分资本性支出和经营性支出。资本性支出不得在发生当期直接扣除，必须按税收法规规定分期计提折旧、摊销或计入有

关投资的成本。企业申报的扣除项目要真实、合法。真实是指能够提供国家允许使用的有效证明，证明其相关支出确属已经实际发生；合法是指符合国家税收法规的规定，其他法规规定与税收法规不一致的，以税收法规规定为标准。除税收法规另有规定者外，税前扣除的确认一般应遵循以下原则：(1) 权责发生制原则。即纳税人应在费用发生时而不是实际支付时确认扣除 (2) 配比原则。即纳税人发生的费用应在应配比或应分配的当期申报扣除。某一纳税年度应申报的可扣除费用不得提前或滞后申报扣除。防止任意调剂各年度应纳税所得。(3) 相关性原则。即纳税人可扣除的费用从性质和根源上必须与取得应税收入相关。运用相关性分析的一个重要方面是将个人消费与企业经营活动相区分。(4) 确定性原则。即纳税人可扣除的费用不论何时支付或取得发票，其金额必须是确定的。一般情况下税法不允许按估计的支出额扣除。(5) 合理性原则。即纳税人可扣除费用的计算和分配方法应符合一般的经营常规和会计惯例。

真实、合法是纳税人经营活动中发生的费用支出可以税前扣除的主要条件和基本原则。
（资料来源：中国政府网）

（五）各项扣除

企业所得税应纳税额准予的各项扣除是指企业实际发生的与取得收入有关的、合理的支出，包括成本、费用、税金、损失和其他支出。企业的不征税收入用于支出所形成的费用或者财产，不得扣除或者计算对应的折旧、摊销扣除。

企业发生的支出应当区分收益性支出和资本性支出。收益性支出指支出的效益与本会计年度或一个营业周期相关的支出，这些支出发生时，都应计入当年有关成本费用科目；资本性支出是指通过它所取得的财产或劳务的效益，可以给予多个会计期间所发生的那些支出。因此，这类支出应予以资本化，先计入资产类科目，再分期按所得到的效益转入适当的费用科目。

1. 成本

成本是指企业在生产经营活动中发生的主营业务成本、其他业务成本以及其他耗费。

（1）工会薪金支出，是指企业每一纳税年度支付给在本企业任职或者受雇的员工的所有现金形式或者非现金形式的劳动报酬，包括基本工资、奖金、津贴、补贴、年终加薪、加班工资，以及与员工任职或者受雇有关的其他支出。企业安置残疾人员的，在按照支付给残疾职工工资据实扣除的基础上，可以在计算应纳税所得额时按照支付给残疾职工工资的100%加计扣除。

（2）社会保险支出，是指企业依照国务院有关主管部门或者省级人民政府规定的范围和标准为职工缴纳的基本养老保险费、基本医疗保险费、失业保险费、工伤保险费、生育保险费等基本社会保险费。

> **注意**
> 企业为投资者或者职工支付的补充养老保险费、补充医疗保险费，在国务院财政、税务主管部门规定的范围和标准内，准予扣除；企业发生的合理的劳动保护支出，准予扣除。

（3）住房公积金支出，是指国家机关、国有企业、城镇集体企业、外商投资企业、城镇私营企业及其他城镇企业、事业单位、民办非企业单位，社会团体及其在职职工缴存的长期住房储金。

（4）商业保险支出，是指企业依照国家有关规定为特殊工种职工支付的人身安全保险费和国务院财政、税务主管部门规定可以扣除的其他商业保险费。如企业职工因公出差乘坐交通工具发生的人身意外保险费支出，为从事井下、高空、高温等特殊工种支付的人身安全保险费支出。

（5）职工福利费支出，是指不超过企业工资薪金总额14%的部分，准予扣除。

【例4-1】甲企业为2022年全年支付职工工资100万元，支付职工福利费20万元。

甲企业2022年职工工资准予扣除限额：100×14%＝14（万元）。

甲企业在进行企业所得税汇算时，应调减支出6（20－14）万元。

（6）工会经费，是指不超过企业工资薪金总额2%的部分，准予扣除。

（7）职工教育经费支出，是指不超过工资薪金总额8%的部分，准予扣除；超过部分，准予在以后纳税年度结转扣除。

（8）以经营租赁方式租入固定资产发生的租赁费支出，是指按照租赁期限均匀扣除；以融资租赁方式租入固定资产发生的租赁费支出，按照规定构成融资租入固定资产价值的部分应当提取折旧费用，分期扣除。

（9）非居民企业在中国境内设立的机构、场所，就其中国境外总机构发生的与该机构、场所生产经营有关的费用，能够提供总机构出具的费用汇集范围、定额，分配依据和方法等证明文件，并合理分摊的，准予扣除。

（10）非公有制企业党组织工作经费纳入企业管理费列支，不超过职工年度工资薪金总额1%的部分，准予扣除。

（11）企业发生与生产经营有关的手续费及佣金支出，按与具有合法经营资格的中介服务机构或个人（不含交易双方及其雇员，代理人和代表人等）所签订服务协议或合同确认的收入金额的5%计算限额。不超过规定计算限额以内的部分，准予扣除。

2. 费用

费用是指企业在生产经营活动中发生的销售费用、管理费用和财务费用，已经计入成本的有关费用除外。

（1）企业发生的与生产经营活动有关的业务招待费支出，按照发生额的60%扣除，但最高不得超过当年销售（营业）收入的0.5%。

【例4-2】甲公司2022年全年销售收入总额50000万元，发生与经营活动相关的业务招待费 300 万元。

业务招待费的 60%：300×60%＝180（万元）

销售收入的 0.5%：50000×0.5%＝250（万元）

180 万元＜250 万元，故税前按 180 万元进行扣除。甲企业在进行企业所得税汇算时，应调减支出 120 万元。

【例 4-3】甲公司 2022 年全年销售收入总额 50000 万元，发生与经营活动相关的业务招待费 500 万元。

业务招待费的 60%：500×60%＝300（万元）

销售收入的 0.5%：50000×0.5%＝250（万元）

300 万元＞250 万元，故税前按 250 万元进行扣除。甲企业在进行企业所得税汇算时，应调减支出 250 万元。

（2）企业发生的符合条件的广告费和业务宣传费支出，除国务院财政、税务主管部门另有规定外，不超过当年销售（营业）收入 15% 的部分，准予扣除；超过部分，准予在以后纳税年度结转扣除。

【例 4-4】甲公司 2022 年全年销售收入总额 5000 万元，发生与经营活动相关的广告宣传费 1000 万元。

甲公司 2022 年度准予扣除限额：5000×15%＝750（万元）

甲公司 2022 年度准予扣除的金额为 750 万元，在进行企业所得税汇算时应调减支出 250 万元。如果甲企业 2023 年广告宣传支出未超过销售额的 15%，且差额大于 250 万元，2023 年度企业进行企业所得税汇算时可调增支出 250 万元。

（3）非金融企业向金融企业借款的利息支出、金融企业的各项存款利息支出和同业拆借利息支出、企业经批准发行债券的利息支出；向非金融企业借款的利息支出，不超过按照金融企业同期同类贷款利率计算的数额的部分。企业向个人的借款利息支出一般不可以扣除。

【例 4-5】丙公司 2022 年 1 月 1 日向银行贷款 100 万元，2 年期，年利率为 10%；同时还向甲公司借款 200 万元 2 年期，年利率为 13%。

丙公司 2022 年准予扣除利息金额：（100＋200）×10%＝30（万元）。

丙公司在进行企业所得税汇算时，应将 3% 的利息费用 6（200×3%）万元调减。

> **注意**
> 企业为购置、建造固定资产、无形资产和经过 12 个月以上的建造才能达到预定可销售状态的存货发生借款的，在有关资产购置、建造期间发生的合理的借款费用，应当作为资本性支出计入有关资产的成本，并依照规定扣除。

（4）企业依照法律，行政法规有关规定提取的用于环境保护、生态恢复等方面的专项资金，准予扣除。上述专项资金提取后改变用途的，不得扣除。

3. 税金

税金是指企业发生的除企业所得税和允许抵扣的增值税以外的各项税金及其附加。

4. 损失

损失是指企业在生产经营活动中发生的固定资产和存货的盘亏、损毁、报废损失，转让财产损失，呆账损失，坏账损失，自然灾害等不可抗力因素造成的损失以及其他损失。企业发生的损失，应减除责任人赔偿和保险赔款后再予以扣除。企业已经作为损失处理的资产，在以后纳税年度又全部收回或者部分收回时，应当计入当期收入。

5. 其他支出

其他支出是指除成本、费用、税金、损失外，企业在生产经营活动中发生的与生产经营活动有关的、合理的支出。

> **注意**
> 企业发生的公益性捐赠支出，在年度利润总额12%以内的部分，准予在计算应纳税所得额时扣除；超过年度利润总额12%的部分，准予结转以后三年内在计算应纳税所得额时扣除。

【例4-6】甲公司2022年全年利润总额1000万元，发生公益性捐赠支出150万元。

甲公司此次公益性捐赠支出准予扣除限额：1000×12%＝120（万元）。

甲公司在进行企业所得税汇算时，应调减支出30万元。

（六）允许弥补的以前年度亏损

亏损弥补期限是指企业纳税年度发生的亏损，准予向以后年度结转，用以后年度的所得弥补，但结转年限最长不得超过五年，即自亏损年度的下一个年度起连续五年不间断地计算。

【例4-7】乙公司2016年亏损100万元，允许弥补亏损。因弥补亏损年限最长不得超过五年，则2022年不得弥补剩余亏损金额20万元。亏损弥补计算如表4-1所示。

表4-1 亏损弥补计算表　　　　　　　　　　　　　　　单位：万元

年份	2016年	2017年	2018年	2019年	2020年	2021年	2022年
利润	−100	10	20	20	15	15	50
可弥补的亏损余额		90	70	50	35	20	
当年应纳税所得额		0	0	0	0	0	50

二、资产的税务处理

（一）资产的税务处理的含义

资产的税务处理是指企业对各项资产在税前的折旧、摊销、扣除等处理。资产的税务处理，主要包括资产的分类、确认、计价、扣除方法和处置几个方面的内容。

（二）资产的税务处理的类别

资产在税务处理方面可分为固定资产、无形资产、存货、长期待摊费用、生产性生物资产、投资资产等几个主要类别。

各项资产的处理要以历史成本为计税基础，即企业取得该项资产时实际发生的支出。企业持有资产期间不得随意调整该资产的计税基础。

1. 固定资产的处理

固定资产是指企业为生产产品、提供劳务、出租或者经营管理而持有的、使用时间超过 12 个月的非货币性资产，包括房屋、建筑物、机器、机械、运输工具以及其他与生产经营活动有关的设备、器具、工具等。在计算应纳税所得额时，企业按照规定计算的固定资产折旧，准予扣除。

固定资产按照以下方法确定计税基础：

（1）外购的固定资产，以购买价款和支付的相关税费以及直接归属于使该资产达到预定用途发生的其他支出为计税基础。

（2）自行建造的固定资产，以竣工结算前发生的支出为计税基础。

（3）融资租入的固定资产，以租赁合同约定的付款总额和承租人在签订租赁合同过程中发生的相关费用为计税基础，租赁合同未约定付款总额的，以该资产的公允价值和承租人在签订租赁合同过程中发生的相关费用为计税基础。

（4）盘盈的固定资产，以同类固定资产的重置完全价值为计税基础。

（5）通过捐赠、投资、非货币性资产交换、债务重组等方式取得的固定资产，以该资产的公允价值和支付的相关税费为计税基础。

（6）改建的固定资产，以改建过程中发生的改建支出增加计税基础。

企业应当自固定资产投入使用月份的次月起计算折旧；停止使用的固定资产，应当自停止使用月份的次月起停止计算折旧。企业应当根据固定资产的性质和使用情况，合理确定固定资产的预计净残值。固定资产的预计净残值一经确定，不得变更。

2. 无形资产的处理

无形资产是指企业为生产产品、提供劳务、出租或者经营管理而持有的、没有实物形态的非货币性长期资产，包括专利权、商标权、著作权、土地使用权、非专利技术、商誉等。企业按照规定计算的无形资产摊销,准予扣除。

无形资产按照以下方法确定计税基础:

(1)外购的无形资产,以购买价款和支付的相关税费以及直接归属于使该资产达到特定用途发生的其他支出为计税基础。

(2)自行开发的无形资产,以开发过程中该资产符合资本化条件后到达预定用途前发生的支出为计税基础。

(3)通过捐赠、投资、非货币性资产交换、债务重组等方式取得的无形资产,以该资产的公允价值和支付的相关税费为计税基础。

无形资产的摊销年限不得低于10年,作为投资或者受让的无形资产,有关法律规定或者合同约定了使用年限的,可以按照规定或者约定的使用年限分期摊销。

3. 存货的处理

存货是指企业持有以备出售的产品或者商品、处在生产过程中的在产品、在生产或者提供劳务过程中耗用的材料和物料等。

存货按照以下方法确定成本:

(1)通过支付现金方式取得的存货,以购买价款和支付的相关税费为成本。

(2)通过支付现金以外的方式取得的存货,以该存货的公允价值和支付的相关税费为成本。

(3)生产性生物资产收获的农产品,以产出或者采收过程中发生的材料费、人工费和分摊的间接费用等必要支出为成本。

企业使用或者销售的存货的成本计算方法,可以在先进先出法、加权平均法、个别计价法中选用一种。计价方法一经选用,不得随意变更。

4. 长期待摊费用的处理

长期待摊费用是指企业已经支出,但摊销期限在1年以上(不含1年)的各项费用,包括固定资产修理支出、租入固定资产的改良支出以及摊销期限在1年以上的其他待摊费用。

(1)已提足折旧的固定资产的改建支出,按照固定资产预计尚可使用年限分期摊销。

(2)经营租入固定资产的改建支出,按照合同约定的剩余租赁期限分期摊销。

(3)符合税法规定的固定资产大修理支出,按照固定资产尚可使用年限分期摊销。

大修理支出,是指同时符合下列条件的支出:①修理支出达到取得固定资产时的计税基础50%以上;②修理后固定资产的使用年限延长2年以上。

(4)其他长期待摊费用,自支出发生月份的次月起分期摊销,摊销年限不得少于3年。

5. 生产性生物资产的处理

生产性生物资产,是指为产出农产品、提供劳务或出租等目的而持有的生物资产,包括经济林、薪炭林、产畜和役畜等。生产性生物资产按照直线法计算的折旧,准予扣除。

生产性生物资产按照以下方法确定计税基础:

(1)外购的生产性生物资产,以购买价款和支付的相关税费为计税基础。

（2）通过捐赠、投资、非货币性资产交换、债务重组等方式取得的生产性生物，以该资产的公允价值和支付的相关税费为计税基础。

企业应当自生产性生物资产投入使用月份的次月起计算折旧；停止使用的生产性生物资产，应当自停止使用月份的次月起停止计算折旧。

企业应当根据生产性生物资产的性质和使用情况，合理确定生产性生物资产的预计净残值。生产性生物资产的预计净残值一经确定，不得变更。

6. 投资资产的处理

投资资产是指企业对外进行权益性投资和债权性投资形成的资产，企业在转让或者处置投资资产时，投资资产的成本，准予扣除。

投资资产按照以下方法确定成本：

（1）通过支付现金方式取得的投资资产，以购买价款为成本。

（2）通过支付现金以外的方式取得的投资资产，以该资产的公允价值和支付的相关税费为成本。

三、应纳税额的概念

应纳税额是指企业按照税法的规定，经过计算得出的应向税务机关缴纳的所得税额。

我国企业所得税的税率为25%的比例税率，非居民企业为20%。国家需要重点扶持的高新技术企业，减按15%的税率征收企业所得税；符合条件的小型微利企业，减按20%的税率征收企业所得税。

四、应纳税额的计算

应纳税额的计算公式为：

应纳税额＝应纳税所得额×适用税率－减免税额－抵免税额＝（收入总额－不征税收入－免税收入－各项扣除－允许弥补的以前年度亏损）×适用税率－减免税额－抵免税额

【例4-8】丁公司为一家居民企业，为增值税一般纳税人，注册资本为6000万元，年末在职员工500人，主要生产音箱，2022年度有关经营业务如下：

（1）销售音箱取得不含税收入9000万元，与之配比的销售成本5000万元。

（2）提供技术服务取得不含税收入500万元，与之配比的成本和费用200万元。

（3）出租闲用仓库取得租金收入100万元，取得国债利息收入10万元，取得违约金收入20万元，处置闲置生产设备收入50万元。

（4）销售费用2000万元，其中广告费1500万元。

（5）管理费用850万元，其中业务招待费200万元。

（6）财务费用100万元，其中含向乙企业借款200万元所支付的年利息20万元（2022

年金融企业贷款年利率为6%）。

（7）已计入成本费用中的实发工资800万元，扣缴的工会经费20万元、实际发生的职工福利费120万元、职工教育经费63万元。

（8）营业外支出200万元，其中通过公益性社会团体捐款150万元。

（9）税金及附加60万元。

其他资料：以上取得的相关票据均通过税务机关认证。

第一步：计算利润总额。

利润总额：

9000＋500＋100＋10＋20＋50－5000－200－2000－850－100－200－60＝1270(万元)。

第二步：计算纳税调整项目。

（1）广告费：利息收入计入投资收入，违约金收入计入营业外收入，固定资产处置及资产处置损益，故此三项不作为计算基数。

准予扣除限额：(9000＋500＋100)×15%＝1440(万元)

调整额：1500－1440＝60(万元)

广告费支出应调减60万元，即应纳税所得额调增60万元。

（2）业务招待费：利息收入计入投资收入，违约金收入计入营业外收入，固定资产处置及资产处置损益，故此三项不作为计算基数。

业务招待费的0.5%：(9000＋500＋100)×0.5%＝48(万元)

业务招待费的60%：200×60%＝120(万元)

准予扣除限额：48万元＜120万元，税前准予扣除48万元。

调整额：200－48＝152(万元)

业务招待费支出调减152万元，即应纳税所得额调增152万元。

（3）非金融机构借款利息支出：

准予扣除限额：200×6%＝12(万元)

调整额：20－12＝8(万元)

利息费支出调减8万元，即应纳税所得额调增8万元。

（4）工会经费（2%）、职工福利费（14%）、职工教育经费（8%）：

工会经费扣除限额：800×2%＝16(万元)

调整：20－16＝4(万元)

职工福利费扣除限额：800×14%＝112(万元)

调整额：120－112＝8(万元)

职工教育经费扣除限额：800×8%＝64(万元)

职工教育经费未达限额，不予调整。

总计调整额：4＋8＝12(万元)

工会经费、职工福利费、职工教育经费支出总计调减12万元，即应纳税所得额调增12万元。

（5）公益性捐款：

准予扣除限额：1270×12% = 152.4(万元)

调整额：150 - 152.4 = -2.4(万元)

公益性捐款支出未达限额，不予调整。

第三步：计算调整后应纳税所得额，其中，国债利息收入系免税收入当予扣除。

应纳税所得额：1270 + 60 + 152 + 8 + 12 - 10 = 1492(万元)

第四步：计算应纳税额。丁企业为一般居民企业，非重点扶持的高新技术企业，也不符合小型专利企业的确认条件，故企业所得税税率为25%。

应纳税额：1492×25% = 373(万元)

丁公司2022年度应缴纳的企业所得税为373万元。

任务四　企业所得税的汇算清缴

一、企业所得税汇算清缴的概念

（一）企业所得税汇算清缴的定义

《企业所得税法》第五十四条规定："企业应当自年度终了之日起五个月内，向税务机关报送年度企业所得税纳税申报表，并汇算清缴，结清应缴应退税款。"企业所得税汇算清缴是指应税纳税人在纳税年度（指公历年）终了后规定时期内，依照税收法律、法规、规章及其他有关企业所得税的规定、自行计算全年应纳税所得额和应纳所得税额，根据月度或季度预缴的所得税数额，确定该年度应补或者应退税额，填写年度企业所得税纳税申报表，向主管税务机关办理年度企业所得税纳税申报，提供税务机关要求提供的有关资料、结清全年企业所得税税款的行为。

（二）企业所得税汇算清缴的意义和作用

企业所得税汇算清缴，是对上一年度所得税清算的一个过程，它具有以下意义和作用：
（1）清楚掌握企业上一年度的经营状况；（2）根据企业财务情况计算全年应纳税所得额，按照月度或季度预缴的所得税数额，确定该年度应补或者应退税额，多退少补；（3）汇算清缴后账务处理出现问题，可以按照会计制度规定，进行会计差错调整；（4）企业在进行所得税汇算清缴工作时，应当通过认真、细致、严谨的工作流程，保证各项资料报表准备完善，严格按照相关政策规定，从而有效规避税务风险，提高资本配置水平，实现企业经济效益的稳步提升，从而避免企业的财务风险；（5）如果是由专业的财税人员进行汇算清缴，还应针对企业的财务情况提出合理建议和意见，规避财务漏洞。

【例 4-9】甲家企业 2022 年第一季度盈利，第二季度亏损，第三季度盈利，第四季度亏损；由于企业所得税是季报，凡是盈利的季度就需要交所得税，而这个汇总就是把 2022 年度的缴税基本信息做一个判断，这样就可以判断企业交多少所得税，采取多退少补，当然其中也涉及一些纳税调整。

（三）企业所得税汇算清缴的特点

企业所得税汇算清缴有以下特点。

1. 汇算清缴的主体是企业

所有实行独立经济核算的中华人民共和国境内的内资企业或其他组织都需要缴纳企业所得税，包括以下 6 类：（1）国有企业；（2）集体企业；（3）私营企业；（4）联营企业；（5）股份制企业；（6）有生产经营所得和其他所得的其他组织。

> **说明**
> 个人独资企业、合伙企业不交企业所得税，这两类企业征收个人所得税即可，这样能消除重复征税。

【例 4-10】丙企业于 2022 年 1 月按照中国法律成立的个人独资企业，丁企业于 2022 年 2 月按照外国法律成立的个人独资企业。

根据我国企业所得税法律规定，依照中国法律成立的个人独资企业、合伙企业不缴纳企业所得税，缴纳个人所得税；依照外国法律成立的个人独资企业、合伙企业适用企业所得税法，应该缴纳企业所得税。其中，一人有限公司属于企业所得税纳税范畴。

2. 企业自行计算、自行申报

3. 自行缴纳，风险自担，全年汇总计算

4. 一年一清，多退少补

（四）不同企业所得税征收方式对应的汇算清缴方式

企业所得税的征收方式，分为查账征收与核定征收。企业所得税征收方式不同情况下汇算清缴方式如表 4-2 所示。

表4-2　企业所得税征收方式不同情况下汇算清缴方式

企业所得税征收方式		汇算清缴方式
实行"查账征收"方式纳税		企业分月或者分季预缴企业所得税时，应当按照月度或者季度的实际利润额预缴，年度终了汇算清缴，应当填报《中华人民共和国企业所得税年度纳税申报表（A类）》
核定征收	实行"核定应税所得率"方式纳税	纳税人应依照确定的应税所得率计算纳税期间实际应缴纳的税额，进行预缴，年度终了汇算清缴，应当填报《中华人民共和国企业所得税月（季）度预缴和年度纳税申报表（B类）》
	实行"核定应纳所得税额"方式纳税	实行"核定应纳所得税额"方式纳税的企业，不需要进行企业所得税汇算清缴。应纳所得税额尚未确定之前，可暂按上年度应纳所得税额的1/12或1/4预缴；在应纳所得税额确定以后，减除当年已预缴的所得税额，余额按剩余月份或季度均分，以此确定以后各月或各季的应纳税额；纳税人年度终了后，申报额超过核定经营额或应纳税额的，按申报额缴纳税款；申报额低于核定经营额或应纳税额的，按核定经营额或应纳税额缴纳税款

二、企业所得税汇算清缴的适用范围

凡在纳税年度内从事生产、经营（包括试生产、试经营），或在纳税年度中间终止经营活动的纳税人，无论是否在减税、免税期间，也无论盈利或亏损，均应按照企业所得税法及其实施条例的有关规定进行企业所得税汇算清缴。具体包括以下范围：（1）实行查账征收的居民纳税人；（2）实行企业所得税"核定应税所得率"及"核定应纳所得税额"方式纳税人；（3）按《公司法企业破产法》等规定需要进行清算的企业；（4）企业重组中需要按清算处理的企业；（5）根据《国家税务总局关于印发〈跨地区经营汇总纳税企业所得税征收管理办法〉的公告》（2012年第57号）的规定，跨地区经营汇总纳税企业的分支机构也应按规定进行年度纳税申报，按照总机构计算分摊的应缴应退税款，就地办理税款缴库或退库。

三、企业所得税的汇缴期限

由于企业情形错综复杂，有较多特殊情况企业，需要特殊计算汇缴期限。一般情况下，正常生产经营的企业以公历年度1月1日起至12月31日止作为一个汇算清缴期。具体有以下四种情况：

（1）企业所得税按纳税年度计算。纳税年度自公历1月1日起至12月31日止。企业应当自年度终了之日起5个月内，向税务机关报送年度企业所得税纳税申报表，并汇算清缴，结清应缴应退税款。（2）企业在一个纳税年度中间开业，或者终止经营活动，使该纳税年度的实际经营期不足12个月的，应当以其实际经营期为一个纳税年度。（3）企业依法清算时、应当以清算期间作为一个独立的纳税年度。纳税人在年度中间发生解散、破产、撤销等终止生产经营情形，需进行企业所得税清算的，应在清算前报告主管税务机关，并自实际经营终止之日起60日进行汇算清缴，结清应缴应退企业所得税款。(4)纳税人有其他情形依法终止纳税义务的，应当自停止生产、经营之日起60日，向主管税务机关办理当期企业所得税汇算清缴。

四、企业所得税汇算的清缴时间

（一）一般企业的汇缴时间

汇算清缴时间（时限）为公历年度终了之日起5个月内，即一般企业汇缴时间就是在下一个年度的5月31日之前，企业应将上个年度的企业所得税汇总上报。

【例4-11】乙企业应于2022年5月31日前进行2021年度企业所得税年度纳税申报，并结清应缴应退企业所得税税款。

（二）申请办理注销登记企业的汇缴时间

纳税人发生解散、破产、撤销等终止生产经营情形，需进行企业所得税清算的，应在清算前报告主管税务机关，并自实际经营终止之日起60日内向主管税务机关办理企业所得税汇算清缴，结清应缴应退企业所得税款。纳税人有其他情形依法终止纳税义务的，应当自停止生产经营之日起60日内，向主管税务机关办理企业所得税汇算清缴，结清应缴应退企业所得税款。

（三）纳税申报更正的注意事项

年度企业所得税汇算清缴申报截止日之前，若纳税人发现企业所得税年度申报有误的，可以进行更正申报，并结清应缴应退企业所得税款，且涉及补缴税款的不加收滞纳金。

年度企业所得税汇算清缴申报截止日之后，若纳税人如发现企业所得税年度申报有误的，可以进行更正申报，涉及补缴税款的，应自汇算清缴申报截止日后第1天起按日加收滞纳金。同时，发现申报出错的纳税人可以自行选择网上申报、介质申报和手工申报方式进行更正申报。

> **提示**
> 因不可抗力导致纳税人不能在汇算清缴期内办理企业所得税年度纳税申报或备齐企业所得税年度纳税申报资料的，应按照税收征管法及其实施细则的规定，申请办理延期纳税申报。

五、企业所得税汇缴申报表

根据2022年度企业所得税汇算清缴国家标准，申报表选择标准和填写说明如下：

"中华人民共和国企业所得税年度纳税申报表（A类）"及相关附表适用于查账征收居民企业及实行按比例就地预缴汇总（合并）纳税办法的分支机构，"中华人民共和国企业所得税年度纳税申报表（A类）"如表4-3所示。

表4-3　中华人民共和国企业所得税年度纳税申报表（A类）（2021修订版）

行次	类别	项目	金额
1	利润总额计算	一、营业收入（填写A101010\101020\103000）	
2		减：营业成本（填写A102010\102020\103000）	
3		减：税金及附加	
4		减：销售费用（填写A104000）	
5		减：管理费用（填写A104000）	
6		减：财务费用（填写A104000）	
7		减：资产减值损失	
8		加：公允价值变动收益	
9		加：投资收益	
10		二、营业利润（1-2-3-4-5-6-7+8+9）	
11		加：营业外收入（填写A101010\101020\103000）	
12		减：营业外支出（填写A102010\102020\103000）	
13		三、利润总额（10+11-12）	
14	应纳税所得额计算	减：境外所得（填写A108010）	
15		加：纳税调整增加额（填写A105000）	
16		减：纳税调整减少额（填写A105000）	
17		减：免税、减计收入及加计扣除（填写A107010）	
18		加：境外应税所得抵减境内亏损（填写A108000）	
19		四、纳税调整后所得（13-14+15-16-17+18）	
20		减：所得减免（填写A107020）	
21		减：弥补以前年度亏损（填写A106000）	
22		减：抵扣应纳税所得额（填写A107030）	
23		五、应纳税所得额（19-20-21-22）	

续表

序号	类别	项目	金额（元）
24	应纳税额计算	税率（25%）	
25		六、应纳所得税额（23×24）	
26		减：减免所得税额（填写A107040）	
27		减：抵免所得税额（填写A107050）	
28		七、应纳税额（25－26－27）	
29		加：境外所得应纳所得税额（填写A108000）	
30		减：境外所得抵免所得税额（填写A108000）	
31		八、实际应纳所得税额（28＋29－30）	
32		减：本年累计实际已缴纳的所得税额	
33		九、本年应补（退）所得税额（31－32）	
34		其中：总机构分摊本年应补（退）所得税额（填写A109000）	
35		财政集中分配本年应补（退）所得税额（填写A109000）	
36		总机构主体生产经营部门分摊本年应补（退）所得税额（填写A109000）	
37	实际应纳税额计算	减：民族自治地区企业所得税地方分享部分：（□免征□减征；减征幅度＿＿＿％）	
38		十、本年实际应补（退）所得税额（33－37）	

"中华人民共和国企业所得税年度纳税申报表（B类）"及相关附表适用于实行核定征收企业所得税的居民企业纳税人（以下简称"纳税人"）在月（季）度预缴纳税申报时填报。此外，实行核定应税所得率方式的纳税人在年度纳税申报时填报本表。中华人民共和国企业所得税年度纳税申报表（B类）如表4-4所示。

表4-4　中华人民共和国企业所得税月（季）度预缴和年度纳税申报表（B类，2018年版）（2021修订）

税款所属期间：	年 月 日至 年 月 日		
纳税人识别号（统一社会信用代码）	□□□□□□□□□□□□□□□□□□□□		
纳税人名称：		金额单位：人民币元（列至角分）	
核定征收方式	□核定应税所得率（能核算收入总额的）　□核定应税所得率（能核算成本费用总额的）　□核定应纳所得税额		

项目	一季度		二季度		三季度		四季度		季度平均值
	季初	季末	季初	季末	季初	季末	季初	季末	
从业人数									
资产总额（万元）									
国家限制或禁止行业	□是		□否		小型微利企业		□是		□否

续表

按 年 度 填 报 信 息				
从业人数（填写平均值）		资产总额（填写平均值，单位：万元）		
国家限制或禁止行业	□是　　　□否	小型微利企业		□是　　　□否
行次	项目			本年累计金额
1	收入总额			
2	减：不征税收入			
3	减：免税收入（4+5+10+11）			
4	国债利息收入免征企业所得税			
5	符合条件的居民企业之间的股息、红利等权益性投资收益免征企业所得税（6+7；1+7；2+8+9）			
6	其中：一般股息红利等权益性投资收益免征企业所得税			
7.1	通过沪港通投资且连续持有H股满12个月取得的股息红利所得免征企业所得税			
7.2	通过深港通投资且连续持有H股满12个月取得的股息红利所得免征企业所得税			
8	居民企业持有创新企业CDR取得的股息红利所得免征企业所得税			
9	符合条件的居民企业之间属于股息、红利性质的永续债利息收入免征企业所得税			
10	投资者从证券投资基金分配中取得的收入免征企业所得税			
11	取得的地方政府债券利息收入免征企业所得税			
12	应税收入额（1-2-3）/成本费用总额			
13	税务机关核定的应税所得率（%）			
14	应纳税所得额（第12×13行）/［第12行÷（1-第13行）×第13行］			
15	税率（25%）			
16	应纳所得税额（14×15）			
17	减：符合条件的小型微利企业减免企业所得税			
18	减：实际已缴纳所得税额			
L19	减：符合条件的小型微利企业延缓缴纳所得税额（是否延缓缴纳所得税　　□是□否）			
19	本期应补（退）所得税额（16 17-18-L19）/税务机关核定本期应纳所得税额			
20	民族自治地方的自治机关对本民族自治地方的企业应缴纳的企业所得税中属于地方分享的部分减征或免征（□免征□减征：减征幅度____%）			
21	本期实际应补（退）所得税额			

谨声明：本纳税申报表是根据国家税收法律法规及相关规定填报的，是真实的、可靠的、完整的。

纳税人（签章）：　　　　年　月　日

经办人：
经办人身份证号：
代理机构签章：
代理机构统一社会信用代码：

受理人：
受理税务机关（章）：
受理日期：　　年　月　日

国家税务总局监制

项目四　企业所得税的计算与智能申报 | 115

"分支机构企业所得税年度纳税申报表（A类）"及相关附表（表样同"中华人民共和国企业所得税月（季）度预缴纳税申报表（A类）"）适用于跨地区经营汇总纳税企业的分支机构。

六、企业所得税汇算清缴的申报方式

目前，企业所得税汇算清缴申报方式主要包括网上申报、手工申报。

网上申报是指纳税人在法定的期限内利用电脑及电子设备（包括平板电脑、移动端手机等设备）通过互联网登录税务部门电子申报网站，录入当月应申报数据，审核无误后，由银行自动从纳税人税款专用账户划转应纳税款，完成申报纳税。

手工申报是指纳税人根据《企业所得税》税法规定携带汇算清缴相关材料到税务局办税服务厅现场办理汇算清缴申报。如果需要更正申报和补充申报的，也到办税服务厅办理。

七、企业所得税汇缴申报的报送资料

企业在纳税年度无论盈利或者亏损，都应当依照《企业所得税》税法规定的期限，向税务机关报送资料。资料包含：企业所得税年度纳税申报表及其附表、财务报表、备查资料和特殊情形的申报资料。

（一）企业所得税年度纳税申报表及其附表

"中华人民共和国企业所得税年度纳税申报表（A类）"适用于查账征收的居民企业填报。报送时间为年度终了之日起五个月。

"中华人民共和国企业所得税月（季）度预缴纳税申报表（B类）"适用于核定应税所得税征收的纳税人填报，报送时间为年度终了之日起五个月。

"中华人民共和国企业清算所得税申报表"适用于清算所得的纳税人填报。报送时间为实际经营终止之日起六十日。

（二）财务报表

为加强对纳税人财务会计报表报送工作的管理，税务局在税收管理信息系统中，设置了"财务会计报表报送种类核定"模块和"财务报表接收"模块。

1. 财务报表报送范围

不论是已经办理单位纳税人税务登记，实行独立核算的外资企业、港澳台商投资企业、外商投资企业和外国企业、非企业单位纳税人，还是办理个体经营税务登记的纳税人以及个人独资企业，实行查账征收方式的，均应当报送财务会计报表。

2. 财务会计报表报送项目按照适用的纳税人不同分类

企业所得税报送项目分类如表4-5所示。

表4-5　企业所得税报送项目分类

种类	财务报表报送项目
适用企业会计制度的纳税人	报送资产负债表、利润表、利润分配表、现金流量表
适用小企业会计制度的纳税人	报送资产负债表、利润表
适用金融企业会计制度的纳税人	报送资产负债表、利润表
适用行政事业单位会计制度的纳税人	报送事业单位资产负债表、收入支出表
适用民间非营利组织会计制度的纳税人	报送民间非营利组织资产负债表、业务活动表
适用村集体经济组织会计制度的纳税人	报送资产负债表、盈余及盈余分配表

3.财务会计报表的报送时间

实行按月或按季报送财务会计报表的纳税人，其报表报送期限为月份或季度终了之日起15日；实行按年度报送的，其报表报送期限为年度终了之日起15日。按规定应报送财务会计报表的纳税人，均应于年度终了之日起5个月报送年度财务会计决算报告；按规定网上报税及重点税源企业纳税人财务报表为按月报送。

（三）备查资料

备查资料包括：（1）企业所得税优惠留存备查资料；（2）资产损失相关资料；（3）非货币性资产投资留存备查资料；（4）不征税收入相关证明资料；（5）税务机关要求企业留档备查的其他资料。

（四）特殊情形的申报资料

根据国家税务总局规定，以下特殊情形需要单独报送的资料：

（1）涉及关联方业务往来的，报送"中华人民共和国企业年度关联业务往来报告表"。

（2）委托中介机构代理纳税申报的，应出具双方签订的代理合同，并附送中介机构出具的包括纳税调整的项目、原因、依据、计算过程、调整金额等内容的报告。

（3）按照国家《企业所得税优惠政策事项办理办法》规定，应提交的资料。

（4）存在税前资产损失扣除情况的企业填报企业所得税年度纳税申报表"资产损失税前扣除及纳税调整明细表"。

（5）企业应自搬迁开始年度至次年5月31日前，向主管税务机关报送政策性搬迁依据、搬迁规划等相关材料。

（6）应报送依据计税成本对象确定原则确定的已完成开发产品成本对象、确定原则、依据，共同成本分配原则、方法以及开发项目基本情况、开发计划等专项报告。

（7）企业税前扣除手续费及佣金支出的，应当如实向当地主管税务机关提供当年手续费及佣金计算分配表和其他相关资料。

（8）申请享受中小企业信用担保机构有关准备金企业所得税税前扣除政策的企业，在汇算清缴时需提供：法人执照副本复印件，融资性担保机构监管部门颁发的经营许可证复印件，具有资质的中介机构鉴证的年度会计报表和担保业务情况（包括担保业务明细和风险准备金提取等），财政、税务部门要求提供的其他材料。

（9）企业申报抵免境外所得税时应向其主管税务机关提交不同的书面资料。

①与境外所得相关的完税证明或纳税凭证（原件或复印件）。

②不同类型的境外所得申报税收抵免还需分情况提供相应的资料。

取得境外分支机构的营业利润所得需提供境外分支机构会计报表；境外分支机构所得依照中国境内企业所得税法及实施条例的规定计算的应纳税额的计算过程及说明资料；具有资质的机构出具的有关分支机构审计报告等；

取得境外股息、红利所得需提供集团组织架构图，被投资公司章程复印件；境外企业有权决定利润分配的机构作出的决定书等；

取得境外利息、租金、特许权使用费、转让财产等所得需提供依照中国境内企业所得税法及实施条例规定计算的应纳税额的资料及计算过程；项目合同复印件等。

③申请享受税收饶让抵免的还需提供以下资料。

本企业及其直接或间接控制的外国企业在境外所获免税及减税的依据及证明或有关审计报告披露该企业享受的优惠政策的复印件；

企业在其直接或间接控制的外国企业的参股比例等情况的证明复印件；间接抵免税额或者转让抵免税额的计算过程；

由本企业直接或间接控制的外国企业的财务会计资料。

④采用简易办法计算抵免限额的还需提供以下资料。

取得境外分支机构的营业利润所得需提供企业申请及有关情况说明；来源国（地区）政府机关核发的具有纳税性质的凭证和证明复印件；取得符合境外税额间接抵免条件的股息所得需提供企业申请及有关情况说明；符合《企业所得税法》第二十四条条件的有关股权证明的文件或凭证复印件。

所提交的备案资料使用非中文的，企业应同时提交中文译本复印件。已向税务机关提供上述资料的，可不再提供；上述资料若有变更的，须重新提供；复印件须注明"与原件一致"，译本须注明"与原本无异议"，并加盖企业公章。

⑤企业以总分包或联合体方式在境外实施工程项目，还需提供以下资料。

总承包企业作为境外纳税主体，应就其在境外缴纳的企业所得税税额，填制"分割单（总分包方式）"后提交主管税务机关备案；

联合体作为境外纳税主体，应就其在境外缴纳的企业所得税税额，由主导方企业填制"分割单（联合体方式）"后提交主管税务机关备案。

分包企业或联合体各方企业申报抵免时，应将"分割单（总分包方式）"或"分割单（联合体方式）"复印件提交主管税务机关备案。

（10）跨省、自治区、直辖市和计划单列市设立的，实行汇总纳税办法的居民企业应报送以下资料。

总机构应报送"中华人民共和国企业所得税年度纳税申报表（A类，2021年版）"，同时报送"中华人民共和国企业所得税汇总纳税分支机构所得税分配表（2021年版）"和各分支机构的年度财务报表、各分支机构参与企业年度纳税调整情况的说明。

分支机构应报送"中华人民共和国企业所得税月（季）度预缴纳税申报表（A类，2021年版）"，同时报送总机构申报后加盖有税务机关业务专用章的"中华人民共和国企业所得税汇总纳税分支机构所得税分配表（2021年版）"复印件，分支机构参与企业年度纳税调整情况的说明。

（11）跨省、自治区、直辖市和计划单列市经营的建筑企业总机构在办理企业所得税汇算清缴时，应附送其所直接管理的跨地区经营项目部就地预缴税款的完税证明。

（12）企业以非货币性资产对外投资确认的非货币性资产转让所得，适用分期均匀计入相应年度的应纳税所得额按规定计算缴纳企业所得税的，应向主管税务机关报送"非货币性资产投资递延纳税调整明细表"。

（13）企业发生重组特殊性税务处理、资产（股权）划转事项时，按照《关于资产（股权）划转企业所得税有关征管问题的公告》（税务总局公告2015年第40号）、《关于企业重组业务企业所得税征收管理若干问题的公告》（税务总局公告2015年第48号）等文件规定需要在汇算清缴申报时一同报送的资料。

启思导学

企业所得税汇缴清算：2023年实施或延续的优惠政策汇总

1. 关于提高研发费用税前加计扣除比例

自2023年起，全部企业研发费用税前加计扣除比例提高至100%。

在2023年至2027年期间，国家鼓励的集成电路生产、设计、装备、材料、封装、测试企业和工业母机企业，研发费用税前加计扣除比例为120%。

2. 关于优化预缴申报享受研发费用加计扣除政策

自2023年起，企业在2季度预缴申报时可享受研发费用税前加计扣除优惠。

相关说明：根据国家税务总局公告2015年第76号、2018年第23号公告规定，研发费用加计扣除优惠仅限汇算清缴时享受，预缴申报不得享受。根据国家税务总局2021年第28号公告、2022年第10号公告规定，自2021年起，研发费用加计扣除优惠新增一个享受时点，企业3季度预缴申报可享受研发费用加计扣除优惠。

本次政策调整后，企业享受研发费用加计扣除优惠，再次新增一个享受时点，在2季度预缴申报时可享受研发费用税前加计扣除优惠。即从2023年起，企业在2季度、3季度预缴申报及汇算清缴申报时可享受研发费用加计扣除优惠。

3. 关于小型微利企业所得税优惠政策

在2023年1月1日至2024年12月31期间，对小型微利企业年应纳税所得额不超过100万元的部分，减按25%计入应纳税所得额，按20%的税率缴纳企业所得税。

对小型微利企业减按25%计算应纳税所得额，按20%的税率缴纳企业所得税政策，延续执行至2027年12月31日。

4. 延续执行的企业所得税政策

（1）对于初创科技型企业需符合的条件，从业人数继续按不超过300人、资产总额和年销售收入按均不超过5000万元执行。

（2）创新企业境内发行存托凭证试点阶段有关企业所得税政策继续实施。

（3）对小额贷款公司取得的农户小额贷款利息收入，减按90%计入收入总额的优惠政策延续实施；对小额贷款公司按年末贷款余额的1%计提的贷款损失准备金准予在企业所得税税前扣除政策延续实施。

（4）对金融机构农户小额贷款的利息收入，减按90%计入收入总额的优惠政策延续实施；对保险公司为种植业、养殖业提供保险业务取得的保费收入，减按90%计入收入总额的优惠政策延续实施。

（5）对农村饮水安全工程运营管理单位从事《公共基础设施项目企业所得税优惠目录》规定的饮水工程新建项目投资经营的所得，享受"三免三减半"的优惠政策继续实施。

（6）对经营性文化事业单位转制为企业，自转制注册之日起五年内免征企业所得税的优惠政策延续实施。

（7）企业招用自主就业退役士兵可在3年内按实际招用人数享受定额依次扣减增值税、城市维护建设税、教育费附加、地方教育附加和企业所得税优惠。定额标准为每人每年6000元，最高可上浮50%。

（8）企业招用重点群体可在3年内按实际招用人数享受定额依次扣减增值税、城市维护建设税、教育费附加、地方教育附加和企业所得税优惠。定额标准为每人每年6000元，最高可上浮30%。

（9）企业新购进的设备、器具，单位价值不超过500万元的，延续实施允许一次性税前扣除。

（10）对符合条件的从事污染防治的第三方企业继续减按15%的税率征收企业所得税。

（11）对中国保险保障基金有限责任公司符合条件的收入继续免征企业所得税。

（12）生产和装配伤残人员专门用品企业继续免征企业所得税。

资料来源：微信公众号"北京朝阳税务"

八、企业所得税汇算清缴申报表表单填写范围和政策依据

本书只介绍A类企业所得税汇算清缴申报表，中华人民共和国企业所得税年度纳税申报表填报表单（A类）如表4-6所示。

表4-6 中华人民共和国企业所得税年度纳税申报表填报表单（A类）

表单编号	表单名称	选择填报情况	
		填报	不填报
A000000	企业基础信息表	填报	不填报
A100000	中华人民共和国企业所得税年度纳税申报表（A类）	√	×
A101010	一般企业收入明细表	√	×
A101020	金融企业收入明细表	□	□
A102010	一般企业成本支出明细表	□	□
A102020	金融企业支出明细表	□	□

续表

表单编号	表单名称	选择填报情况	
A103000	事业单位、民间非营利组织收入、支出明细表	☐	☐
A104000	期间费用明细表	☐	☐
A105000	纳税调整项目明细表	☐	☐
A105010	视同销售和房地产开发企业特定业务纳税调整明细表	☐	☐
A105020	未按权责发生制确认收入纳税调整明细表	☐	☐
A105030	投资收益纳税调整明细表	☐	☐
A105040	专项用途财政性资金纳税调整明细表	☐	☐
A105050	职工薪酬支出及纳税调整明细表	☐	☐
A105060	广告费和业务宣传费跨年度纳税调整明细表	☐	☐
A105070	捐赠支出及纳税调整明细表	☐	☐
A105080	资产折旧、摊销及纳税调整明细表	☐	☐
A105090	资产损失税前扣除及纳税调整明细表	☐	☐
A105100	企业重组及递延纳税事项纳税调整明细表	☐	☐
A105110	政策性搬迁纳税调整明细表	☐	☐
A105120	特殊行业准备金及纳税调整明细表	☐	☐
A106000	企业所得税弥补亏损明细表	☐	☐
A107010	免税、减计收入及加计扣除优惠明细表	☐	☐
A107011	符合条件的居民企业之间的股息、红利等权益性投资收益优惠明细表	☐	☐
A107012	研发费用加计扣除优惠明细表	☐	☐
A107020	所得减免优惠明细表	☐	☐
A107030	抵扣应纳税所得额明细表	☐	☐
A107040	减免所得税优惠明细表	☐	☐
A107041	高新技术企业优惠情况及明细表	☐	☐
A107042	软件、集成电路企业优惠情况及明细表	☐	☐
A107050	税额抵免优惠明细表	☐	☐
A108000	境外所得税收抵免明细表	☐	☐
A108010	境外所得纳税调整后所得明细表	☐	☐
A108020	境外分支机构弥补亏损明细表	☐	☐
A108030	跨年度结转抵免境外所得明细表	☐	☐
A109000	跨地区经营汇总纳税企业年度分摊企业所得税明细表	☐	☐
A109010	企业所得税汇总纳税分支机构所得税分配表	☐	☐

说明：企业应当根据实际情况选择需要填报的表单

阅读这些表单的填报信息，并根据企业自身情况涉税业务，选择"是否填报"。选择"填报"的，在"□"内打"√"，并完成该表单内容的填报。未选择"填报"的表单，无需向税务机关报送。

综合类表单有"企业所得税年度纳税基础信息表"和A100000"中华人民共和国企业所得税年度纳税申报表（A类）"，主要反映企业规模、基本经营情况等企业基础信息以及企业汇算清缴总体情况。如表4-7、4-8所示。

表4-7 企业所得税年度纳税申报基础信息表

基本经营情况（必填项目）				
101纳税申报企业类型		102分支机构就地纳税比例（%）		
103资产总额（填写平均值，单位：万元）		104从业人数（填写平均值，单位：人）		
105所属国民经济行业（填写代码）		106从事国家限制或禁止行业	□是	□否
107 适用会计准则或会计制度（填写代码）		108采用一般企业财务报表格式（2019年版）	□是	□否
109小型微利企业	□是　□否	110上市公司	是：（□境内　□境外）□否	
有关涉税事项情况（存在或者发生下列事项时必填）				
201从事股权投资业务	□是	202存在境外关联交易	□是	
203境外所得信息	203-1选择采用的境外所得抵免方式	□分国（地区）不分项 □不分国（地区）不分项		
	203-2新增境外直接投资信息	□是（产业类别：□旅游业　□现代服务业　□高新技术产业）		
204有限合伙制创业投资企业的法人合伙人	□是	205创业投资企业	□是	
206技术先进型服务企业类型（填写代码）		207非营利组织	□是	
208软件、集成电路企业类型（填写代码）		209集成电路生产项目类型	□130纳米　□65纳米 □28纳米	
210科技型中小企业	210-1____年（申报所属期年度）入库编号1	210-2入库时间1		
	210-3____年（所属期下一年度）入库编号2	210-4入库时间2		
211高新技术企业申报所属期年度有效的高新技术企业证书	211-1证书编号1	211-2发证时间1		
	211-3证书编号2	211-4发证时间2		
212重组事项税务处理方式	□一般性 □特殊性	213重组交易类型（填写代码）		
214重组当事方类型（填写代码）		215政策性搬迁开始时间	年　月	
216发生政策性搬迁且停止生产经营无所得年度	□是	217政策性搬迁损失分期扣除年度	□是	
218发生非货币性资产对外投资递延纳税事项	□是	219非货币性资产对外投资转让所得递延纳税年度	□是	
220发生技术成果投资入股东递延纳税事项	□是	221技术成果投资入股东递延纳税年度	□是	
222发生资产（股权）划转特殊性税务处理事项	□是	223债务重组所得递延纳税年度	□是	

续表

主要股东及分红情况（必填项目）					
股东名称	证件种类	证件号码	投资比例（%）	当年（决议日）分配的股息、红利等权益性投资收益金额	国籍（注册地址）
其余股东合计	—				—

本表是企业根据当年度申报时应当向税务机关申报或者报告与确定应纳企业所得税税额相关的信息。本表包括基本经营情况、有关涉税事项情况、主要股东及分红情况三部分内容。

表4-8　中华人民共和国企业所得税年度纳税申报表（A类）（2021版）

行次	类别	项目	金额
1	利润总额计算	一、营业收入（填写A101010\101020\103000）	
2		减：营业成本（填写A102010\102020\103000）	
3		减：税金及附加	
4		减：销售费用（填写A104000）	
5		减：管理费用（填写A104000）	
6		减：财务费用（填写A104000）	
7		减：资产减值损失	
8		加：公允价值变动收益	
9		加：投资收益	
10		二、营业利润（1−2−3−4−5−6−7+8+9）	
11		加：营业外收入（填写A101010\101020\103000）	
12		减：营业外支出（填写A102010\102020\103000）	
13		三、利润总额（10+11−12）	

续表

行次	类别	项目	金额
14	应纳税所得额计算	减：境外所得（填写A108010）	
15		加：纳税调整增加额（填写A105000）	
16		减：纳税调整减少额（填写A105000）	
17		减：免税、合计收入及加计扣除（填写A107010）	
18		加：境外应税所得抵械境内亏损（填写A108000）	
19		四、纳税调整后所得（13－14＋15－16－17＋18）	
20		减：所得减免（填写A107020）	
21		减：弥补以前额度亏损（填写A106000）	
22		减：抵扣应纳税所得额（填写A107030）	
23		五、应纳税所得额（19－20－21－22）	
24	应纳税额计算	税率（25%）	
25		六、应结所得税额（23×24）	
26		减：减免所得税额（填写A107040）	
27		减：抵免所得税额（填写A107050）	
28		七、应纳税额（25－26－27）	
29		加：境外所得应纳所得税额（填写A108000）	
30		减：境外所得抵免所得税额（填写A108000）	
31		八、实际应纳所得税额（28＋29－30）	
32		减：本年累计实际已缴纳的所得税额	
33		九、本年应补（退）所得税额（31－32）	
34		其中：总机构分摊本年应补（退）所得税额（填写A109000）	
35		财政集中分配本年应补（退）所得税额（填写A109000）	
36		总机构主体生产经营部门分摊本年应补（退）所得税额（填写A109000）	
37	实际应纳税额计算	减：民族自治地区企业所得税地方分享部分：（□免征　□减征：减征幅度＿＿％）	
38		十、本年实际应补（退）所得税额（33－37）	

本表为企业所得税年度纳税申报表的主表，纳税人应当根据税法及其实施条例、相关税收政策，以及国家统一会计制度（企业会计准则、中小企业会计准则、企业会计制度、事业单位会计准则和民间非营利组织会计制度等）的规定，计算填报利润总额、应纳税所得额和应纳税额等有关项目从而确定本年实际缴纳所得税额。

纳税人在计算企业所得税应纳税所得额及应纳税额时，如果出现会计账务处理与税收法律规定不一致的，应当按照税收规定计算。税收规定不明确的，在没有明确规定之前，暂按国家统一会计制度计算。

"一般企业收入明细表"适用于除金融企业、事业单位和民间非营利组织外的企业填报，如表4-9所示。

表4-9 一般企业收入明细表

行次	项目	金额
1	一、营业收入（2+9）	
2	（一）主营业务收入（3+5+6+7+8）	
3	1.销售商品收入	
4	其中：非货币性资产交换收入	
5	2.提供劳务收入	
6	3.建造合同收入	
7	4.让渡资产使用权收入	
8	5.其他	
9	（二）其他业务收入（10+12+13+14+15）	
10	1.销售材料收入	
11	其中：非货币性资产交换收入	
12	2.出租固定资产收入	
13	3.出租无形资产收入	
14	4.出租包装物和商品收入	
15	5.其他	
16	二、营业外收入（17+18+19+20+21+22+23+24+25+26）	
17	（一）非流动资产处置利得	
18	（二）非货币性资产交换利得	
19	（三）债务重组利得	
20	（四）政府补助利得	
21	（五）盘盈利得	
22	（六）捐赠利得	
23	（七）罚没利得	
24	（八）确实无法偿付的应付款项	
25	（九）汇兑收益	
26	（十）其他	

纳税人应根据国家统一会计制度的规定，填报"主营业务收入""其他业务收入"和"营业外收入"。

"一般企业成本支出明细表"适用于除金融企业、事业单位和民间非营利组织外的企业填报，如表4-10所示。

表4-10 一般企业成本支出明细表

行次	项目	金额
1	一、营业收入（2+9）	
2	（一）主营业务成本（3+5+6+7+8）	
3	1.销售商品成本	
4	其中：非货币性资产交换成本	
5	2.提供劳务成本	
6	3.建造合同成本	
7	4.让渡资产使用权成本	

续表

行次	项目	金额
8	5.其他	
9	（二）其他业务成本（10+12+13+14+15）	
10	1.销售材料成本	
11	其中：非货币性资产交换成本	
12	2.出租固定资产成本	
13	3.出租无形资产成本	
14	4.出租物出租成本	
15	5.其他	
16	二、营业外支出（17+18+19+20+21+22+23+24+25+26）	
17	（一）非流动资产处置损失	
18	（二）非货币性资产交换损失	
19	（三）债务重组损失	
20	（四）非常损失	
21	（五）捐赠支出	
22	（六）赞助支出	
23	（七）罚没支出	
24	（八）坏账损失	
25	（九）无法收回的债券股权投资损失	
26	（十）其他	

纳税人应根据国家统一会计制度的规定，填报"主营业务成本""其他业务成本"和"营业外支出"。

"期间费用明细表"适用于执行企业会计准则、小企业会计准则、企业会计制度、分行业会计制度的查账征收居民纳税人填报，如表4-11所示。

表4-11 期间费用明细表

行次	项目	销售费用	其中：境外支付	管理费用	其中：境外支付	财务费用	其中：境外支付
		1	2	3	4	5	6
1	一、职工薪酬						
2	二、劳务费						
3	三、咨询顾问费						
4	四、业务招待费						
5	五、广告费和业务宣传费						
6	六、佣金和手续费						
7	七、资产折旧摊销费						
8	八、财产损耗、盘亏及毁损损失						
9	九、办公费						

续表

行次	项目	销售费用 1	其中：境外支付 2	管理费用 3	其中：境外支付 4	财务费用 5	其中：境外支付 6
10	十、董事会费						
11	十一、租赁费						
12	十二、诉讼费						
13	十三、差旅费						
14	十四、保险费						
15	十五、运输、仓储费						
16	十六、修理费						
17	十七、包装费						
18	十八、技术转让费						
19	十九、研究费用						
20	二十、各项税费						
21	二十一、利息收支						
22	二十二、汇兑差额						
23	二十三、现金折扣						
24	二十四、党组织工作经费						
25	二十五、其他						
26	合计（1+2+3+…25）						

纳税人应根据企业会计准则、小企业会计准则、企业会计、分行业会计制度规定，填报"销售费用""管理费用"和"财务费用"等项目。

"所得减免优惠明细表（2021版）"适用于享受所得减免优惠政策的纳税人填报，如表4-12所示。

表4-12 所得减免优惠明细表（2021版）

行次	减免项目	项目名称 1	优惠事项名称 2	优惠方式 3	项目收入 4	项目成本 5	相关税费 6	应分摊期间费用 7	纳税调整额 8	项目所得额 免税项目 9	项目所得额 减半项目 10	减免所得额 11（9+10×50%）
1	一、农、林、牧、渔业项目											
2												
3		小计	☆	☆								

续表

行次	减免项目	项目名称	优惠事项名称	优惠方式	项目收入	项目成本	相关税费	应分摊期间费用	纳税调整额	免税项目	减半项目	减免所得额
		1	2	3	4	5	6	7	8	9	10	11（9+10×50%）
4	二、国家重点扶持的公共基础设施项目											
5												
6		小计	☆	☆								
7	三、符合条件的环境保护、节能节水项目											
8												
9		小计	☆	☆								
10	四、符合条件的技术转让项目		☆	☆						☆	☆	☆
11			☆	☆						☆	☆	☆
12		小计		☆								
13	五、清洁发展机制项目		☆									
14			☆									
15		小计	☆	☆								
16	六、符合条件的节能服务公司实施的合同能源管理项目		☆									
17			☆									
18		小计	☆	☆								
19	七、线宽小于130纳米（含）的集成电路生产项目											
20												
21		小计	☆	☆								
22	八、线宽小于65纳米（含）或投资额超过150亿元的集成电路生产项目											
23												
24		小计	☆	☆								
25	九、线宽小于28纳米（含）的集成电路生产项目		☆									
26			☆									
27		小计	☆	☆								
28	其他											
29												
30		小计	☆	☆								
31	合计	☆	☆	☆								

纳税人应当根据税法及相关税收政策规定，结合自身具体情况填报本年发生的所得减免优惠情况，后税务机关会进行核定，若纳税人申报时出现《中华人民共和国企业所得税年度纳税申报表（A类）》（A100000）第19行"纳税调整后所得"为负数的，无须填报本表。

企业所得税汇算清缴申报表表单包含38张表单，本书只针对部分常见表格进行介绍。

任务五　企业所得税智能申报实训

一、办理企业所得税业务步骤

（一）登录"电子税务局"

点击"我要办税"—"税费申报及缴纳"—"居民企业（查账征收）企业所得税月（季）度申报"功能菜单，如图4-1所示。

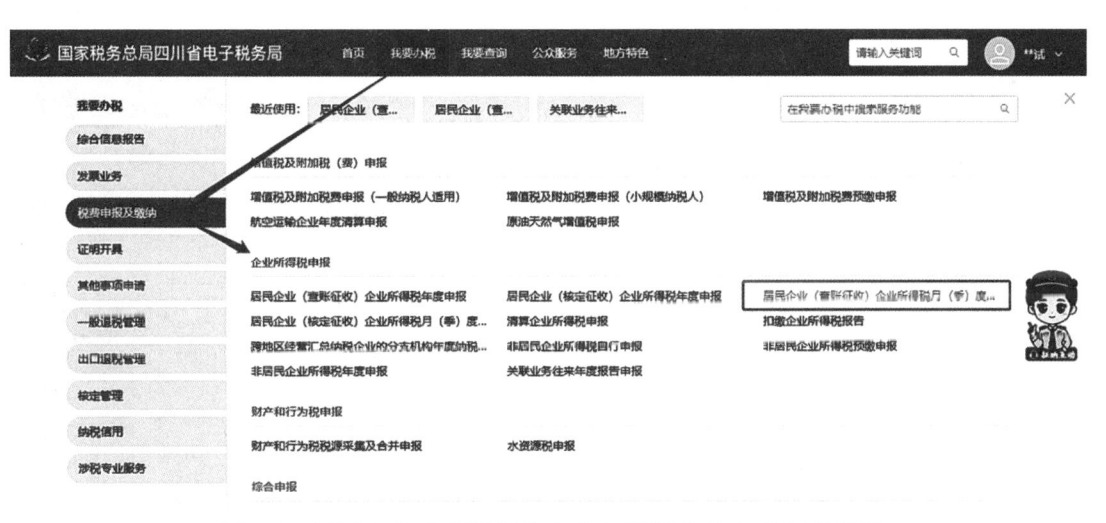

图4-1　居民企业（查账征收）企业所得税月（季）度申报

（二）申报前置校验

系统对登录账号进行申报前置校验，如图4-2所示。

图4-2 系统检测界面

(三)匹配申报模式

根据身份特征和历史涉税行为,系统自动匹配申报模式,分别为确认式申报、补录式申报、填表式申报。

1. 确认式申报模式

(1)需确认预填信息,如图4-3所示。

图4-3 确认式申报操作界面

> **注意**
> 确认式申报主体是跨地区经营汇总纳税企业分支机构。当总机构为省内企业时无需选择"跨省总机构行政区划",当总机构为省外企业时需选择"跨省总机构行政区划",分支机构本期分摊比例、分支机构本期分摊应补(退)所得税额自动根据总机构同期申报《企业所得税汇总纳税分支机构所得税分配表》的数据导出,且不可修改。

（2）确认数据导出是否正确，如需进行申报表预览，可通过点击“预览报表”进行查看明细报表数据。如图 4-4、图 4-5 所示。

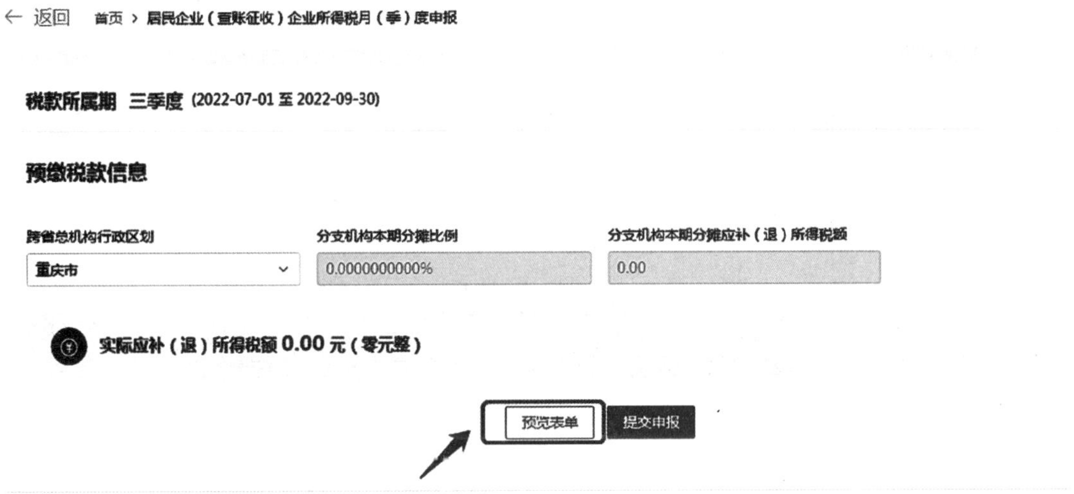

图4-4　表单预览界面

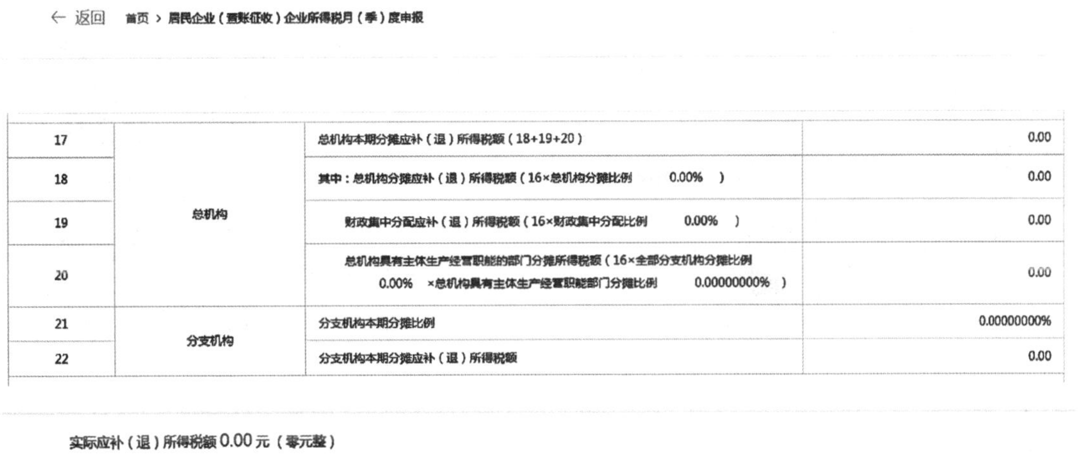

17	总机构	总机构本期分摊应补（退）所得税额（18+19+20）	0.00
18		其中：总机构分摊应补（退）所得税额（16×总机构分摊比例　0.00%　）	0.00
19		财政集中分配应补（退）所得税额（16×财政集中分配比例　0.00%　）	0.00
20		总机构具有主体生产经营职能的部门分摊所得税额（16×全部分支机构分摊比例　0.00%　×总机构具有主体生产经营职能部门分摊比例　0.00000000%　）	0.00
21	分支机构	分支机构本期分摊比例	0.00000000%
22		分支机构本期分摊应补（退）所得税额	0.00

图4-5　查看明细报表数据界面

2. 补录式申报模式

补录式申报模式又分为按照税务机关确定的其他方法预缴、一键零申报、简易申报三种模式。

（1）按照税务机关确定的其他方法预缴。只需填报“税务机关确定的本期应纳所得税额”“季末从业人数”“季末资产总额（万元）”即可。如图 4-6 所示。

图4-6 补录式申报按照税务机关确定的其他方法预缴模式操作界面

（2）一键零申报模式。若符合一键零申报条件，则系统会主动弹出提示"本申报模式只能申报营业收入、营业成本、利润总额均为0的企业，点击确认，继续本次申报；否则，点击取消。"的提示，如图4-7所示。当点击"确定"时，后台自动匹配2张附表信息，只需填报"从业人数""资产总额（万元）"即可，其他数据项默认为0，不可修改。如图4-8所示。当点击"取消"时，结束本规则，进入一般申报规则。

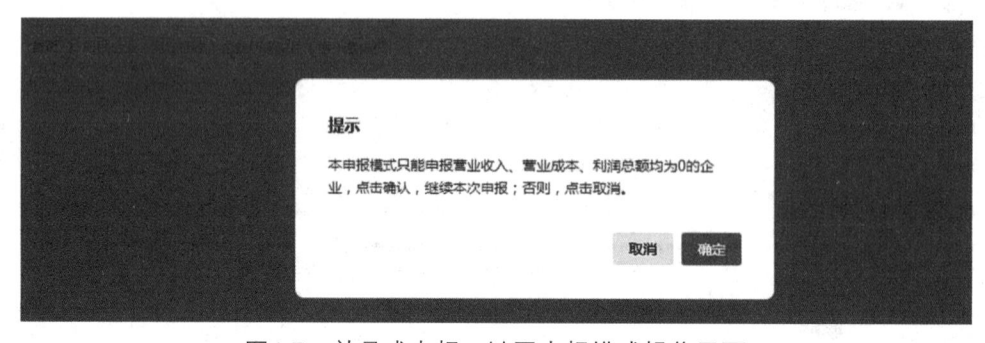

图4-7 补录式申报一键零申报模式操作界面

图4-8 一键零申报匹配界面

（3）简易申报模式。若符合简易申报条件，则系统初始化弹框提示："您符合简易申报条件，是否确定简易申报？"，如图4-9所示。点击"确定"按钮进入简易申报界面，数据由系统进行预填，由您进行确认，可进行修改。如图4-10所示。当点击"取消"时，结束本规则，进入一般申报规则。

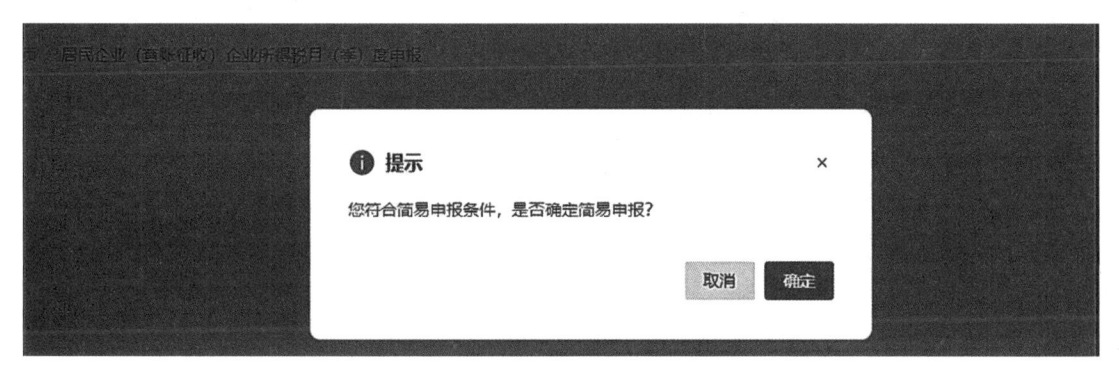

图4-9 简易申报提示界面

图4-10 补录式申报简易申报模式操作界面

3. 填表式申报

（1）按表单样式进行填写。如图4-11所示。

图4-11 填表式申报操作界面

（2）若需填报其他表单，如"资产加速折旧、摊销（扣除）优惠明细表"，则点击左侧报表列表进行切换。如图4-12所示。

图4-12 填表式申报报表切换界面

（3）若存在免税收入、减计收入、加计扣除、所得减免或减免所得税额情形，可点击主表第7、8、13栏的"填写优惠事项"按钮，弹出对应界面进行填写。如图4-13、图4-14所示。

图4-13 填表式申报填写优惠事项界面

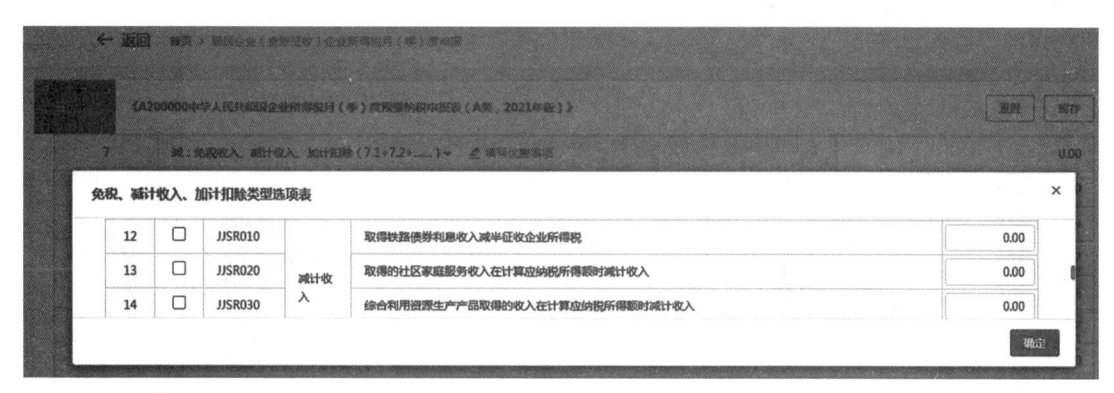

图4-14　填表式申报填写优惠事项界面

（四）提交申报

当填报完成后，点击"提交申报"按钮，系统提示是否需要进行风险扫描，您可点击"风险提示服务"按钮进行风险扫描，也可点击"提交申报"按钮提交申报表。如图4-15所示。

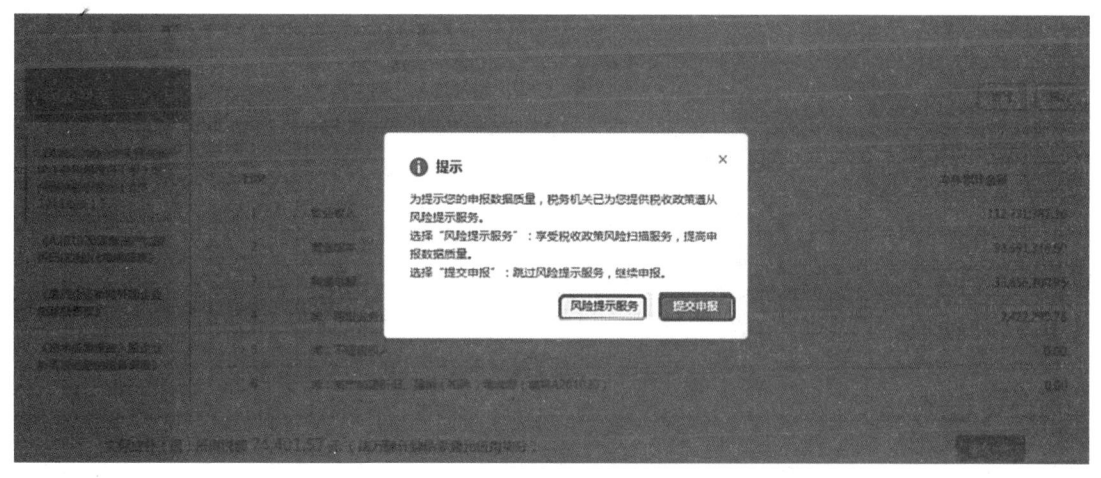

图4-15　提交申报界面

若选择"风险提示服务"，则会将申报数据传递后台进行数据风险比对，扫描比对未通过的，系统会将风险事项进行提示，可返回修改表单，也可点击"继续申报"；如图4-16所示。

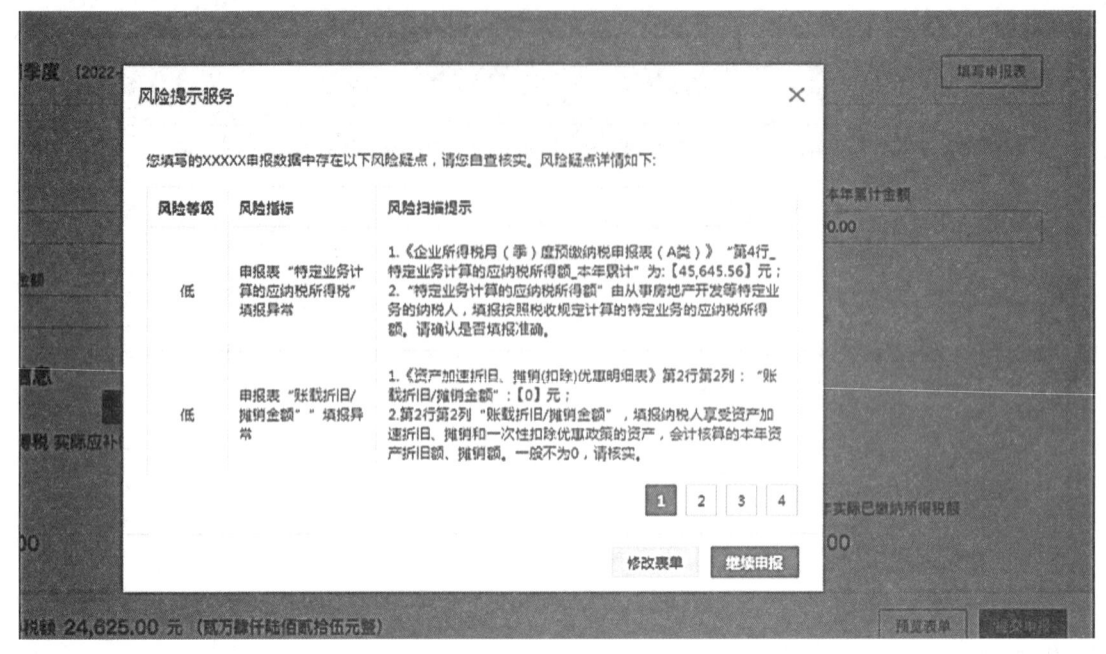

图4-16 风险提示服务界面

扫描通过的，您可直接点击"确认"提交申报。如图4-17所示。

图4-17 确认提交申报界面

确认申报信息后，在输入框依次输入"真""实""责""任"4个字，点击"确定"提交申报；也可点击"取消"再次确认申报信息。如图4-18所示。

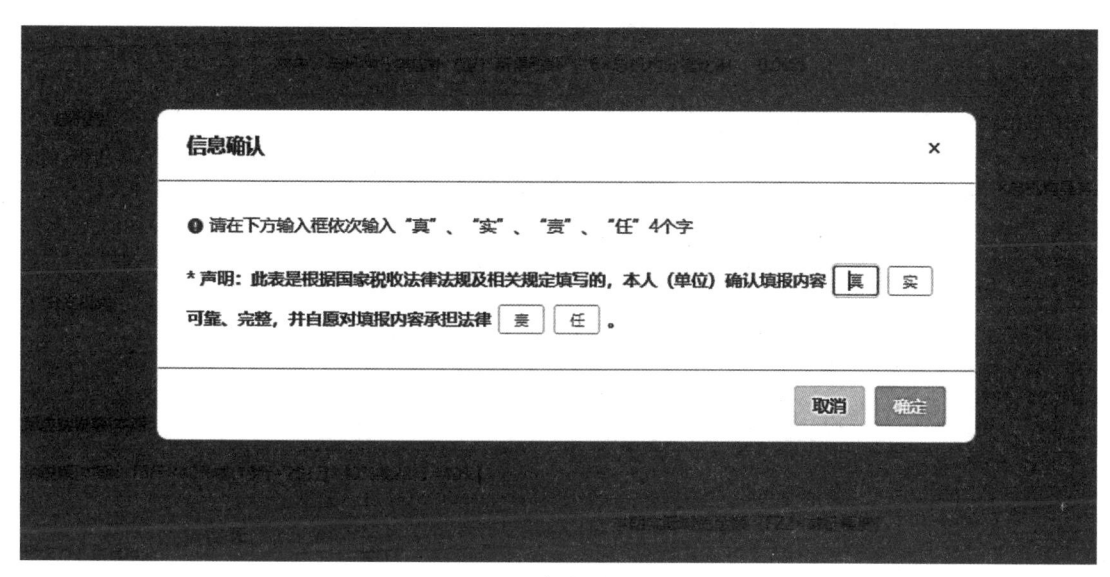

图4-18 信息确认界面

（五）缴款

申报成功后，可以通过点击"立即缴款"按键立即进行税款缴纳，完成本次申报涉及的税费款缴纳，如图4-19所示。

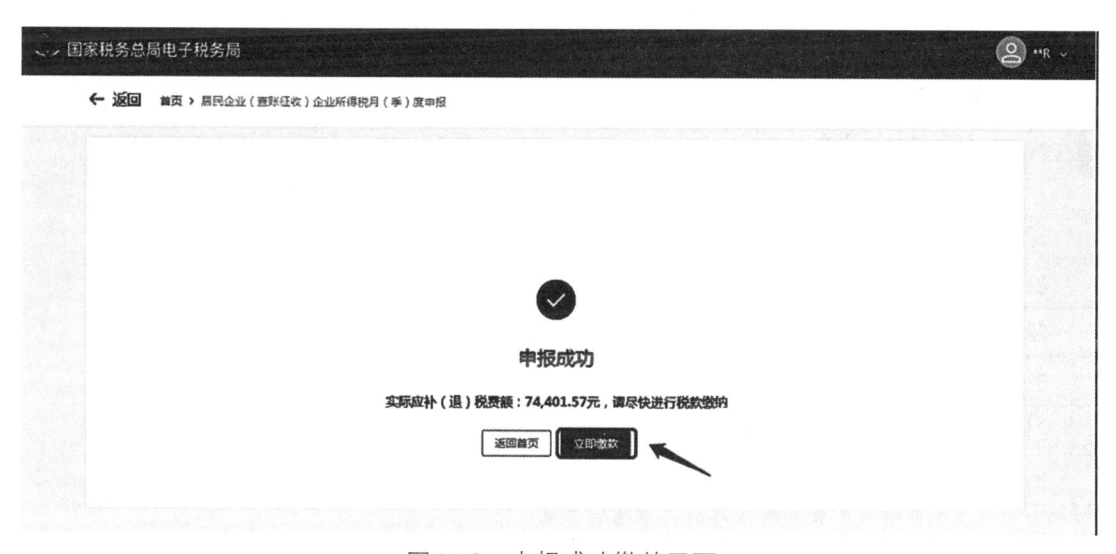

图4-19 申报成功缴款界面

◎项目评价

项目完成情况评价表

班级		姓名		学号		日期	
序号	评价要点			配分	得分	总评	
1	企业所得税纳税人			4			
2	企业所得税征税对象			4			
3	企业所得税税率			4			
4	免税收入			4			
5	减、免税所得			4			
6	加计扣除			4			
7	应纳税所得额抵扣			4			
8	加速折旧和设备、器具一次性税前扣除			4			
9	减计收入			4			
10	应纳税额抵免			4			
11	应纳税所得额的概念			3			
12	资产的税务处理			4		A□（86~100）	
13	应纳税额的概念			3		B□（76~85）	
14	应纳税额的计算			4		C□（60~75）	
19	企业所得税汇算清缴			4			
20	企业所得税汇算清缴的适用范围			4			
21	企业所得税的汇缴期限			4			
22	企业所得税汇算的清缴时间			3			
23	企业所得税汇缴申报表			4			
24	企业所得税汇算清缴的申报方式			4			
25	企业所得税汇缴申报的报送资料			3			
26	企业所得税汇算清缴申报表表单填写范围和政策依据			4			
27	企业所得税的智能申报实训			4			
28	能严格遵守作息时间安排			3			
29	上课积极回答问题			4			
30	及时完成老师布置的任务			5			
小结建议							

◎知识巩固

一、单选题

1. 根据企业所得税法的规定，下列各项中属于非居民企业的是（　　）。
   A. 依法在外国成立但实际管理机构在中国境内的企业
   B. 在中国境内成立的外商独资企业
   C. 依法在中国境外成立，在中国境内未设立机构、场所，但有来源于中国境内所得的企业
   D. 依法在中国境外成立，在中国境内未设立机构、场所，也没有来源于中国境内所得的企业

2. 2020年度，某企业财务资料显示，2020年开具增值税专用发票取得收入2000万元，另外从事运输服务，收入220万元。收入对应的销售成本和运输成本合计为1550万元，期间费用为200万元营业外支出100（其中90万为公益性捐赠支出），上年度企业自行计算亏损50万元，经税务机关核定的亏损为30万元。企业在所得税前可以扣除的捐赠支出为（　　）万元。
   A. 90　　　　　B. 40.8　　　　　C. 44.4　　　　　D. 23.4

3. 某大型工业企业2021年3月1日，以经营租赁方式租入固定资产使用，租期1年，一次性交付租金12万元；6月1日以融资租赁方式租入机械设备一台，租期2年，当年支付租金15万元。公司计算当年企业应纳税所得额时应扣除的租赁费用为（　　）万元。
   A. 10　　　　　B. 12　　　　　C. 15　　　　　D. 27

4. 某企业2021年度境内所得应纳税所得额为400万元，在全年已预缴税款25万元，来源于境外某国税前所得100万元，境外实纳税款20万元，该企业当年汇算清缴应补（退）的税款为（　　）万元。
   A. 50　　　　　B. 60　　　　　C. 70　　　　　D. 80

5. 某企业2020年销售收入1000万元，年实际发生业务招待费10万元，该企业可在所得税前列支的业务招待费金额是（　　）万元。
   A. 5　　　　　B. 6　　　　　C. 8　　　　　D. 10

二、填空题

1. 企业所得税纳税人是指在中华人民共和国境内，企业和其他取得收入的组织（以下统称"企业"）为企业所得税的纳税人，依照《_____》的规定缴纳企业所得税。

1. 企业所得税的基本税率为_____。

2. 国家需要重点扶持的_____企业，减按15%的税率征收企业所得税。

3. 应纳税所得额＝收入总额－_____－免税收入－各项扣除－其他支出弥补的以前年度亏损。

4. 汇算清缴的主体是_____。

三、简答题

1. 企业所得税纳税申报的流程是什么？

2. 为什么国家要进行企业所得税汇算清缴？企业所得税汇算清缴的作用是什么？具有什么意义？

项目五　个人所得税与智能申报

◎项目目标

知识目标：

1. 了解个人所得税的概念及意义。
2. 熟悉个人所得税的纳税人、征税范围。
3. 掌握个人所得税的税目、税率。
4. 掌握个人所得税应纳税额的确定、应纳税额的计算。
5. 熟悉个人所得税的纳税申报。
6. 熟悉个人所得税的汇算清缴。

技能目标：

1. 识别个人所得税的纳税人和征税范围。
2. 熟练掌握个人所得税的税目及税率。
3. 会正确计算居民个人综合所得、非居民四项所得、经营所得、分类所得应纳税额。
4. 能正确计算与申报个人所得税。

素养目标：

1. 通过了解个人所得税的概念及意义，认识国家征收个人所得税的初衷是调节贫穷差距、促进社会公平和谐，增强纳税的责任意识与使命，培养爱国情怀。
2. 通过学习个人所得税征税范围及税收减免政策，认识个税税收优惠在稳定就业中的作用，培养民族认同感和责任感。
3. 通过学习个税应纳税额的计算，认清缴纳税额的合理性，树立依法诚信纳税的价值观，培养法治理念。

◎ 项目描述

个人所得税在组织财政收入、调节收入分配、有助于实现社会公平，具有自动稳定器的功能。本项目将通过六个学习任务，带领学生学习个人所得税的基础知识、了解并掌握个人所得税的税目、税率、汇算清缴、计算以及智能申报，熟知企业所得税的申报流程和申报方法并能独立进行个人所得税的申报，为以后从事会计工作奠定基础。

◎ 项目导入

积沙成塔夯国基，聚流成河润民生

个人所得税是国家对居民个人从中国境内和境外取得的所得、非居民个人从中国境内取得的所得征收的一种所得税。自2019年1月1日起，我国开始施行《中华人民共和国个人所得税法》第七次修正稿，同时，实行国务院印发的《个人所得税专项附加扣除暂行办法》。本次改革，将个税起征点提高至5000元，并将专项附加扣除的原则和子女教育、继续教育、大病医疗、住房贷款利息或者住房租金、赡养老人、婴幼儿照护（2022年新增）等7项专项附加扣除的扣除范围、扣除标准、扣除方式以及保障措施等内容做出了新规定。

我国采用了综合与分类相结合的个人所得税制，在组织财政收入、提高公民纳税意识，尤其是在调节个人收入分配差距方面具有重要作用。依法依规正确计算缴纳个人所得税，对实现"中国梦"与"共同富裕"的目标具有重要意义。

任务一　个人所得税纳税人的确定

一、个人所得税概述

个人所得税是以自然人取得的各类应税所得为征税对象而征收的一种所得税。它是政府对个人收入进行调节的重要手段。个人所得税存在三种税制模式：分类征收制、综合征收制与混合征收制。分类征收制，是指对纳税人的不同来源、性质的所得项目，分别规定不同的税率进行征收；综合征收制，是对纳税人全年的各项所得进行汇总后，对其汇总后的金额进行征税；混合征收制，是指对纳税人的不同来源、性质的所得先分别按照不同的税率征税后，再将全年的各项所得进行汇总征税。

《中华人民共和国个人所得税法》（以下简称"个人所得税法"）是国家制定的用以调整个人所得税征收与缴纳之间权利及义务关系的法律规范。1980年9月10日，我国第五届全国人民代表大会第三次会议制定了《个人所得税法》，1993年10月31日第八届全国人民代表大会常务委员会第四次会议通过《关于修改〈中华人民共和国个人所得税法〉的决定》，对《个人所得税法》进行了第一次修正。其后，该法又经过了六次修正，目前适用的基本规范是由第十三届全国人民代表大会常务委员会第五次会议于2018年8月31日修改通过，并于2019年1月1日起施行的《个人所得税法》。和国务院2018年12月18日发布。自2019年1月1日起施行的《中华人民共和国个人所得税法实施条例》（以下简称"个人所得税法实施条例"）。

2018年12月31日之前的个人所得税，采用的是分类征收制，将个人取得的应税所得划分为11类，分别计算、分别课征。自2019年1月1日起，我国个人所得税采用混合征收制，将个人取得的应税所得划分为9类，个人的工资、薪金所得，劳务报酬所得，稿酬所得和特许权使用费所得采用综合征收，除这些之外的其他各项所得采用分类征收。混合征收制在组织财政收入、增强公民纳税意识，尤其是在调节个人收入分配差距方面具有重要作用。

二、个人所得税纳税人

个人所得税纳税人主要包括中国公民、个体工商户、个人独资企业、合伙企业投资人、在中国有所得的外籍人员（包括无国籍人员）及中国香港、中国澳门、中国台湾同胞。同

时个人所得税的纳税人依据住所和居住时间，分为居民个人和非居民个人，分别承担不同的纳税义务

1. 居民个人

《个人所得税法》规定，居民个人是指在中国境内有住所，或者无住所而一个纳税年度在中国境内居住累计满 183 天的个人。居民个人承担无限纳税义务，其取得的所得无论是来自中国境内还是境外，都要在中国缴纳个人所得税。

在中国境内有住所的个人，是指因户籍、家庭、经济利益关系，而在中国境内习惯性居住的个人。习惯性居住是指个人因学习、探亲、旅游等原因消除后，没有理由在其他地方继续居住时，所要回到的地方，而不是指实际居住地或在某一特定时期内的居住地。习惯性居住是判断纳税义务人属于居民个人还是非居民个人的一个重要依据。

一个纳税年度在境内居住累计满 183 天，是指在一个纳税年度（即公历 1 月 1 日起至 12 月 31 日止，下同）内，在中国境内居住累计满 183 天。现行《个人所得税法》中对"中国境内"的概念，是指中国大陆地区，目前不包括中国香港、澳门以及台湾地区。

2. 非居民个人

《个人所得税法》规定，非居民个人是在中国境内无住所又不居住，或者无住所而一个缴税年度内在境内居住累计不满 183 天的个人。非居民个人承担有限纳税义务，即仅以来源于中国境内所得，向中国缴纳个人所得税。非居民个人，是指不符合居民个人判定标准的纳税义务人。

在中国境内无住所又不居住，是指习惯性居住地不在中国境内，而且不在中国居住；现实生活中习惯性居住地不在中国境内的个人，一般是外籍人员，华侨或中国香港、中国澳门及中国台湾同胞。

> **注意**
> 自 2019 年 1 月 1 日起，无住所个人一个纳税年度内在中国境内累计居住天数，按照个人在中国境内累计停留的天数计算，若停留当天满 24 小时则计入在中国境内累计停留天数，若不足 24 小时则不计入。

综上，非居民个人实际上是只能在一个纳税年度中，没有在中国境内居住，或者在中国境内居住天数累计不满 183 天的外籍人员、华侨或中国香港、中国澳门及中国台湾同胞。

三、个人所得税所得来源的确定

依据《个人所得税法》及《个人所得税法实施条例》，除国务院、财政、税务主管部门有具体规定外，以下所得无论支付地点是否在中国境内，均视为来源于中国境内所得：因任职、受雇、履约等而在中国境内提供劳务取得的所得；将财产出租给承租人在中国境内使用而取得的所得；转让中国境内的不动产等财产或者在中国境内转让其他财产取得的所得；许可各种特许权在中国境内使用而取得的所得；从中国境内企业、事业单位、其他组织以及居民个人取得的利息、股息、红利所得。

任务二　个人所得税税目和税率的确定

一、个人所得税税目

按照《个人所得税法》及《个人所得税法实施条例》的规定，纳税人可能会取得下述九项所得：（1）工资、薪金所得；（2）劳务报酬所得；（3）稿酬所得；（4）特许权使用费所得；（5）经营所得；（6）利息、股息、红利所得；（7）财产租赁所得；（8）财产转让所得；（9）偶然所得。

其中，居民个人取得（1）至（4）项所得（以下简称"综合所得"），按纳税年度合并计算个人所得税；非居民个人取得（1）至（4）项所得，按月或者次分项计算个人所得税。纳税人取得第（5）至（9）项所得，分别按次计算个人所得税。

1. 工资、薪金所得

工资、薪金所得，是指个人因任职或者受雇而取得的工资、薪金、奖金、年终加薪、劳动分红、津贴、补贴以及与任职或者受雇有关的其他所得。

工资、薪金所得属于非独立个人劳动所得。非独立个人劳动，指个人所从事的由他人指定、安排并接受管理的劳动、工作，或服务于公司、工厂、行政、事业单位（私营企业主除外）。非独立劳动者从上述单位取得的劳动报酬，则以工资、薪金的形式体现。奖金是指所有具有工资性质的奖金。年终加薪、劳动分红不分种类取得情况，一律按"工资、薪金所得"项目纳税。津贴补贴等则有例外。

2. 劳务报酬所得

劳务报酬所得、是指个人从事劳务取得的所得，其包括从事设计、装潢、安装、制图、化验、测试、医疗、法律、会计、咨询、讲学、翻译、审稿、书画、雕刻、影视、录音、录像、演出、表演、广告、展览、技术服务、介绍服务、经纪服务、代办服务以及其他劳务取得的所得。

> **注意**
> 自2004年1月20日起，对商品销售活动中，企业或单位对销售业绩突出的非雇佣人员以培训班等名义组织旅游活动，应根据所发生费用的全额作为该营销人员的劳动收入，按"劳务报酬所得"征收个人所得税。

3. 稿酬所得

稿酬所得，是指个人因其作品以图书、报刊等形式出版、发表而取得的所得。

4. 特许权使用费所得

特许权使用费所得，是指个人提供专利权、商标权、著作权、非专利技术以及其他特许权的使用权取得的所得；提供著作权的使用权取得的所得，不包括稿酬所得。

5. 经营所得

按照《个人所得税法实施条例》的规定，个体工商户业主、个人独资企业投资者、合伙企业个人合伙人、承包承租经营者个人以及其他从事生产经营活动的个人取得经营所得，包括以下情形：

（1）个体工商户从事生产、经营活动取得的所得，个人独资企业投资人、合伙企业的个人合伙人来源于境内注册的个人独资企业、合伙企业生产、经营取得的所得；

（2）个人依法从事办学、医疗、咨询以及其他有偿服务活动取得的所得；

（3）个人对企业、事业单位承包经营、承租经营以及转包、转租取得的所得；

（4）个人从事其他生产、经营活动取得的所得，如个人从事个体出租车运营的出租车驾驶员取得的收入。

6. 利息、股息、红利所得

利息、股息、红利所得，是指个人拥有债权、股权等而取得的利息、股息、红利所得。利息是指个人的存款利息、贷款利息和购买各种债券的利息；股息，是指个人拥有股权取得的公司、企业派息分红，按照一定的比率派发的每股利息；红利，是指根据公司、企业应分配的，超过股息部分的利润，按股派发的红股。

7. 财产租赁所得

财产租赁所得，是指个人出租不动产，机器设备、车船以及其他财产取得的所得。此外，若个人取得财产转租收入，由财产转租人缴纳个人所得税。

8. 财产转让所得

财产转让所得，是指个人转让有价证券、股权、合伙企业中的财产份额、不动产、机器设备、车船以及其他财产取得的所得。

> **注意**
> 根据《中华人民共和国个人所得税法实施条例》规定，对个人转让上市公司股票取得的所得暂免征收个人所得税。

9. 偶然所得

偶然所得，是指个人得奖、中奖、中彩以及其他偶然性质的所得。偶然所得应缴纳的个人所得税税款，一律由发奖单位或机构代扣代缴。

个人取得的所得，难以界定应纳税所得项目的，由国务院税务主管部门确定。

二、个人所得税税率

根据《个人所得税法》个人所得税税率主要分为综合所得适用税率、经营所得适用税率、其他所得适用税率。其中综合所得适用税率采用七级超额累进税率，经营所得采用五级超额累进税率，其他所得适用税率为适用比例税率。

1. 综合所得适用税率

依照《个人所得税法》第六条第一项，居民个人的综合所得，以每一纳税年度的收入额减除费用6万元以及专项扣除、专项附加扣除和依法确定的其他扣除后的余额，居民个人每一纳税年度内取得的综合所得包括工资、薪金所得，劳务报酬所得，稿酬所得和特许权使用费所得。综合所得适用3%至45%的七级超额累进税率，现行个人所得税税率表（综合所得适用）如表5-1所示。

表5-1 现行个人所得税税率表（综合所得适用）

级数	全年应纳税所得额	税率	速算扣除（元）
1	不超过36000元的	3%	0
2	超过36000元至144000元的部分	10%	2520
3	超过144000元至300000元的部分	20%	16920
4	超过300000元至420000元的部分	25%	31920
5	超过420000元至660000元的部分	30%	52920
6	超过660000元至960000元的部分	35%	85920
7	超过960000元的部分	45%	181920

注：（1）本表所称全年纳税所得额是指依照税法规定，居民个人取得综合所得以每一纳税年度收入额减除费用60000元以及专项扣除、专项附加扣除和依法确定的其他扣除后的余额。
（2）非居民个人取得的工资、薪金所得，劳务报酬所得，稿酬所得和特许权使用费用所得，依照本表按月换算后计算应纳税额。

2. 经营所得适用税率

经营所得已在个人所得税税目中进行说明，这里不再赘述，适用税率为5%～35%的五级超额累进税率，现行个人所得税税率表（经营所得适用）如表5-2所示。

表5-2 现行个人所得税税率表（经营所得适用）

级数	全年应纳税所得额	税率
1	不超过30000元的	5%
2	超过30000元至90000元的部分	10%
3	超过90000元至300000元的部分	20%
4	超过300000元至500000元的部分	30%
5	超过500000元的部分	35%

注：本表所称全年应纳税所得额是指依照《个人所得税法》第六条规定，以每一纳税年度的收入总额减除成本、费用以及损失后的余额。

3. 其他所得适用税率

利息、股息、红利所得，财产租赁所得，财产转让所得和偶然所得为其他所得，适用20%的比例税率。

任务三 认知个人所得税税收优惠

一、法定免税项目

《个人所得税法》和《个人所得税法实施条例》对部分个人所得项给予了免征优惠,具体有:(1)省级人民政府、国务院部委和中国人民解放军军以上单位,以及外国组织、国际组织颁发的科学、教育、技术、文化、卫生、体育、环境保护等方面的奖金。(2)国债和国家发行的金融债券利息。(3)按照国家统一规定发放的津贴、补贴。这里的津贴、补贴是指按照国务院规定发给的政府特殊津贴、院士津贴及国务院规定的免予缴纳个人所得税的其他津贴、补贴。(4)福利费、抚恤金、救济金。依据《个人所得税法实施条例》,这里的福利费是指根据国家有关规定,从企业、事业单位和国家机关、社会组织提留的福利费或者工会经费中支付给个人的生活补助费;救济金,是指各级人民政府民政部门支付给个人的生活困难补助费。(5)保险赔款。(6)军人的转业费、复员费、退役金;退役金是按照《退役士兵安置条例》规定取得的一次性退役金。(7)按照国家统一规定发给干部、职工的安家费、退职费、基本养老金或者退休费、离休费、离休生活补助费。(8)依照有关法律规定应予免税的各国驻华使馆、领事馆的外交代表、领事官员和其他人员的所得;该处所得是指依照《中华人民共和国外交特权与豁免条例》和《中华人民共和国领事特权与豁免条例》规定免税的所得。(9)中国政府参加的国际公约、签订的协议中规定免税的所得。(10)国务院规定的其他免税所得。

二、法定减税项目

《个人所得税法》和《个人所得税法实施条例》规定有下列情形之一的,可以减征个人所得税,具体幅度和期限,由省、自治区、直辖市人民政府规定,并报同级人民代表大会常务委员会备案:(1)残疾、孤老人员和烈属的所得;(2)因自然灾害遭受重大损失的。

> **注意**
> 国务院可以规定其他减税情形,报全国人民代表大会常务委员会备案。

三、其他减、免税项目

1. 其他免税项目

根据财政部、国家税务总局对个人所得税减免项目的相关规定，下列项目为其他免税项目：

（1）对乡、镇及以上人民政府批准成立的机构，有章程的见义勇为基金或类似组织，所颁发的见义勇为奖及奖金所得，经税务部门核准可免征个人所得税。

（2）对个人取得的教育储蓄存款利息所得以及国务院财政部门确定的其他专项储蓄存款或者基金存款的利息所得。

（3）对个体工商户或个人，以及个人独资企业和合伙企业从事种植业、养殖业、饲养业和捕捞业取得的所得。

（4）生育妇女按照县级以上人民政府根据有关国家规定制定的生育保险办法，取得的生育津贴、生育医疗费或其他属于生育保险性质的津贴、补贴，免征个人所得税。

（5）对工伤职工及亲属按照《工伤保险条例》规定取得的工伤保险待遇，免征个人所得税。

（6）个人举报、协查各种违法犯罪行为而获得的奖金。

（7）个人转让自用达5年以上，并且是唯一的家庭生活用房取得的所得。

（8）对按照《国务院关于高级专家退休若干问题的暂行规定》和《国务院办公厅关于杰出高级专家暂缓离休退休若干问题的通知》精神，达到离休、退休年龄，但确因工作需要，适当延长退休、离休年龄的享受国家发放的政府特殊津贴的专家、学者，中国科学院、中国工程院院士，其在延长离休、退休期间的工资、薪金所得免征个人所得税。

（9）根据世界银行专项贷款协议由世界银行直接派往我国工作的外国专家、联合国组织直接派往我国工作的外国专家、为联合国工作援助项目来我国工作的专家、根据两国政府签订文化交流项目来华工作2年以内的文教专家（其工资、薪金由该国负担的）、根据我国大专院校国际交流项目来华工作两年内的文教专家（其工资、薪金由该国负担的）、通过民间科研协定来华工作的专家（其工资、薪金由该国负担的），这些外籍专家取得的工资、薪金所得可免征个人所得税。

（10）对拆迁人员按照国家有关城镇房屋拆迁管理办法规定的标准取得的拆迁补偿，包含因棚户区改造取得的拆迁款，免征个人所得税。

（11）个人投资者从投保基金公司取得的行政和解金、个人转让上市公司股票所得、个人从公开发行和转让市场取得的上市公司股票，持股期限超过1年的股息和红利，暂免征收个人所得税。

（12）个人取得的中奖所得，其中包括单张有奖发票奖金所得不超过800元的、购买社会福利有奖募捐奖券、体育彩票一次中奖收入不超过10000元的，免征个人所得税。

（13）乡镇企业的职工和农民取得的青苗补偿，既属种植业收益范围又属经济损失的补偿性收入，暂不征收个人所得税。

（14）对由亚洲开发银行（以下简称"亚开行"）支付给我国公民或国民的薪金和津贴，凡经亚开行确认这些人员为亚开行雇员或执行项目专家的，其取得的符合我国税法规定的相关薪金和津贴等报酬，免征个人所得税。

（15）自2020年1月1日起，对参加预防工作的医务人员和其他工作者按照政府规定标准取得的临时性工作补助和奖金，单位发给个人用于预防新冠感染的药品、医疗用品和防护用品，免征个人所得税。

2. 其他减税项目

（1）自2024年1月1日至2027年12月31日，一个纳税年度内在船航行时间累计满183天的远洋船员所取得的工资、薪金减按50%计入应纳税所得额。

（2）自2023年1月1日至2027年12月31日，对个体工商户年应纳税所得额不超过200万元的部分，减半征收个人所得税。

（3）个人投资者持有2024年至2027年发行的铁路债券取得的利息收入，减按50%计入应纳税所得额。

任务四　个人所得税应纳税额的计算

一、居民个人综合所得的计税方法

个人所得税的计税依据是纳税人取得的应纳税所得。应纳税所得为个人取得的各项收入减去税法规定的扣除项目金额的余额。

个人所得的形式包括现金、实物、有价证券和其他形式的经济利益。

（一）应纳税所得额的确定

居民个人综合所得即每一纳税年度的收入减去费用6万元以及专项扣除、专项附加扣除和依法确定的其他扣除后的余额，每一纳税年度的收入额，包括工资、薪金所得，劳务报酬所得，稿酬所得，特许权使用费所得4项。劳务报酬所得、稿酬所得、特许权使用费所得以收入减除20%的费用后的余额为所得额。稿酬所得的收入额减按70%计算。

现行税法规定，扣缴义务人在向居民个人支付工资、薪金所得，劳务报酬所得，稿酬所得，特许权经营所得时，应按规定分月或分次预扣预缴个人所得税；居民个人需要办理综合所得汇算清缴的，应当在取得所得的次年 3 月 1 日至 6 月 30 日办理汇算清缴。因此，居民个人综合所得个人所得税的计算方法包括预扣预缴税款的计算方法和综合所得汇算清缴的计算方法。预扣预缴税款的计算和综合所得汇算清缴的计算均涉及专项附加扣除。

1. 专项扣除

专项扣除包括居民个人按照国家规定的范围和标准缴纳的基本养老保险、基本医疗保险、失业保险等社会保险费和住房公积金等。

2. 专项附加扣除

专项附加扣除，是指个人所得税法规定的子女教育、继续教育、大病医疗、住房贷款利息、住房租金、赡养老人以及 3 岁以下婴幼儿照护等 7 项专项附加扣除。现行税法依据遵循公平合理、利于民生、简便易行的原则，并根据教育、医疗、住房、养老、照护幼小等民生支出变化情况，制定了现行的专项附加扣除范围和标准。

（1）子女教育专项附加扣除。纳税人的子女接受全日制学历教育的相关支出、年满 3 岁至小学入学前处于学前教育阶段的子女，按照每个子女每月 2000 元的标准定额扣除。学历教育包括义务教育（小学、初中教育）、高中阶段教育（普通高中、中等职业、技工教育）、高等教育（大学专科、大学本科、硕士研究生、博士研究生教育）。受教育子女的父母可以选择由其中一方按扣除标准的 100% 扣除，也可以选择由双方分别按扣除标准的 50% 扣除，具体扣除方式在 1 个纳税年度内不能变更。纳税人子女在中国境外接受教育的，纳税人应当留存境外学校录取通知书、留学签证等相关教育的证明资料备查。

（2）继续教育专项附加扣除。纳税人在中国境内接受学历（学位）继续教育的支出，在学历（学位）教育期间按照每月 400 元定额扣除。同一学历（学位）继续教育的扣除期限不能超过 48 个月。纳税人接受技能人员职业资格继续教育，专业技术人员职业资格继续教育的支出，在取得相关证书的当年，按照 3600 元定额扣除。个人接受本科及以下学历（学位）继续教育，符合本办法规定扣除条件的，可以选择由其父母扣除，也可以选择由本人扣除。纳税人接受技能人员职业资格继续教育、专业技术人员职业资格继续教育的，应当留存相关证书等资料备查。

（3）大病医疗专项附加扣除。在一个纳税年度内，纳税人发生的与基本医保相关的医药费用支出，扣除医保报销后个人负担（医保目录范围内的自付部分）累计超过 15000 元的部分，由纳税人在办理年度汇算清缴时，在 80000 元限额内据实扣除。纳税人及其配偶、未成年子女发生的医药费用支出，按上述规定分别计算扣除额。纳税人发生的医药费用支出可以选择由本人或者其配偶扣除；未成年子女发生的医药费用支出可以选择由其父母一方扣除。纳税人应当留存医药服务收费及医保报销相关票据原件（或者复印件）资料备查。医疗保障部门应当向患者提供在医疗保障信息系统记录的本人年度医药费用信息查询服务。

（4）住房贷款利息专项附加扣除。纳税人本人或者配偶单独或者共同使用商业银行或者住房公积金个人住房贷款为本人或者其配偶购买中国境内住房，发生的首套住房贷款利息支出，在实际发生贷款利息的年度，按照每月1000元的标准定额扣除，扣除期限最长不超过240个月。纳税人只能享受一次首套住房贷款的利息扣除。首套住房贷款是指购买住房享受首套住房贷款利率的住房贷款。经夫妻双方约定，可以选择由其中一方扣除，具体扣除方式在1个纳税年度内不能变更。夫妻双方婚前分别购买住房发生的首套住房贷款，其贷款利息支出，婚后可以选择其中1套购买的住房，由购买方按扣除标准的100%扣除，也可以由夫妻双方对各自购买的住房分别按扣除标准的50%扣除，具体扣除方式在1个纳税年度内不能变更。纳税人应当留存住房贷款合同、贷款还款支出无证备查。

（5）住房租金专项附加扣除。纳税人在主要工作城市没有自有住房而发生的住房租金支出，可以按照以下标准定额扣除：直辖市、省会（首府）城市、计划单列市以及国务院确定的其他城市，扣除标准为每月1500元；除上述所列城市以外，市辖区户籍人口超过100万的城市，扣除标准为每月1100元；市辖区户籍人口不超过100万人的城市，扣除标准为每月800元：①纳税人的配偶在纳税人的主要工作城市有自有住房的，视同纳税人在主要工作城市有自有住房。②市辖区户籍人口，以国家统计局公布的数据为准。③夫妻双方主要工作城市相同的，只能由一方扣除住房租金支出。住房租金支出由签订租赁住房合同的承租人扣除。纳税人及其配偶在1个纳税年度内不能同时分别享受住房贷款利息和住房租金专项附加扣除。④纳税人应当留存住房租赁合同、协议等有关资料。

（6）赡养老人专项附加扣除。纳税人赡养1位及以上被赡养人（被赡养人是指年满60岁的父母，以及子女均已去世的年满60岁的祖父母、外祖父母）的赡养支出，统一按照以下标准定额扣除：纳税人为独生子女的，按照每月3000元的标准定额扣除；纳税人为非独生子女的，由其与兄弟姐妹分摊每月3000元的扣除额度，每人分摊的额度不能超过每月1500元。额度分配可以由赡养人均摊或者约定分摊，也可以由被赡养人指定分摊。约定或者指定分摊的须签订书面分摊协议，指定分摊优先于约定分摊。具体分摊方式和额度在1个纳税年度内不能变更。

（7）3岁以下婴幼儿照护专项附加扣除。纳税人照护3岁以下婴幼儿子女的相关支出，按照每个婴幼儿每月2000元的标准定额扣除。父母可以选择由其中一方按扣除标准的100%扣除，也可以选择由双方分别按扣除标准的50%扣除，具体扣除方式在一个纳税年度内不能变更。

3岁以下婴幼儿照护个人所得税专项附加扣除涉及的保障措施和其他事项，参照《个人所得税专项附加扣除暂行办法》有关规定执行。

3. 其他扣除

其他扣除包括个人缴付符合国家规定的企业年金、职业年金，个人购买符合国家规定的商业健康保险、税收递延型商业养老保险的支出，以及国务院规定可以扣除的其他项目。对个人购买符合规定的商业健康保险产品的支出，允许在当年（月）计算应纳税所得额时予以税前扣除，扣除限额为2400元/年（200元/月）。单位统一为员工购买符合规定的商业健康保险产品的支出，应分别计入员工个人工资、薪金，视同个人购买，按上述限额予以扣除。

（二）综合所得应纳税额的计算方法

综合所得应纳税额的计算公式为：

应纳税额＝应纳税所得额/适用税率－速算扣除数＝（每一纳税年度的收入额－费用（60000元）－专项扣除－专项附加扣除－依法确定的其他扣除）×适用税率－速算扣除数

居民综合所得适用3%～45%七级超额累进税率，具体如表5-1所示。

【例5-1】王某就职于甲公司2023年全年取得工资、薪金收入180000元，劳务收入为20000元；出版了一本书，获稿酬30000元。当年应缴纳的基本养老保险为9600元，基本医疗保险为2400元，失业保险为600元，住房公积金为14400元。王某正在偿还首套住房贷款及利息。王某为独生女，其独生子正就读初中三年级；王某父母均已年过60岁。王某夫妻约定由王某扣除贷款利息和子女教育费。计算王某2023年应缴纳的个人所得税税额。

（1）纳税年度的收入额合计＝180000＋20000×（1－20%）＋30000×（1－20%）×（1－30%）＝212800（元）

（2）全年减除费用60000元。

（3）专项扣除合计＝9600＋2400＋600＋14400＝27000（元）

（4）专项附加扣除：子女教育每年扣除24000元；住房贷款利息每年扣除12000元；赡养老人每年扣除36000元；

专项附加扣除合计＝24000＋12000＋36000＝72000（元）

（5）扣除项合计＝60000＋27000＋72000＝159000（元）

（6）应纳税所得额＝212800－159000＝53800（元）

（7）应纳个人所得税额＝53800×10%－2520＝2860（元）

（三）个人综合所得预扣预缴税款的计算方法

扣缴义务人向居民个人支付工资、薪金所得，劳务报酬所得，稿酬所得，特许权使用费所得时，按以下方法预扣预缴个人所得税，并向主管税务机关报送"个人所得税扣缴申报表"。

1. 个人工资、薪金所得预扣预缴税款的计算方法

扣缴义务人向居民个人支付工资、薪酬所得时应当按照累计预扣法计算预扣税款并按月办理全员全额扣缴申报。

累计预扣法，是指扣缴义务人在1个纳税年度内预扣预缴税款时，以纳税人在本单位截至当前月份工资、薪金所得累计收入减除累计免税收入、累计减除费用、累计专项扣除、累计专项附加扣除和累计依法确定的其他扣除后的余额为累计预扣预缴应纳税所得额，计算累计应预扣预缴税额，再减除累计减免税额和累计已预扣预缴税额，其余额为本期应预扣预缴税额。余额为负值时，暂不退税。纳税年度终了后余额仍为负值时，由纳税人通过

办理综合所得年度汇算清缴，税款多退少补。具体计算公式如下：

累计预扣预缴应纳税所得额＝累计收入－累计免税收入－累计减除费用－累计专项扣除－累计专项附加扣除－累计依法确定的其他扣除

本期应预扣预缴税额＝（累计预扣预缴应纳税所得额×预扣率－速算扣除数）－累计减免税额－累计已预扣预缴税额

> **注意**
> 上述公式中：累计减除费用，按照5000元/月乘以纳税人当年截至本月在本单位的任职受雇月份数计算。

七项专项附加扣除中，除大病医疗之外，其他专项附加扣除可由纳税人选择在预扣预缴税款时进行扣除。纳税人在预扣预缴税款阶段享受专项附加扣除，以居民个人在取得工资、薪金所得时，向扣缴义务人提供的专项附加扣除信息为前提，居民个人向扣缴义务人提供有关信息并依法要求办理专项附加扣除的，扣缴义务人应当按照规定在工资、薪金所得按月预扣预缴税款时予以扣除，不得拒绝。纳税人同时从两处以上取得工资、薪金所得，并由扣缴义务人减除专项附加扣除的，对同一专项附加扣除项目，在一个纳税年度内只能选择从一处取得的所得中减除。

计算居民个人工资、薪金所得预扣应缴税额适用的预扣率、速算扣除数，按七级超额累进预扣率（表5-1）执行。

【例5-2】 乙公司的李某2023年1—3月取得的工资为10000元/月，4月工资普调后为10600元/月，当年每月的基本养老保险640元，基本医疗保险160元，失业保险40元，住房公积金960元。专项附加扣除为每月3000元。李某1—3月累计已预扣预缴个人所得税税额为18元。计算李某4月应预扣预缴的个人所得税税额。

（1）累计收入：10000×3＋10600＝40600（元）

（2）累计减除费用：5000×4＝20000（元）

（3）累计专项扣除：（640＋160＋40＋960）×4＝7200（元）

（4）累计专项附加扣除：3000×4＝12000（元）

（5）累计预扣预缴应纳税所得额：40600－20000－7200－12000＝1400（元）

（6）本期应预扣缴税额：1400×3％－18＝24（元）

2. 个人劳务报酬所得、稿酬所得、特许权使用费所得预扣预缴税款的计算方法

扣缴义务人向居民个人支付劳务报酬所得、稿酬所得、特许权使用费所得，以每次或每月收入额为预扣预缴应纳税所得额，分别适用三级超额累进预扣率和20%的比例预扣率，按次或按月计算每项所得应预扣预缴的个人所得税。其计算公式如下：

劳务报酬所得应预扣预缴税额＝预扣预缴应纳税所得额×预扣率－速算扣除数

稿酬所得、特许权使用费所得＝应预扣预缴税额＝预扣预缴应纳税所得额（收入额）×20%

（1）收入额：劳务报酬所得、稿酬所得、特许权使用费所得以收入减除费用后的余额，其中，稿酬所得的收入额减按70%计算。

（2）减除费用：劳务报酬所得、稿酬所得、特许权使用费所得每次收入不超过4000元的。减除费用按800元计算；每次收入4000元以上的，减除费用按20%计算。

（3）预扣率：劳务报酬所得适用20%～40%的三级超额累计预扣率（表7-3），稿酬所得、特许权使用费所得适用20%的比例预扣率。现行个人所得税预扣率表（居民个人劳务报酬所得预扣预缴适用）如表5-3所示。

表5-3 现行个人所得税预扣率表（居民个人劳务报酬所得预扣预缴适用）

级数	累计预扣预缴应纳税所得额	预扣率（%）	速算扣除数（元）
1	不超过20000元的部分	20	0
2	超过20000元至50000元的部分	30	2000
3	超过50000元的部分	40	7000

【例5-3】甲公司的钱某在2021年5月取得一次劳务报酬收入30000元，孙某出版书籍获得报酬20000元，以上收入均不含增值税。请依照税法规定，分别计算钱某和孙某在2021年5月应预扣预缴的个人所得税税额。

钱某：

（1）减除费用：30000×20%＝6000（元）

（2）应纳税所得额（收入额）：30000－6000＝24000（元）

（3）应预扣预缴个人所得税税额＝24000×30%－2000＝5200（元）

孙某：

（1）减除费用＝20000×20%＝4000（元）

（2）应纳税所得额（收入额）＝（20000－4000）×70%＝11200（元）

（3）应预扣预缴个人所得税税额＝11200×20%＝2240（元）

二、非居民个人所得的计税方法

（一）应纳税所得额的确定

非居民个人的工资、薪金所得，以每月收入额减除费用5000元后的余额为应纳税所得额；劳务报酬所得、稿酬所得、特许权使用费所得，以每次收入额为应纳税所得额。

扣缴义务人向非居民个人支付工资、薪金所得，劳务报酬所得，稿酬所得，特许权使用费所得时，应按月或者按次代扣代缴个人所得税。

（二）应纳税额的计算

非居民个人应纳税额的计算公式为：

非居民个人工资、薪金所得/劳务报酬所得/稿酬所得/特许权使用费所得应纳税额＝应纳税所得额×适用税率－速算扣除数

三、经营所得的计税方法

（一）应纳税所得额的确定

经营所得，以每一纳税年度的收入总额减除成本、费用以及损失后的余额为应纳税所得额。

成本、费用，是指个体工商户、个人独资企业、合伙企业以及个人从事其他生产、经营活动发生的各项支出和分配计入成本的间接费用以及销售费用、管理费用、财务费用。损失，是指个体工商户、个人独资企业、合伙企业以及个人从事其他生产经营活动发生的固定资产和存货的盘亏、毁损、报废损失，转让财产损失，坏账损失，自然灾害等不可抗力因素造成的损失以及其他损失。

个体工商户业主、个人独资企业投资者、合伙企业个人合伙人以及从事其他生产、经营活动的个人，以其每一纳税年度来源于个体工商户、个人独资企业、合伙企业以及其他生产、经营活动所得，减除费用60000元、专项扣除以及依法确定的其他扣除后的余额为应纳税所得额。个体工商户、个人独资企业、合伙企业以及个人从事其他生产、经营活动，未提供完整、准确的纳税资料，不能正确计算应纳税所得额的，由主管税务机关核定其应纳税所得额。

经营所得应纳税所得额的计算公式为：

应纳税所得额＝年应税收入额－准予税前扣除额＝全年收入总额－成本、费用、税金、损失、其他支出及以前年度亏损

（二）应纳税额的计算

经营所得的应纳税额的计算公式如下：

应纳税额＝应纳税所得额×适用税率－速算扣除数

经营所得个人所得税税率见表5-2。

四、分类所得的计税方法

（一）利息、股息、红利所得的计税方法

1. 应纳税所得额的确定

利息、股息、红利所得，以每次收入额为应纳税所得额，不得从收入中扣除任何费用。每次收入额是指支付单位或个人每次支付利息、股息和红利时，个人所取得的收入。对于股份制企业在分配股息、红利时，以股票形式向股东个人支付应得的股息、红利（即派发红股），应以派发红股的股票票面金额为收入额，计算征收个人所得税。

2. 应纳税额的计算

利息、股息、红利所得适用20%的比例税率，其应纳税额的计算公式为：

利息、股息、红利应纳税额＝应纳税所得额（每次收入额）×适用税率

（二）财产租赁所得的计税方法

1. 应纳税所得额的确定

财产租赁所得，每次收入不超过4000元的，减除费用800元；4000元以上的，减除20%的费用，其余额为应纳税所得额。

在确定财产租赁的应纳税所得额时，纳税人在出租财产过程中缴纳的税金和教育费附加，可持完税（缴款）凭证，从其财产租赁收入中扣除。除了规定费用和有关税费外，还准予扣除能够提供有效、准确凭证，证明由纳税人负担的该出租财产实际开支的修缮费用。允许扣除的修缮费用以每次800元为限。一次扣除不完的，准予在下一次继续扣除，直到扣完为止。

个人出租房屋的个人所得税应税收入不含增值税，计算房屋出租所得可扣除的税费不包括本次出租缴纳的增值税。个人转租房屋的，其向房屋出租方支付的租金及增值税额，在计算转租所得时予以扣除。

财产租赁应纳税所得额的计算公式为：

每次（月）收入不超过4000元：

应纳税所得额＝每次（月）收入额－准予扣除项目－修缮费用（800元为限）－800元

当每次（月）收入超过4000元：

应纳税所得额＝[每次（月）收入额－准予扣除项目－修缮费用（800元为限）]×（1－20%）

2. 应纳税额的计算

财产租赁所得适用20%的比例税率。但对个人按市场价格出租的居民住房取得的所得，自2021年1月1日起暂减按10%的税率征收个人所得税。其应纳税额的计算公式为：

财产租赁应纳税额＝应纳税所得额×适用税率

（三）财产转让所得的计税方法

1. 应纳税所得额的确定

财产转让所得，以转让财产的收入额减除财产原值和合理费用后的余额为应纳税所得额。

个人转让房屋的个人所得税应税收入不含增值税，其取得房屋时所支付价款中包含的增值税计入财产原值，计算转让所得时可扣除的税费不包括本次转让缴纳的增值税。

受赠人转让受赠房屋的，以其转让受赠房屋的收入减除原捐赠人取得该房屋的实际购置成本以及赠予和转让过程中受赠人支付的相关税费后的余额为受赠人的应纳税所得额，依法计征个人所得税。受赠人转让受赠房屋价格明显偏低且无正当理由的，税务机关可以依据该房屋的市场评估价格或其他合理方式确定的价格核定其转让收入。

财产转让应纳税所得额的计算公式为：

财产转让应纳税所得额＝每次收入额－财产原值－合理费用

2. 财产转让应纳税额的计算

财产转让所得适用20%的比例税率。其应纳税额的计算公式为：

财产转让应纳税额＝应纳税所得额×适用税率

（四）偶然所得的计税方法

1. 应纳税所得额的确定

偶然所得，以个人每次取得的收入额为应纳税所得额，不扣除任何费用。除有特殊规定外，每次收入额就是应纳税所得额，以每次取得该项收入为一次。

2. 应纳税额的计算

偶然所得适用20%的比例税率，其应纳税额的计算公式为：

偶然所得应纳税额＝应纳税所得额（每次收入额）×适用税率

应纳税所得额的计算和费用减除的总结如表5-4所示。

表5-4 应纳税所得额的计算和费用减除

所得类型		计征方法	应纳税所得额	
（居民个人）综合所得		按年	每年收入额－60000元－专项扣除－专项附加扣除－依法确定的其他扣除 ［提示1］工资、薪金所得全额计入年收入额 ［提示2］劳务报酬所得、特许权使用费所得的收入额按取得劳务报酬、特许权使用费收入减除20%计算 ［提示3］稿酬所得的收入额为在稿酬收入减除20%的基础上减按70%计算（收入额为实际取得稿酬收入的56%） ［提示4］专项扣除包括居民个人按照国家规定的范围和标准缴纳的基本养老保险、基本医疗保险、失业保险等社会保险费和住房公积金等 ［提示5］专项附加扣除包括子女教育、继续教育、大病医疗、住房贷款利息或者住房租金、赡养老人、3岁以下婴幼儿照护等支出 ［提示6］其他扣除包括个人购买符合国家规定的商业健康保险、税收递延性商业养老保险的支出，以及国务院规定可以扣除的其他项目	
非居民个人	工资薪金所得	按月	每月收入额－5000元	
	劳务报酬所得	按次	每次收入×（1－20%）	
	特许权使用费所得			
	稿酬所得		每次收入×（1－20%）×70%	
经营所得		按年	每一纳税年度的收入总额－成本、费用以及损失等	
财产租赁所得		按次	每次收入≤4000元	每次收入－800元
财产转让所得			每次收入＞4000元	每次收入×（1－20%）
利息、股息、红利所得			转让财产的收入额－财产原值和合理费用	
偶然所得			每次收入额（除另有规定外，不得扣除任何费用）	

任务五　个人所得税的汇算清缴

一、综合所得汇算清缴的内容

依照税法规定，年度终了后，居民个人（以下简称"纳税人"）需要汇总纳税年度取得的工资、薪金，劳务报酬所得，稿酬所得，特许权使用费所得等四项所得的收入额，减除费用 60000 元以及专项扣除、专项附加扣除、依法确定的其他扣除和符合条件的公益慈善事业捐赠（纳税人未通过中国境内的社会团体、国家机关而直接捐赠给收益人的不得扣除）后，适用综合所得个人所得税税率并减去速算扣除数，计算本年度最终应纳税额，再减去本年度已预缴税额，得出应退或应补税额，向税务机关申报并办理退税或补税。

通过年度汇算可以更好地保障纳税人合法权益。一些扣除项目，如专项附加扣除中的大病医疗支出，只有年度结束，才能确切地知道全年支出金额，需要在年度汇算来补充享受扣除通过年度汇算可以更加准确地计算纳税人综合所得全年应纳的个人所得税。纳税人平时取得综合所得的情形复杂，无论采取怎样的预扣预缴方法，都不可能使所有纳税人平时已预缴税额与年度应纳税额完全一致，此时两者之间就会产生"差额"，就需要通过年度汇算进行调整。

二、综合所得汇算清缴的管理办法

（一）无需办理年度汇算的情形

依据《国家税务总局关于办理 2023 年度个人所得税综合所得汇算清缴事项的公告》（国家税务总局公告 2024 年第 2 号）有关规定，纳税人在纳税年度已依法预缴个人所得税且符合下列情形之一的，无需办理年度汇算：年度汇算需补税但综合所得收入全年不超过 12 万元的；年度汇算需补税金额不超过 400 元的；已预缴税额与年度应纳税额一致的；符合年度汇算退税条件但不申请退税的。

（二）需要办理年度汇算的情形

依据《国家税务总局关于办理2023年度个人所得税综合所得汇算清缴事项的公告》（国家税务总局公告2024年第2号）的相关规定，符合下列情形之一的，纳税人需要办理年度汇算。

1. 已预缴税额大于年度应纳税额且申请退税

下列事项中产生或者可能产生退税：

（1）年度综合所得税收入额不足60000元，但平时已预缴过个人所得税的；

（2）年度有符合享受条件的专项附加扣除，但预缴税款时没有申报扣除的；

（3）因年中就业、退职或者部分月份没有收入等原因，减除费用60000元、"三险一金"等专项扣除、子女教育等专项附加扣除、企业（职业）年金以及商业健康保险、税收递延型养老保险等扣除不充分的；

（4）没有任职受雇单位，仅取得劳务报酬、稿酬、特许权使用费所得，需要通过年度汇算办理各种税前扣除的；

（5）纳税人取得劳务报酬、稿酬、特许权使用费所得，年度中间适用的预扣预缴率高于全年综合所得年适用税率；

（6）预缴税款时，未申报享受或未足额享受综合所得税收优惠的，如残疾人减征个人所得税优惠等；

（7）有符合条件的公益慈善事业捐赠支出，但预缴税款时未办理扣除的。

2. 综合所得收入全年超过12万元且需要补税金额超过400元

实务中有一些常见情形，将导致年度汇算时需要或可能需要补税，如：在两个以上单位任职受雇并领取工资薪金，预缴税款时重复扣除了减除费用（5000元／月）；除工资、薪金外，纳税人还有劳务报酬、稿酬、特许权使用费所得，各项综合所得的收入加总后，导致适用综合所得年税率高于预扣预缴率等。

（三）可享受的税前扣除

在年度发生的，且未申报扣除或未足额扣除的税前扣除项目，纳税人可在年度汇算期间办理扣除或补充扣除：减除费用6万元，以及符合条件的基本养老保险、基本医疗保险、失业保险等社会保险费和住房公积金等专项扣除；符合条件的3岁以下婴幼儿照护、子女教育、继续教育、大病医疗、住房贷款利息或住房租金、赡养老人专项附加扣除；符合条件的企业年金和职业年金、商业健康保险、个人养老金等其他扣除；符合条件的公益慈善事业捐赠。

根据财政部税务总局2019年第94号公告规定，居民个人填报专项附加扣除信息存在明显错误，经税务机关通知，居民个人拒不更正或者不说明情况的，税务机关可暂停纳税人享受专项附加扣除。居民个人按规定更正相关信息或者说明情况后，经税务机关确认，居民个人可继续享受专项附加扣除，以前月份未享受扣除的，可按规定追补扣除。该项政策适用于2019年度及以后年度的综合所得年度汇算清缴。

（四）年度汇算办理时间

依据国家税务总局关于办理年度个人所得税综合所得汇算清缴事项的规定，年度汇算的时间为取得所得的次年3月1日至6月30日，在中国境内无住所的纳税人在次年3月1日前离境的，可以在离境前办理年度汇算。

（五）年度汇算办理方式

依据有关规定，纳税人可自主选择办理方式主要有：自行办理年度汇算；通过任职受雇单位（含按累计预扣法预扣预缴其劳务报酬所得个人所得税的单位）代为办理；委托涉税专业服务机构或其他单位及个人（以下简称"受托人"）办理的，受托人需与纳税人签订授权书。

纳税人提出代办要求的，单位应当代为办理，或者培训、辅导纳税人通过网上税务局（包括手机个人所得税APP，下同）完成年度汇算申报和退（补）税。由单位代为办理的，纳税人应在规定日期（一般为4月30日）前与单位以书面或者电子等方式进行确认，补充提供其上年度在本单位以外取得的综合所得收入、相关扣除、享受税收优惠等信息资料，并对所提交信息的真实性、准确性、完整性负责。纳税人未与单位确认请其代为办理年度汇算的，单位不得代办。

> **注意**
> 单位或受托人为纳税人办理年度汇算后，应当及时将办理情况告知纳税人。纳税人发现申报信息存在错误的，可以要求单位或受托人办理更正申报，也可自行办理更正申报。

（六）年度汇算办理渠道

为便利纳税人，税务机关为纳税人提供高效、快捷的网络办税渠道。纳税人可优先通过网上税务局办理年度汇算，税务机关将按规定为纳税人提供申报表预填服务。不方便通过上述方式办理的，也可以通过邮寄方式或到办税服务厅办理。选择邮寄申报的，纳税人需将申报表寄送至主管税务机关所在省、自治区、直辖市和计划单列市税务局公告的地址。

（七）申报信息及资料留存

纳税人办理年度汇算时，除向税务机关报送个人所得税年度自行纳税申报表外，如需修改本人相关基础信息，新增享受扣除或者税收优惠的，还应按规定一并填报相关信息。填报的信息，纳税人需仔细核对，确保所填信息真实、准确、完整。纳税人、代办年度汇算的单位，需各自将年度汇算申报表以及与纳税人综合所得收入、扣除、已缴税额或税收优惠等相关资料，自年度汇算期结束之日起留存5年。

（八）年度汇算办理税务机关

按照方便就近原则，纳税人自行办理或受托人为纳税人代为办理年度汇算的，向纳税人任职受托单位的主管税务机关申报；有两处及以上任职受托单位的，可自主选择向其中一处申报。纳税人没有任职受雇单位的，向其户籍所在地、经常居住地或者主要收入来源地的主管税务机关申报。主要收入来源地，是指纳税人纳税年度内取得的劳务报酬、稿酬及特许权使用费三项所得累计收入最大的扣缴义务人所在地。单位为纳税人办理年度汇算的，向单位的主管税务机关申报。

三、年度汇算清缴的退税、补税

（一）年度汇算清缴的退税

纳税人申请年度汇算退税，应当提供其在中国境内开设的符合条件的银行账户。税务机关按规定审核后，按照国库管理有关规定，在国家税务总局2022年第1号公告第九条确定的接受年度汇算申报的税务机关所在地（即汇算清缴地）就地办理税款退库。纳税人未提供本人有效银行账户，或者提供的信息资料有误的，税务机关将通知纳税人更正，纳税人按要求更正后依法办理退税。为方便纳税人办理退税，综合所得全年收入额不超过60000元且已预缴个人所得税的，税务机关在网上税务局提供便捷退税功能，纳税人可以在次年3月1日至6月30日期间，通过简易申报表办理年度汇算退税。申请本年度汇算退税的纳税人，如存在应当办理上一年度汇算补税但未办理的，或者经税务机关通知2020年度汇算申报存在疑点但拒不更正或说明情况的需在办理上一年度汇算申报补税、更正申报或者说明有关情况后依法申请退税。

（二）年度汇算清缴的补税

纳税人办理年度汇算补税的，可以通过网上银行、办税服务厅POS机刷卡、银行柜台、非银行支付机构等方式缴纳。邮寄申报并补税的，纳税人需通过网上税务局或者主管税务机关办税服务厅及时关注申报进度并缴纳税款。纳税人因申报信息填写错误造成年度汇算多退或少缴税款的，纳税人主动或经税务机关提醒后及时改正的，税务机关可以按照"首违不罚"原则免予处罚。

（三）应退或应补税额的计算

应退或应补税额＝［(综合所得收入额－60000－专项扣除－专项附加扣除－其他扣除－捐赠)×适用税率－速算扣除数］－已预缴税额

【例7-4】赵某2021年度综合所得收入为140000元，"三险一金"等专项扣除为9800元，子女教育等专项附加扣除为48000元，依法确定的其他扣除为4000元。

1.假设2021年度赵某已预缴税额为800元，计算赵某2021年度汇算清缴金额如下：
（1）全年应纳税所得额：140000－60000－9800－48000－4000＝18200（元）
（2）全年应缴纳个人所得税：18200×3%－0＝546（元）
（3）2021年度应退或应补税额：546－800＝－254（元）

从计算结果可看出，2021年度赵某应退税额为254元。

> **注意**
> 结果为"0"则无应退或应补税额，结果大于"0"则有应补税额，结果小于"0"则有应退税额。

2.假设2021年度赵某已预缴税额为310元，计算赵某2021年度汇算清缴金额如下：
2021年度应退或应补税额：546－310＝236（元）

从计算结果可看出，2021年度赵某应补税额为236元。

按财政部、税务总局公布的《关于个人所得税综合所得汇算清缴涉及有关政策问题的公告》中明确自2019年起，居民个人年度汇算清缴补税金额不超过400元的，居民个人可免于办理个人所得税综合所得汇算清缴。因为236元＜400元，所以赵某不需要补交税款。

任务六　个人所得税智能申报实训

一、办理个人所得税业务步骤

1. 登录"自然人电子税务"申报系统（如图 5-1 所示）

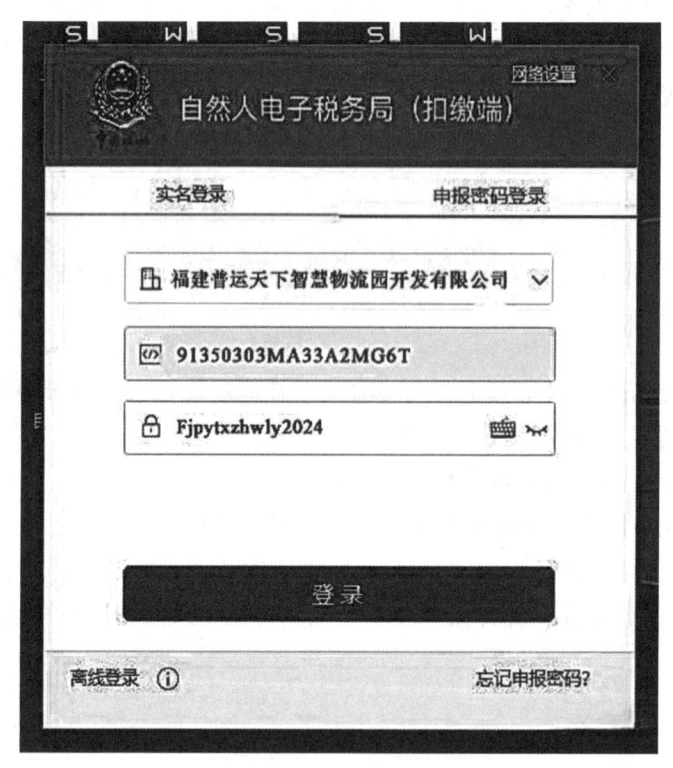

图5-1　自然人电子税务局申报系统

2. 人员信息采集

进入软件主界面后，点击"人员信息采集"模块对新入职员工进行信息采集，老员工不需该步操作，如图 5-2、图 5-3、图 5-4 所示。

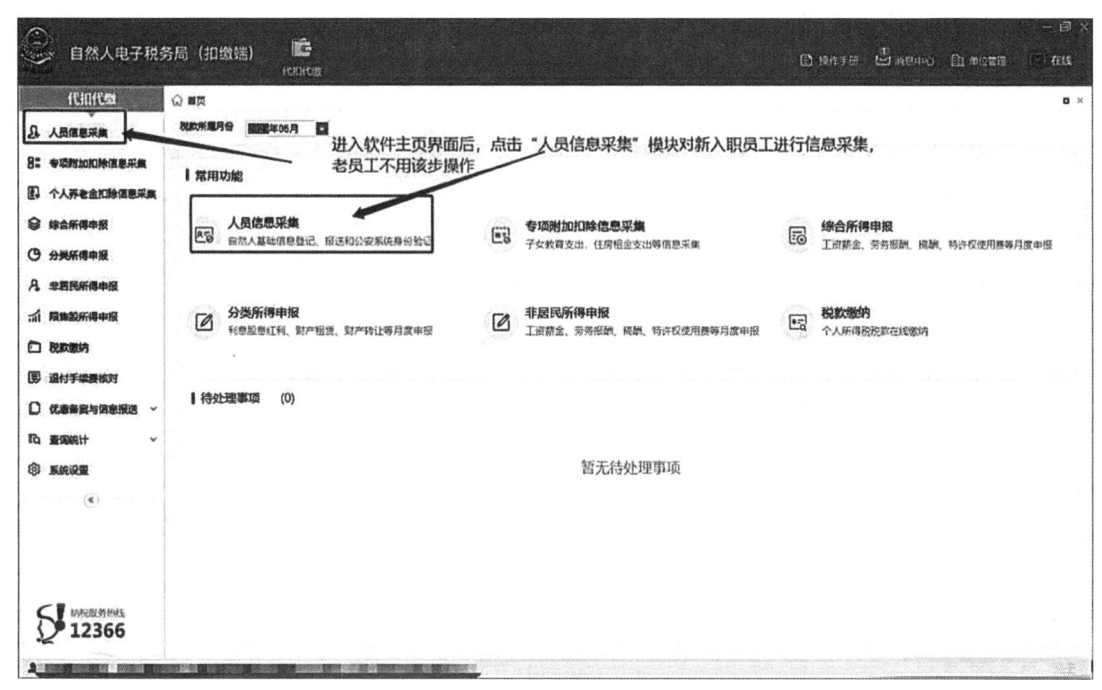

图5-2 人员信息采集

图5-3 人员信息导入

图5-4　人员信息输入

3. 专项附加扣除信息采集

可让员工自行在"个税 APP"采集报送，如图 5-5 所示。

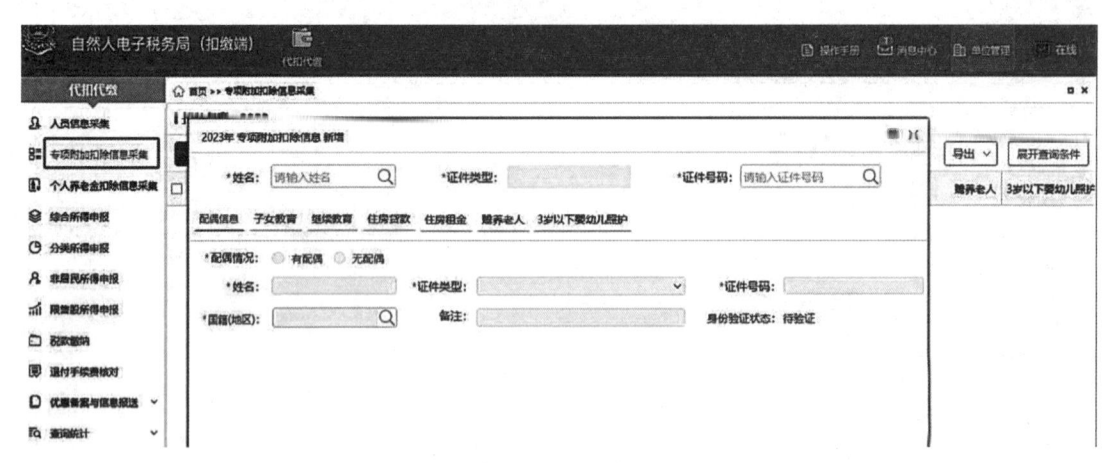

图5-5　专项附加扣除信息采集

4. 综合所得申报，填写申报表

根据员工的应发工资薪金所得填制以下板块（工资薪金、全年一次性奖金收入和劳务报酬是比较常用的板块），如图5-6、图5-7所示。

图5-6 综合所得申报

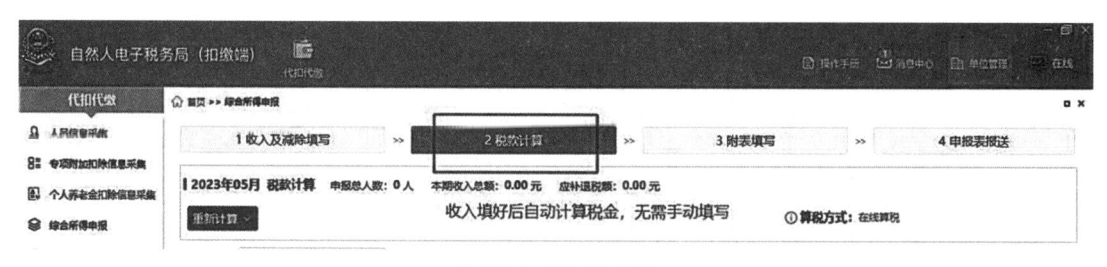

图5-7 税金计算

5. 发送申报，申报成功（如图5-8所示）

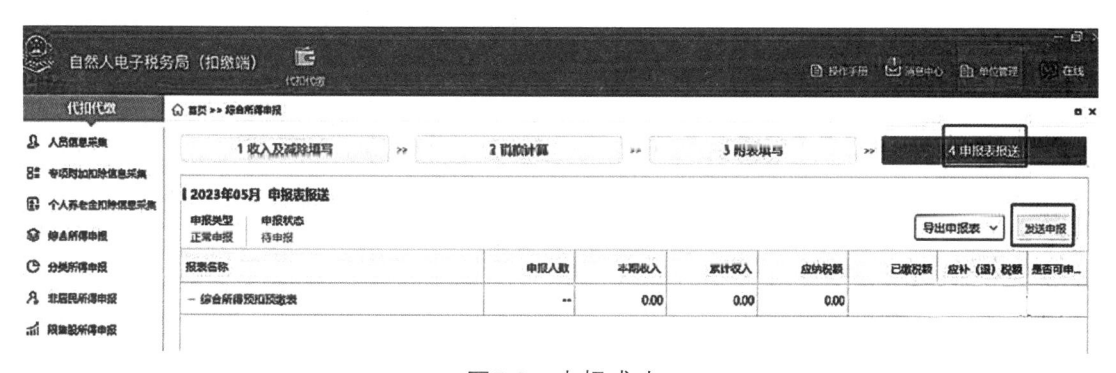

图5-8 申报成功

项目五 个人所得税与智能申报 | 167

◎ 项目评价

项目完成情况评价表

班级		姓名		学号		日期		
序号	评价要点			配分		得分		总评
1	个人所得税概述			5				
2	个人所得税纳税人			4				
3	个人所得税所得来源的确定			5				
4	个人所得税税目			5				
5	个人所得税税率			4				
6	法定免税项目			5				
7	法定减税项目			5				
8	其他减、免税项目			5				
9	居民个人综合所得的计税方法			6				
10	非居民个人所得的计税方法			6				A □（86~100） B □（76~85） C □（60~75）
11	经营所得的计税方法			5				
12	分类所得的计税方法			6				
13	综合所得汇算清缴的内容			5				
14	综合所得汇算清缴的管理办法			5				
15	年度汇算清缴的退税、补税			6				
16	个人所得税的智能申报实训			7				
17	能严格遵守作息时间安排			4				
18	上课积极回答问题			5				
19	及时完成老师布置的任务			7				
小结建议								

◎知识巩固

一、单选题

1.《中华人民共和国个人所得税法》最早颁布实施的日期是（　　）。

A. 1980.9.10　　　B. 1993.10.31　　　C. 1993.11.1　　　D. 1994.1.1

2. 在中国境内有住所，或者无住所而在境内居住累计满183天的个人，应就下列所得在我国缴纳个人所得税（　　）。

A. 仅就来源于中国境内的所得　　　B. 仅就来源于中国境外的所得

C. 来源于中国境内、外的所得　　　D. 不需要缴纳个人所得税

3. 工资、薪金所得适用的税率是（　　）。

A. 20%的比例税率　　　B. 10%的比例税率

C. 5%—35%的五级超额累进税率　　　D. 3%至45%的七级超额累进税率

4. 个人提供专利权、商标权、著作权、非专利技术的使用权而取得的所得为（　　）。

A. 财产转让所得　　　B. 财产租赁所得

C. 偶然所得　　　D. 特许权使用费所得

5. 个人取得的所得，难以界定应纳税所得项目的，由（　　）。

A. 扣缴义务人确定　　　B. 纳税人自行确定

C. 国务院税务主管部门确定　　　D. 纳税人与主管税务机关协商确定

二、填空题

1. 个人所得税存在三种税制模式：分类征收制、_____与混合征收制。

2. _____是指个人因其作品以图书、报刊等形式出版、发表而取得的所得。

3. 提供著作权的使用权取得的所得，不包括_____。

4. _____适用税率为5%～35%的五级超额累进税率。

5. 综合所得应纳税额的计算公式为：应纳税额＝(每一纳税年度的收入额－费用（_____元）－专项扣除－专项附加扣除－依法确定的其他扣除)×适用税率－速算扣除数

三、简答题

1.国家为什么要征收个人所得税？个人所得税缴纳对我们每一个社会公民有什么影响？

2.假如你是一家上市公司职员，年终拿了80000元的奖金，全年一次性奖金可以并入综合所得一起计税，也可以按照全年一次性奖金政策单独计税，那么你会选择哪种计税方式呢？

项目六　社会保险费的计算与智能申报

◎项目目标

知识目标：

1. 了解社会保险费的概念、种类和基本原则，了解社会保险费征缴与管理的规定、社会保险法律制度相关的法律责任规定。

2. 熟悉基本养老保险、基本医疗保险、工伤保险和失业保险的含义、覆盖范围、组成和来源、享受条件与待遇。

3. 掌握基本养老保险、基本医疗保险、工伤保险和失业保险的缴纳和计算。

4. 掌握社会保险费的申报流程。

技能目标：

1. 能准确运用缴费基数和比例进行社会保险费用的计算，切实提高分析问题解决问题的能力，增强社会保险保障意识。

2. 会根据案例情形进行社会保险费的智能申报操作。

素养目标：

1. 通过学习社会保险对国家、单位和职工个人的影响，培养终身学习、勇于挑战和与时俱进的职业精神。

2. 通过社会保险政策介绍，展示我国社会主义制度的显著优势，提升经世济民、德法兼修的职业素养。

◎项目描述

社会保险费是社会保障体系的核心。本项目将通过三个学习任务，带领学生学习社会保险费的基础知识、了解并掌握养老保险、医疗保险、工伤保险、失业保险等基本概念和注意事项，熟知社会保险费的申报流程和申报方法并能独立进行社会保险费的申报，为以后从事会计工作奠定基础。

◎项目导入

试用期员工如何缴纳社会保险费

2022年1月，小李从高校毕业后进入高新区某会计师事务所工作。一周后，该会计师事务所与小李签订了劳动合同，约定合同期1年，试用期2个月，试用期月工资2500元。试用期满后，事务所对小李的工作表示满意，将他的月工资调整至3000元，与此同时，该会计师事务所到所在区的社保中心为其建立个人账户，并按2022年度缴费基数下限2140元申报了缴纳基数。同年9月，小李遇到一个更适合自己发展的机会，向会计师事务所提出辞职。在办理离职手续的过程中，小李认为单位应以转正后的月工资3000元作为基数申报，并要求补缴2个月试用期内的社会保险费。而在会计师事务所看来，试用期间小李还不是单位的正式员工，无权享受这些待遇，双方为此产生争议。

任务一　认知社会保险

一、社会保险概述

（一）社会保险的概念

社会保险，是指国家依法建立的，由国家、用人单位和个人共同筹集资金、建立基金，使个人在年老（退休）、患病、工伤（因工伤残或者患职业病）、失业、生育等情况下获得物质帮助和补偿的一种社会保障制度。这种保障是依靠国家立法强制实行的社会化保险。社会化保险，一是指资金来源的社会化，社会保险基金中既有用人单位和个人缴纳的保险费，也有国家财政给予的补助；二是指管理的社会化，国家设置专门机构，实行统一规划和管理，统一承担保险金的发放等。

（二）社会保险的立法沿革

新中国成立后，我国先后制定和颁布了一系列社会保险政策法规，逐步建立了与计划经济相适应、以"国家全保、企业负担"为特色的社会保险制度。

1951年2月，《劳动保险条例》颁布，这是新中国第一部社会保险立法，对劳动者的生、老、病、死、残等情况作了具体规定。随后，我国中央人民政府及各部门又颁布了一系列条例或规定，初步建立了新中国成立初期的社会保险基本制度。改革开放以来，我国陆续颁布了一些关于社会保险的法律法规，从其运行机制、模式类型、项目构成、待遇水平、管理社会化等方面进行了深层次的改革与创新。在这一阶段，一批重要的社会保险法律法规和政策相继出台，如1994年全国人大通过的《中华人民共和国劳动法》和劳动部颁布的《企业职工生育保险试行办法》、1999年国务院发布的《失业保险条例》和《社会保险费征缴暂行条例》、2003年国务院颁布的《工伤保险条例》等等。2010年10月，全国人大常委会通过了《中华人民共和国社会保险法》，这是我国社会保险立法的最高成果。该法明确了我国社会保险制度中的国家责任，保障了我国公民的社会保险权利。由此，我国社会保险制度的基本框架已建立，亦进入了平稳发展阶段。

目前我国施行的是2010年10月28日第十一届全国人民代表大会常务委员会第十七次会议通过、2018年12月29日第十三届全国人民代表大会常务委员会第七次会议修正的《中华人民共和国社会保险法》（以下简称《社会保险法》）。

(三)社会保险的内容

目前我国的社会保险项目主要有基本养老保险、基本医疗保险、工伤保险、失业保险和生育保险,2017年1月19日,国务院办公厅印发了《生育保险和职工基本医疗保险合并实施试点方案》,在2017年6月月底前启动生育保险和职工基本医疗保险合并实施试点工作,试点在12个试点城市行政区域开展,期限为1年左右。2019年3月6日,国务院办公厅印发了《关于全面推进生育保险和职工基本医疗保险合并实施的意见》,全面推进两项保险合并实施。

二、基本养老保险

(一)基本养老保险的含义

基本养老保险,是国家根据法律法规的规定,强制建立和实施的一种社会保险制度。在这一制度下,用人单位和劳动者必须依法缴纳养老保险费,在劳动者达到国家规定的退休年龄或因其他原因而退出劳动岗位后,社会保险经办机构依法向其支付养老金等,从而保障其基本生活。基本养老保险是社会保险体系中最重要、实施最广泛的一项制度。

(二)基本养老保险的覆盖范围

基本养老保险制度由两个部分组成:职工基本养老保险制度和城乡居民基本养老保险制度。年满16周岁(不含在校学生)、非国家机关和事业单位工作人员及不属于职工基本养老保险制度覆盖范围的城乡居民,可以在户籍地参加城乡居民养老保险。本项目除特别说明外,基本养老保险均指职工基本养老保险。

职工基本养老保险费的征缴范围为国有企业、城镇集体企业、外商投资企业、城镇私营企业和其他城镇企业及其职工,实行企业化管理的事业单位及其职工,这是基本养老保险的主体部分。

基本养老保险费由用人单位和职工共同缴纳,无雇工的个体工商户、未在用人单位参加基本养老保险的非全日制从业人员以及其他灵活就业人员可以参加基本养老保险,由个人缴纳基本养老保险费。公务员和参照公务员管理的工作人员养老保险的办法由国务院规定。对于按照《中华人民共和国公务员法》(以下简称"《公务员法》")管理的单位、参照《公务员法》管理的机关(单位)、事业单位及其编制内的工作人员,实行社会统筹与个人账户相结合的基本养老保险制度。

(三)职工基本养老保险基金的组成和来源

基本养老保险基金由用人单位和个人缴费以及政府补贴等组成。基本养老保险实行社会统筹与个人账户相结合。基本养老金由社会统筹养老金和个人账户养老金组成养老保险社会统筹，是指统收养老保险缴费和统支养老金，确保收支平衡的公共财务系统。用人单位应当按照国家规定的本单位职工工资总额的比例缴纳基本养老保险费，纳入基本养老保险统筹基金。职工按照国家规定的本人工资的比例缴纳基本养老保险费，记入个人账户。基本养老保险基金出现支付不足时，政府给予补贴。

无雇工的个体工商户、未在用人单位参加基本养老保险的非全日制从业人员以及其他灵活就业人员参加基本养老保险的，应当按照国家规定缴纳基本养老保险费，分别记入基本养老保险统筹基金和个人账户。

个人账户不得提前支取，记账利率不得低于银行定期存款利率，免征利息税。参加职工基本养老保险的个人死亡后，其个人账户中的余额可以全部依法继承。

个人跨统筹地区就业的，其基本养老保险关系随本人转移，缴费年限累计计算。个人达到法定退休年龄时，基本养老金分段计算、统一支付。

（四）职工基本养老保险享受条件与待遇

1. 职工基本养老保险享受条件

（1）年龄条件：达到法定退休年龄。目前国家实行的法定的企业职工退休年龄是男的年满60周岁，女工人年满50周岁，女干部年满55周岁。从事井下、高温、高空、特别繁重体力劳动或其他有害身体健康工作的，退休年龄为男的年满55周岁，女的年满45周岁；因病或非因工致残，由医院证明并经劳动鉴定委员会确认完全丧失劳动能力的，退休年龄为男的年满50周岁，女的年满45周岁。

（2）缴费条件：累计缴费满15年。参加职工基本养老保险的个人，达到法定退休年龄时累计缴费满15年的，按月领取基本养老金。

2. 职工基本养老保险待遇

（1）职工基本养老金。对符合基本养老保险享受条件的人员，国家按月支付基本养老金。

（2）丧葬补助金和遗属抚恤金。参加基本养老保险的个人，因病或者非因工死亡的，其遗属可以领取丧葬补助金和抚恤金，所需资金从基本养老保险基金中支付。

但如果个人死亡同时符合领取基本养老保险丧葬补助金、工伤保险丧葬补助金和失业保险丧葬补助金条件的，其遗属只能选择领取其中的一项。

（3）病残津贴。参加基本养老保险的个人，在未达到法定退休年龄时因病或者非因工致残完全丧失劳动能力的，可以领取病残津贴，所需资金从基本养老保险基金中支付。

三、基本医疗保险

（一）基本医疗保险的含义

基本医疗保险是为补偿劳动者因疾病风险造成的经济损失而建立的一项社会保险制度。按照国家规定缴纳一定比例的医疗保险费，参保人员因患病和意外伤害就诊发生医疗费用后，由医疗保险经办机构给予一定的经济补偿，以避免或减轻劳动者因患病、治疗等所带来的经济风险。

（二）基本医疗保险的覆盖范围

1.职工基本医疗保险

职工应当参加职工基本医疗保险，由用人单位和职工按照国家规定共同缴纳基本医疗保险费。职工基本医疗保险费的征缴范围为国有企业、城镇集体企业、外商投资企业、城镇私营企业和其他城镇企业及其职工，国家机关及其工作人员，事业单位及其职工，民办非企业单位及其职工，社会团体及其专职人员。

无雇工的个体工商户、未在用人单位参加基本医疗保险的非全日制从业人员以及其他灵活就业人员可以参加职工基本医疗保险，由个人按照国家规定缴纳基本医疗保险费。

2.城乡居民基本医疗保险

城乡居民基本医疗保险制度覆盖除职工基本医疗保险应参保人员以外的其他所有城乡居民，统一保障待遇。

（三）基本医疗保险基金不支付的医疗费用

根据《社会保险法》第三十条规定，下列医疗费用不纳入基本医疗保险基金支付范围：应当从工伤保险基金中支付的；应当由第三人负担的；应当由公共卫生负担的；在境外就医的。

医疗费用依法应当由第三人负担，第三人不支付或者无法确定第三人的，由基本医疗保险基金先行支付。基本医疗保险基金先行支付后，有权向第三人追偿。

（四）医疗期

根据劳动部关于发布《企业职工患病或非因工负伤医疗期规定》的通知第二条规定，医疗期是指企业职工因患病或非因工负伤停止工作治病休息不得解除劳动合同的时限。

企业职工因患病或非因工负伤，需要停止工作，进行医疗时，根据本人实际参加工作年限和在本单位工作年限，给予3个月到24个月的医疗期。

实际工作年限10年以下的，在本单位工作年限5年以下的为3个月，5年以上的为6个月；实际工作年限10年以上的，在本单位工作年限5年以下的为6个月，5年以上10年以下的为9个月，10年以上15年以下的为12个月，15年以上20年以下的为18个月，20年以上的为24个月。

医疗期的计算从病休第一天开始，累计计算。医疗期3个月的按6个月内累计病休时间计算；6个月的按12个月内累计病休时间计算；9个月的按15个月内累计病休时间计算；12个月的按18个月内累计病休时间计算；18个月的按24个月内累计病休时间计算；24个月的按30个月内累计病休时间计算。

【例6-1】一名应享受3个月医疗期的职工，如果从2022年3月5日起第一次病休，则该职工医疗期应在3月5日至9月4日6个月内的时间段确定。假设到8月10日，该职工已累计病休3个月，即视为医疗期满。若该职工在8月11日至9月4日之间再次病休，就无法享受医疗期待遇。

病休期间，公休、假日和法定节日包括在内。根据《关于贯彻〈企业职工患病或非因工负伤医疗期的规定〉的通知》规定，对某些患特殊疾病（如痛症、精神病、瘫痪等）的职工，在24个月内尚不能痊愈的，经企业和当地劳动部门批准，可以适当延长医疗期。

3. 医疗期内的待遇

企业职工在医疗期内，其病假工资、疾病救济费和医疗待遇按照有关规定执行。病假工资或疾病救济费可以低于当地最低工资标准支付，但最低不能低于最低工资标准的80%。

医疗期内，除劳动者出现《劳动合同法》关于劳动者过错条款外，用人单位不得解除或终止合同。如医疗期内遇合同期满，则合同必须续延至医疗期满，职工在此期间仍然享受医疗期内待遇。

对医疗期满尚未痊愈者，或者医疗期满后，不能从事原工作，也不能从事用人单位另行安排的工作，被解除劳动合同的，用人单位需按经济补偿规定给予其经济补偿。

【例6-2】王某于2020年7月1日大学毕业后，首次在甲公司就业，与甲公司签订了2年期劳动合同。2022年3月1日，王某因病住院治疗1个月。2022年6月1日，王某再次因病住院。2022年7月1日，王某收到甲公司发来的解除劳动合同通知。2022年9月1日，王某治愈出院，向甲公司主张违法解除劳动合同的赔偿金。

（1）至王某因病住院治疗时，王某的实际工作年限及在甲公司的工作年限均少于2年，享受3个月医疗期期限，在6个月内累计计算。

（2）2022年7月1日，王某的医疗期未满（自第一次病休3月1日起刚满4个月，累计病休仅2个月；按本题案情，王某至8月1日才满足自第一次病休起6个月内累计病休3个月，医疗期至8月1日届满）。

（3）甲公司在王某医疗期未满时解除劳动合同，构成违法解除劳动合同，王某不要求继续履行劳动合同的，甲公司应当按照法定经济补偿金标准的2倍向劳动者支付赔偿金。

四、工伤保险

（一）工伤保险的含义

工伤保险，又称职业伤害保险。工伤保险是指通过社会统筹的办法，集中用人单位缴纳的工伤保险费，建立工伤保险基金，对劳动者在生产经营活动中遭受意外伤害或职业病，并由此造成死亡，暂时或永久丧失劳动能力时，给予劳动者及其实用性法定的医疗救治以及必要的经济补偿的一项社会保障制度。这种补偿既包括医疗、康复所需费用，也包括保障基本生活的费用。

（二）工伤保险的覆盖范围

工伤保险的覆盖范围包括中华人民共和国境内的企业、事业单位、社会团体、民办非企业单位、基金会、律师事务所、会计师事务所等组织和有职工的个体工商户。公务员和参照公务员法管理的事业单位、社会团体的工作人员因工作遭受事故伤害或者患职业病的，由所在单位支付费用。具体办法由国务院社会保险行政部门会同国务院财政部门规定。

1. 工伤范围

工伤是指职工在工作过程中因工作原因受到伤害或者患职业病，根据《工伤保险条例》第十四条的规定，职工有下列情形之一的，应当认定为工伤：

（1）在工作时间和工作场所内，因工作原因受到事故伤害的；

（2）工作时间前后在工作场所内，从事与工作有关的预备性或者收尾性工作受到事故伤害的；

（3）在工作时间和工作场所内，因履行工作职责受到暴力等意外伤害的；

（4）患职业病的；

（5）因公外出期间，由于工作原因受到伤害或者发生事故下落不明的；

（6）在上下班途中，受到非本人主要责任的交通事故或者城市轨道交通、客运轮渡、火车事故伤害的；

（7）法律、行政法规规定应当认定为工伤的其他情形。

2. 视同工伤的情形

根据《工伤保险条例》第十五条的规定，职工有下列情形之一的，视同工伤：

（1）在工作时间和工作岗位，突发疾病死亡或者在48小时之内经抢救无效死亡的；

（2）在抢险救灾等维护国家利益、公共利益活动中受到伤害的；

（3）职工原在军队服役，因战、因公负伤致残，已取得革命伤残军人证，到用人单位后旧伤复发的。

3. 不认定为工伤的情形

职工因下列情形之一导致本人在工作中伤亡的，不认定为工伤：

（1）故意犯罪；

（2）醉酒或者吸毒；

（3）自残或者自杀。

（三）工伤认定

1. 工伤认定的条件

职工发生事故伤害或者按照职业病防治法规定被诊断、鉴定为职业病，所在单位应当自事故伤害发生之日或者被诊断、鉴定为职业病之日起30日内，向统筹地区社会保险行政部门提出工伤认定申请。遇有特殊情况，经报社会保险行政部门同意，申请时限可以适当延长。

用人单位未按前款规定提出工伤认定申请的，工伤职工或者其近亲属、工会组织在事故伤害发生之日或者被诊断、鉴定为职业病之日起1年内，可以直接向用人单位所在地统筹地区社会保险行政部门提出工伤认定申请。

2. 劳动能力鉴定

职工发生工伤，经治疗伤情相对稳定后存在残疾、影响劳动能力的，应当进行劳动能力鉴定。劳动能力鉴定是指劳动功能障碍程度和生活自理障碍程度的等级鉴定。

劳动功能障碍分为十个伤残等级，最重的为一级，最轻的为十级，生活自理障碍分为三个等级：生活完全不能自理、生活大部分不能自理和生活部分不能自理。劳动能力鉴定标准由国务院社会保险行政部门会同国务院卫生行政部门等部门制定。

自劳动能力鉴定结论作出之日起1年后，工伤职工或者其近亲属、所在单位或者经办机构认为伤残情况发生变化的，可以申请劳动能力复查鉴定。

3. 认定所需交纳材料

提出工伤认定申请应当提交下列材料：

（1）工伤认定申请表；

（2）与用人单位存在劳动关系（包括事实劳动关系）的证明材料；

（3）医疗诊断证明或者职业病诊断证明书（或者职业病诊断鉴定书）。

工伤认定申请表应当包括事故发生的时间、地点、原因以及职工伤害程度等基本情况。工伤认定申请人提供的材料不完整的，社会保险行政部门应当一次性书面告知工伤认定申请人需要补正的全部材料。申请人按照书面告知要求补正材料后，社会保险行政部门应当受理。

（四）工伤保险待遇

职工因工作原因受到事故伤害或者患职业病，且经工伤认定的，享受工伤保险待遇；其中，经劳动能力鉴定丧失劳动能力的，享受伤残待遇。

1. 工伤医疗待遇

职工因工作遭受事故伤害或者患职业病进行治疗，享受工伤医疗待遇。包括：

（1）治疗工伤的医疗费用（诊疗费、医药费、住院费）。职工治疗工伤应当在签订服务协议的医疗机构就医，情况紧急时可以先到就近的医疗机构就诊。治疗工伤所需费用符合工伤保险诊疗项目目录、工伤保险药品目录、工伤保险住院服务标准的，从工伤保险基金支付。

（2）住院伙食补助费、交通食宿费。职工住院治疗工伤的伙食补助，以及经医疗机构出具证明，报经办机构同意，工伤职工到统筹地区以外就医所需的交通、食宿费用按标准从工伤保险基金支付。

（3）康复性治疗费。工伤职工到签订服务协议的医疗机构进行工伤康复的费用，符合规定的，从工伤保险基金支付。

（4）停工留薪期工资福利待遇。职工因工作遭受事故伤害或者患职业病需要暂停工作接受工伤医疗的，在停工留薪期内，原工资福利待遇不变，由所在单位按月支付。停工留薪期一般不超过12个月。伤情严重或者情况特殊，经设区的市级劳动能力鉴定委员会确认，可以适当延长，但延长不得超过12个月。工伤职工评定伤残等级后，停止享受停工留薪期待遇，按照规定享受伤残待遇。工伤职工在停工留薪期满后仍需治疗的，继续享受工伤医疗待遇。生活不能自理的工伤职工在停工留薪期需要护理的，由所在单位负责。但工伤职工治疗非因工伤引发的疾病，不享受工伤医疗待遇，按照基本医疗保险办法处理。

2. 辅助器具装配

工伤职工因日常生活或者就业需要，经劳动能力鉴定委员会确认，可以安装假肢、矫形器、假眼、假牙和配置轮椅等辅助器具，所需费用按照国家规定的标准从工伤保险基金支付。

3. 伤残待遇

（1）职工因工致残被鉴定为一级至四级伤残的，保留劳动关系，退出工作岗位，享受以下待遇：

从工伤保险基金按伤残等级支付一次性伤残补助金，标准为：一级伤残为24个月的本人工资，二级伤残为22个月的本人工资，三级伤残为20个月的本人工资，四级伤残为18个月的本人工资。

从工伤保险基金按月支付伤残津贴，标准为：一级伤残为本人工资的90%，二级伤残为本人工资的85%，三级伤残为本人工资的80%，四级伤残为本人工资的75%。伤残津贴实际金额低于当地最低工资标准的，由工伤保险基金补足差额。

工伤职工达到退休年龄并办理退休手续后，停发伤残津贴，享受基本养老保险待遇。基本养老保险待遇低于伤残津贴的，由工伤保险基金补足差额。

职工因工致残被鉴定为一级至四级伤残的，由用人单位和职工个人以伤残津贴为基数，缴纳基本医疗保险费。

（2）职工因工致残被鉴定为五级、六级伤残的，享受以下待遇：

从工伤保险基金按伤残等级支付一次性伤残补助金，标准为：五级伤残为14个月的本人工资；六级伤残为12个月的本人工资。

职工因工致残被鉴定为七级至十级伤残的，享受以下待遇：

从工伤保险基金按伤残等级支付一次性伤残补助金，标准为：七级伤残为12个月的本人工资；八级伤残为10个月的本人工资；九级伤残为8个月的本人工资；十级伤残为6个月的本人工资。

劳动合同期满终止，或者职工本人提出解除劳动合同的，由用人单位支付一次性工伤医疗补助金和伤残就业补助金。具体标准由省、自治区、直辖市人民政府规定。

4. 工亡待遇

职工因工死亡，或者伤残职工在停工留薪期内因工伤导致死亡的，其近亲属按照规定从工伤保险基金领取丧葬补助金、供养亲属抚恤金和一次性工亡补助金。

丧葬补助金为6个月的统筹地区上年度职工月平均工资。

工伤亲属抚恤金按照职工本人工资的一定比例发给由因工死亡职工生前提供主要生活来源、无劳动能力的亲属，标准为：配偶每月40%，其他亲属每人每月30%，孤寡老人或者孤儿每人每月在上述标准的基础上增加10%。核定的各供养亲属的抚恤金之和不应高于因工死亡职工生前的工资。供养亲属的具体范围由国务院劳动保障行政部门规定。

一次性工亡补助金标准为48个月至60个月的统筹地区上年度职工月平均工资。具体标准由统筹地区的人民政府根据当地经济、社会发展状况规定，报省、自治区、直辖市人民政府备案。

（五）工伤保险待遇负担

因工伤发生的下列费用，按照国家规定从工伤保险基金中支付：治疗工伤的医疗费用和康复费用；住院伙食补助费；到统筹地区以外就医的交通食宿费；安装配置伤残辅助器具所需费用；生活不能自理的，经劳动能力鉴定委员会确认的生活护理费；一次性伤残补助金和一级至四级伤残职工按月领取的伤残津贴；终止或者解除劳动合同时，应当享受的一次性医疗补助金；因工死亡的，其遗属领取的丧葬补助金、供养亲属抚恤金和因工死亡补助金；劳动能力鉴定费。

因工伤发生的下列费用，按照国家规定由用人单位支付：治疗工伤期间的工资福利；五级、六级伤残职工按月领取的伤残津贴；终止或者解除劳动合同时，应当享受的一次性伤残就业补助金。

（六）特别规定

（1）工伤保险中所称的本人工资，是指工伤职工因工作遭受事故伤害或者患职业病前12个月平均月缴费工资。本人工资高于统筹地区职工平均工资300%的，按照统筹地区职工平均工资的300%计算。本人工资低于统筹地区职工平均工资60%的，按照统筹地区职工平均工资的60%计算。

（2）工伤职工有下列情形之一的，停止享受工伤保险待遇：丧失享受待遇条件的；拒不接受劳动能力鉴定的；拒绝治疗的。

（3）工伤职工符合领取基本养老金条件的，停发伤残津贴，享受基本养老保险待遇。基本养老保险待遇低于伤残津贴的，由工伤保险基金补足差额。

（4）职工所在用人单位未依法缴纳工伤保险费，发生工伤事故的，由用人单位支付工伤保险待遇。用人单位不支付的，从工伤保险基金中先行支付，由用人单位偿还。用人单位不偿还的，社会保险经办机构可以追偿。

（5）由于第三人的原因造成工伤，第三人不支付工伤医疗费用或者无法确定第三人的，由工伤保险基金先行支付。工伤保险基金先行支付后，有权向第三人追偿。

（6）职工（包括非全日制从业人员）在两个或者两个以上用人单位同时就业的，各用人单位应当分别为职工缴纳工伤保险费。职工发生工伤，由职工受到伤害时工作的单位依法承担工伤保险责任。

【例6-3】李某与甲公司签订了为期3年的劳动合同，2022年6月合同期满后，双方未续订，但公司继续安排李某在原岗位工作，并向其支付相应的劳动报酬。2022年8月10日，李某上班时因履行工作职责不慎受伤，经当地社会保险行政部门认定为工伤。公司认为与李某的劳动合同已期满终止，公司不用再为其缴纳工伤保险费，也无须支付工伤保险待遇。李某则要求公司支付工伤保险待遇。分析双方的观点是否符合法律规定。

李某与甲公司的劳动合同虽期满后未续订，但公司让李某继续原来的工作，并向其支付相应劳动报酬，已构成事实上的劳动关系，同样受法律保护。李某在此期间发生工伤，享受工伤保险待遇，甲公司应支付工伤保险待遇。在甲公司不支付的情况下，从工伤保险基金中先行支付，由甲公司偿还。

五、失业保险

（一）失业保险的含义

失业保险是指国家通过立法强制实行的，由用人单位、职工个人缴费及国家财政补贴等渠道筹集资金建立失业保险基金，对因失业而暂时中断生活来源的劳动者提供物质帮助以保障其基本生活，并通过专业训练、职业介绍等手段为其再就业创造条件的制度。

（二）失业保险费的缴纳

职工应当参加失业保险，由用人单位和职工按照国家规定共同缴纳失业保险费。失业保险费的征缴范围：国有企业、城镇集体企业、外商投资企业、城镇私营企业和其他城镇企业（以下统称"城镇企业"）及其职工，事业单位及其职工。

根据《失业保险条例》（国务院令第258号）对失业保险费缴纳的规定，城镇企业事业单位应按照本单位工资总额的1%～1.5%缴纳失业保险费。单位职工按照本人工资的0.5%缴纳失业保险费。城镇企业事业单位招用的农民合同制工人本人不缴纳失业保险费。

（三）失业保险的待遇

1. 失业保险待遇的享受条件

失业人员符合下列条件的，可以申请领取失业保险金并享受其他失业保险待遇：

（1）失业前用人单位和本人已经缴纳失业保险费满1年的。

（2）非因本人意愿中断就业的，包括以下情形：①终止劳动合同的；②被用人单位解除劳动合同的；③被用人单位开除、除名和辞退的；④用人单位以暴力、威胁或者非法限制人身自由的手段强迫劳动，劳动者解除劳动合同的；⑤用人单位未按照劳动合同约定支付劳动报酬或者提供劳动条件，劳动者解除劳动合同的；⑥法律、行政法规另有规定的。

（3）已经进行失业登记，并有求职需求的。

2. 失业保险金的领取期限

用人单位应当及时为失业人员出具终止或者解除劳动关系的证明，将失业人员的名单自终止或者解除劳动关系之日起7日内报受理其失业保险业务的经办机构备案，并按要求提供终止或解除劳动合同证明等有关材料。失业人员到公共就业服务机构或社会保险经办机构申领失业保险金，受理其申请的机构都应一并办理失业登记和失业保险金发放。失业人员可凭社会保障卡或身份证件申领失业保险金，可不提供解除或者终止劳动关系、失业登记证明等材料。失业保险金自办理失业登记之日起计算。

失业人员失业前用人单位和本人累计缴费满1年不足5年的，领取失业保险金的期限最长为12个月。累计缴费满5年不足10年的，领取失业保险金的期限最长为18个月。累计缴费10年以上的，领取失业保险金的期限最长为24个月。重新就业后，再次失业的，缴费时间重新计算，领取失业保险金的期限与前次失业应当领取尚未领取的失业保险金的期限合并计算，最长不超过 24 个月。失业人员因当期不符合失业保险金领取条件的，原有缴费时间予以保留，重新就业并参保的，缴费时间累计计算。根据人力资源和社会保障部、财政部《关于扩大失业保险保障范围的通知》，自 2019 年 12 月起，延长大龄失业人员领取失业保险金期限，对领取失业保险金期满仍未就业且距法定退休年龄不足 1 年的失业人员，可继续发放失业保险金至法定退休年龄。

3. 失业保险金的发放标准

失业保险金的标准，不得低于城市居民最低生活保障标准。一般也不高于当地最低工资标准，具体数额由省、自治区、直辖市人民政府确定。

4. 其他失业保险待遇

（1）领取失业保险金期间享受基本医疗保险待遇。

失业人员在领取失业保险金期间，参加职工基本医疗保险，享受基本医疗保险待遇。失业人员应当缴纳的基本医疗保险费从失业保险基金中支付，个人不缴纳基本医疗保险费。

（2）领取失业保险金期间的死亡补助。

失业人员在领取失业保险金期间死亡的，参照当地对在职职工死亡的规定，向其遗属发给一次性丧葬补助金和抚恤金。所需资金从失业保险基金中支付。

个人死亡同时符合领取基本养老保险丧葬补助金、工伤保险丧葬补助金和失业保险丧葬补助金条件的，其家属只能选择领取其中的一项。

（3）职业介绍与职业培训补贴。失业人员在领取失业保险金期间，应当积极求职，接受职业介绍和职业培训。失业人员接受的职业介绍，职业培训的补贴由失业保险基金按照规定支付。补贴的办法和标准由省、自治区、直辖市人民政府规定。

（4）国务院规定或者批准的与失业保险有关的其他费用。

（四）停止享受失业保险待遇的情形

失业人员在领取失业保险金期间有下列情形之一的，停止领取失业保险金，并同时停止享受其他失业保险待遇：（1）重新就业的；（2）应征服兵役的；（3）移居境外的；（4）享受基本养老保险待遇的；（5）被判刑收监执行的；（6）无正当理由，拒不接受当地人民政府指定部门或者机构介绍的适当工作或者提供的培训的；（7）有法律、行政法规规定的其他情形的。

【例 6-4】孙某大学毕业后到甲公司工作。公司与其签订了 2019 年 7 月 1 日至 2022 年 6 月 30 日的 3 年期合同，并为其办理了失业保险。因孙某严重违反单位规章制度，公司于 2021 年 12 月 31 日解除了劳动合同。此后孙某一直未能找到工作，遂于 2022 年 4 月 1 日办理了失业登记。分析孙某领取失业保险金的期限。

孙某在甲公司累计缴纳社会保险费的时间为两年半，满 1 年不足 5 年，故领取失业保险金的期限最长为 12 个月；又因失业保险金领取期限自办理失业登记之日起计算，所以孙某领取失业保险金的期限最长为 2022 年 4 月 1 日至 2023 年 3 月 31 日。

六、社会保险费的征缴与管理

（一）社会保险登记

用人单位的社会保险登记。根据《社会保险费征缴暂行条例》的规定，企业在办理登记注册时，同步办理社会保险登记。企业以外的缴费单位应当自成立之日起 30 日内，向当地社会保险经办机构申请办理社会保险登记。

个人的社会保险登记。用人单位应当自用工之日起 30 日内为其职工向社会保险经办机构申请社会保险登记。

自愿参加社会保险的无雇工的个体工商户，未在用人单位参加社会保险的非全日制从业人员以及其他灵活就业人员，应当向社会保险经办机构申请办理社会保险登记。

（二）社会保险费缴纳

用人单位应当自行申报、按时足额缴纳社会保险费，非因不可抗力等法定事由不得缓缴、减免。

职工应当缴纳的社会保险费由用人单位代扣代缴，用人单位应当按月将缴纳社会保险费的明细情况告知本人。

无雇工的个体工商户、未在用人单位参加社会保险的非全日制从业人员以及其他灵活就业人员，可以直接向社会保险费征收机构缴纳社会保险费。

根据中共中央《深化党和国家机构改革方案》，为提高社会保险资金征管效率，将基本养老保险费、基本医疗保险费、失业保险费等各项社会保险费交由税务部门统一征收。按照改革相关部署，自 2019 年 1 月 1 日起由税务部门统一征收各项社会保险费和先行划转的非税收入。根据国务院办公厅 2019 年 4 月 1 日《关于印发降低社会保险费率综合方案的通知》的规定，企业职工基本养老保险和企业职工其他险种缴费，原则上暂按现行征收体制继续征收，稳定缴费方式，"成熟一省、移交一省"；机关事业单位社保费和城乡居民社保费征管职责如期划转。

（三）社会保险基金管理

除基本医疗保险基金与生育保险基金合并建账及核算外，其他各项社会保险基金按照社会保险险种分别建账，分账核算，执行国家统一的会计制度。社会保险基金专款专用，任何组织和个人不得侵占或者挪用。

社会保险基金存入财政专户，按照统筹层次设立预算，通过预算实现收支平衡。除基本医疗保险基金与生育保险基金预算合并编制外，其他社会保险基金预算按照社会保险项目分别编制。县级以上人民政府在社会保险基金出现支付不足时，给予补贴。社会保险经办机构应当定期向社会公布参加社会保险情况以及社会保险基金的收入、支出、结余和收益情况。

社会保险基金在保证安全的前提下，按照国务院规定投资运营实现保值增值。不得违规投资运营，不得用于平衡其他政府预算，不得用于兴建、改建办公场所和支付人员经费、运行费用、管理费用，或者违反法律、行政法规规定挪作其他用途。

七、违反社会保险法律制度的法律责任

（一）用人单位违反《社会保险法》的法律责任

用人单位不办理社会保险登记的，由社会保险行政部门责令限期改正；逾期不改正的，对用人单位处应缴社会保险费数额一倍以上三倍以下的罚款，对其直接负责的主管人员和其他直接责任人员处 500 元以上 3000 元以下的罚款。

用人单位拒不出具终止或者解除劳动关系证明的，依照《劳动合同法》的规定处理。

用人单位未按时足额缴纳社会保险费的，由社会保险费征收机构责令限期缴纳或者补足，并自欠缴之日起，按日加收万分之五的滞纳金；逾期仍不缴纳的，由有关行政部门处欠缴数额一倍以上三倍以下的罚款。

（二）骗保行为的法律责任

社会保险经办机构以及医疗机构、药品经营单位等社会保险服务机构以欺诈、伪造证明材料或者其他手段骗取社会保险基金支出的，由社会保险行政部门责令退回骗取的社会保险基金，处骗取金额二倍以上五倍以下的罚款；属于社会保险服务机构的，解除服务协议；直接负责的主管人员和其他直接责任人员有执业资格的，依法吊销其执业资格。

以欺诈、伪造证明材料或者其他手段骗取社会保险待遇的，由社会保险行政部门责令退回骗取的社会保险金，处骗取金额二倍以上五倍以下的罚款。

（三）社会保险经办机构、社会保险费征收机构、社会保险服务机构等机构的法律责任

（1）社会保险经办机构及其工作人员有下列行为之一的，由社会保险行政部门责令改正；给社会保险基金、用人单位或者个人造成损失的，依法承担赔偿责任；对直接负责的主管人员和其他直接责任人员依法给予处分：未履行社会保险法定职责的；未将社会保险基金存入财政专户的；克扣或者拒不按时支付社会保险待遇的；丢失或者篡改缴费记录、享受社会保险待遇记录等社会保险数据、个人权益记录的；有违反社会保险法律法规的其他行为的。

（2）社会保险费征收机构擅自更改社会保险费缴费基数、费率，导致少收或者多收社会保险费的，由有关行政部门责令其追缴应当缴纳的社会保险费或者退还不应当缴纳的社会保险费；对直接负责的主管人员和其他直接责任人员依法给予处分。

（3）违反《社会保险法》规定，隐匿、转移、侵占、挪用社会保险基金或者违规投资运营的，由社会保险行政部门、财政部门、审计机关责令追回；有违法所得的，没收违法所得；对直接负责的主管人员和其他直接责任人员依法给予处分。

（4）社会保险行政部门和其他有关行政部门、社会保险经办机构、社会保险费征收机构及其工作人员泄露用人单位和个人信息的，对直接负责的主管人员和其他直接责任人员依法给予处分；给用人单位或者个人造成损失的，应当承担赔偿责任。

（5）国家工作人员在社会保险管理、监督工作中滥用职权、玩忽职守、徇私舞弊的，依法给予处分。

（6）违反《社会保险法》规定，构成犯罪的，依法追究刑事责任。

任务二　社会保险费的计算与纳税申报

一、基本养老保险费的计算

（一）单位缴费

1. 缴费基数

用人单位应当按照国家规定的本单位职工工资总额的比例缴纳基本养老保险费，加入基本养老保险统筹基金。

2. 缴费比例

根据国务院办公厅印发的《降低社会保险费率综合方案》，自2019年5月1日起，降低城镇职工基本养老保险（包括企业和机关事业单位基本养老保险）单位缴费比例。各省、自治区、直辖市及新疆生产建设兵团养老保险单位缴费比例高于16%的，可降至16%；目前低于16%的，要研究提出过渡办法。

（二）个人缴费

1. 缴费基数

缴费基数，也称缴费工资基数，一般为职工本人上一年度月平均工资，有条件的地区也可以本人上月工资收入为个人缴费工资基数。月平均工资按照国家统计局规定列入工资总额统计的项目计算，包括工资、奖金、津贴、补贴等收入，不包括用人单位承担或者支付给员工的社会保险费、劳动保护费、福利费、用人单位与员工解除劳动关系时支付的一次性补偿以及计划生育费用等其他不属于工资的费用。新招职工（包括研究生、大学生、大中专毕业生等）以起薪当月工资收入作为缴费工资基数；从第二年起，按上一年实发工资的月平均工资作为缴费工资基数。

本人月平均工资低于当地职工月平均工资60%的，按当地职工月平均工资的60%作为缴费基数。本人月平均工资高于当地职工月平均工资300%的，按当地职工月平均工资的300%作为缴费基数，超过部分不计入缴费工资基数，也不计入计发养老金的基数。各省应以本省城镇非私营单位就业人员平均工资和城镇私营单位就业人员平均工资加权计算的全口径城镇单位就业人员平均工资，核定社保个人缴费基数上下限。

2.缴费比例按照现行政策，职工个人按照本人缴费工资的8%缴纳，记入个人账户。

3.计算公式

个人养老账户月缴费额的计算公式为：

$$个人养老账户月缴费额＝本人月缴费工资×缴费比例$$

（三）城镇个体工商户和灵活就业人员

1.缴费基数

各省应以本省城镇非私营单位就业人员平均工资和城镇私营单位就业人员平均工资加权计算的全口径城镇单位就业人员平均工资，核定社保个人缴费基数上下限。城镇个体工商户和灵活就业人员按照上述口径计算的本地全口径城镇单位就业人员平均工资核定社保个人费基数上下限，允许缴费人在60%～300%选择适当的缴费基数。

2.缴费比例

缴费比例为20%，其中8%记入个人账户。

【例6-5】2022年甲公司职工李某月平均工资为2800元，甲公司所在地月最低工资标准为2000元，职工月平均工资为5000元。计算2023年甲公司每月从李某工资中代扣代缴的职工基本养老保险费。

（1）李某月平均工资为2800元，低于当地职工月平均工资的60%（3000元），按当地职工月平均工资的60%作为缴费基数。

（2）职工基本养老保险的个人缴费率为8%。因此，甲公司每月从李某工资中代扣代缴的基本养老保险数额：5000×60%×8%＝240（元）。

【例6-6】乙公司职工赵某已参加职工基本养老保险，月工资为15000元。已知乙公司所在地职工月平均工资为3500元，月最低工资标准为2500元。计算赵某每月应由个人缴纳的基本养老保险费。

（1）赵某本人的月工资高于当地职工月平均工资（3500元）的300%，应以当地职工月平均工资的300%作为缴费基数。

（2）职工基本养老保险的个人缴费率为8%。因此，本题赵某应当缴纳的基本养老保险费：3500×300%×8%＝840（元）。

二、基本医疗保险费的计算

（一）职工基本医疗保险的缴纳

基本医疗保险与基本养老保险一样采用"统账结合"模式，即分别设立社会统筹基金和个人账户基金，基本医疗保险基金由统筹基金和个人账户构成。

1. 单位缴费

由统筹地区统一确定适合当地经济发展水平的基本医疗保险单位缴费率，一般为职工工资总额的 6% 左右。用人单位缴纳的基本医疗保险费分为两部分，一部分用于建立统筹基金，另一部分划入个人账户。

2. 基本医疗保险个人账户的资金来源

（1）个人缴费部分。由统筹地区统计确定适合当地职工负担水平的基本医疗保险个人缴费率，一般为本人工资收入的 2%。

（2）用人单位缴费的划入部分，由统筹地区根据个人医疗账户的支付范围和职工年龄等因素确定用人单位所缴医疗保险费划入个人医疗账户的具体比例，一般为 30% 左右。

【例 6-7】甲公司职工周某的月工资为 6500 元，已知当地职工基本医疗保险的单位缴费率为 6%，职工个人缴费率为 2%，用人单位所缴医疗保险费划入个人医疗账户的比例为 30%。计算周某个人医疗保险账户每月资金增加额。

（1）周某每月从工资中扣除的金额：6500×2% = 130（元）

（2）单位每月缴费转入周某个人账户额：6500×6%×30% = 117（元）

（3）周某个人医疗保险账户每月的增加额：130 + 117 = 247（元）

3. 退休人员基本医疗保险费的缴纳

参加职工基本医疗保险的个人，达到法定退休年龄时累计缴费达到国家规定年限的，退休后不再缴纳基本医疗保险费，按照国家规定享受基本医疗保险待遇；未达到国家规定缴费年限的，可以缴费至国家规定年限。

目前对最低缴费年限没有全国统一的规定，由各统筹地区根据本地情况确定。

（二）职工基本医疗费用的结算

参保人员符合基本医疗保险药品目录、诊疗项目、医疗服务设施标准以及急诊、抢救的医疗费用，按照国家规定从基本医疗保险基金中支付；参保人员医疗费用中应当由基本医疗保险基金支付的部分，由社会保险经办机构与医疗机构、药品经营单位直接结算。

要享受基本医疗保险待遇一般要符合以下条件：参保人员必须到基本医疗保险的定点医疗机构就医、购药或到定点零售药店购买药品；参保人员在看病就医过程中所发生的医疗费用必须符合基本医疗保险药品目录、诊疗项目、医疗服务设施标准的范围和给付标准。

支付标准规定如下：参保人员符合基本医疗保险支付范围的医疗费用中，在社会医疗统筹基金起付标准以上与最高支付限额以下的费用部分，由社会医疗统筹基金按一定比例（一般为当地职工年平均工资的 10%～600%）支付，支付比例一般为 90%；参保人员符合基本医疗保险支付范围的医疗费用中，在社会医疗统筹基金起付标准以下的费用部分，由个人账户资金支付或个人自付；统筹基金起付线以上至封闭线以下的费用部分，个人也要承担一定比例的费用，一般为 10%，可由个人账户支付也可自付；参保人员在封顶线以上的医疗费用部分，可以通过单位补充医疗保险或参加商业保险等途径解决。

【例6-8】假定甲市职工年平均工资为28800元，基本医疗保险起付标准为当地职工年平均工资的10%，最高支付限额为当地职工年平均工资的6倍，医保报销比例为90%；参保人田某发生医疗费用200000元、刘某发生医疗费用8000元、王某发生的医疗费用1000元，三人发生的医疗费用均在规定的医疗目录内，无其他补充社会保险或商业保险。分析计算哪些费用可以从统筹账户中报销，哪些费用需由三位参保人自理。

（1）田某发生的医疗费用200000元中：

医保支付：(172800－2880)×90%＝152928（元）

个人支付：200000－152928＝47072（元）

（2）刘某发生的医疗费用8000元中：

医保支付：(8000－2880)×90%＝4608（元）

个人支付：8000－4608＝3392（元）

（3）王某发生的医疗费用1000元，全额个人负担。

三、工伤保险费的计算

（一）缴费基数

本人月平均工资低于当地职工月平均工资60%的，按当地职工月平均工资的60%作为缴费基数。本人月平均工资高于当地职工月平均工资300%的，按当地职工月平均工资的300%作为缴费基数，超过部分不计入缴费工资基数。各省应以本省城镇非私营单位就业人员平均工资和城镇私营单位就业人员平均工资加权计算的全口径城镇单位就业人员平均工资，核定社保个人缴费基数上下限。

（二）缴费比例

由于行业不同，工伤保险的缴费也不一样，工伤风险程度对工伤保险缴费费率及类别也不同。个人不得纳入工伤保险。

1. 一类行业，风险较小，使用缴费比例为0.2%

软件和信息技术服务业，货币金融服务，资本市场服务，保险业，其他金融业，科技推广和应用服务业，社会工作，广播、电视、电影和影视录音制作业，中国共产党机关，国家机构，人民政协、民主党派，社会保障，群众团体、社会团体和其他成员组织，基层群众自治组织，国际组织。

2. 二类行业，风险上升，使用缴费比例为0.4%

批发业，零售业，仓储业，邮政业，住宿业，餐饮业，电信、广播电视和卫星传输服务，互联网和相关服务，房地产业，租赁业，商务服务业，研究和试验发展，专业技术服务业，居民服务业，其他服务业，教育，卫生，新闻和出版业，文化艺术业。

3. 三类行业，使用缴费比例为0.7%

农副食品加工业，食品制造业，酒、饮料和精制茶制造业，烟草制品业，纺织业，木材加工和木、竹、藤、棕、草制品业，文教、美工、体育和娱乐用品制造业，计算机、通信和其他电子设备制造业，仪器仪表制造业，其他制造业，水的生产和供应业，机动车、电子产品和日用产品修理业，水利管理业，生态保护和环境治理业，公共设施管理业，娱乐业。

4. **四类行业**，使用缴费比例为 0.9%

农业，畜牧业，农、林、牧、渔服务业，纺织服装、服饰业，皮革、毛皮、羽毛及其制品和制鞋业，印刷和记录媒介复制业，医药制造业，化学纤维制造业，橡胶和塑料制品业，金属制品业，通用设备制造业，专用设备制造业，汽车制造业，铁路、船舶、航空航天和其他运输设备制造业，电气机械和器材制造业，废弃资源综合利用业，金属产品、机械和设备修理业，电力、热力生产和供应业，燃气生产和供应业，铁路运输业，航空运输业，管道运输业，体育。

5. **五类行业**，使用缴费比例为 1.1%

林业，开采辅助活动，家具制造业，造纸和纸制品业，建筑安装业，建筑装饰和其他建筑业，道路运输业，水上运输业，装卸搬运和运输代理业。

6. **六类行业**，使用缴费比例为 1.3%

渔业，化学原料和化学制品制造业，非金属矿物制品业，黑色金属冶炼和压延加工业，有色金属冶炼和压延加工业，房屋建筑业，土木工程建筑业。

7. **七类行业**，使用缴费比例为 1.6%

石油和天然气开采业，其他采矿业，石油加工、炼焦和核燃料加工业。

8. **八类行业**，使用缴费比例为 1.9%

煤开采和洗选业，黑色金属矿采选业，有色金属矿采选业，非金属矿采选业。

【例6-9】黄某每月工资为4500元，主要从事房屋建筑业，其所在地区上一年度全省全口径城镇单位就业人员平均工资（以下简称"全口径省平工资"）为6210元，请问黄某该公司需要为其缴纳多少的工伤保险费？他自己又需要承担多少呢？

（1）确定缴费基数：工伤保险的最低缴费基数为3726（元）（6210×60%），工伤保险的最高缴费基数为18630（元）（6210×300%），黄某工资4500元大于3726元且小于18630元，所以缴费基数为4500元。

（2）黄某所在行业为建筑行业，试用缴费比例为第六大类的1.3%。综上，黄某单位应缴纳的工伤保险费＝4500×1.3%＝58.5（元），而黄某个人需要的缴费数为0。

四、失业保险费的计算

（一）缴费基数

本人月平均工资低于当地职工月平均工资60%的，按当地职工月平均工资的60%作为缴费基数，本人月平均工资高于当地职工月平均工资300%的，按当地职工月平均工资的300%作为缴费基数，超过部分不计入缴费工资基数。各省应以本省城镇非私营单位就业人员平均工资和城镇私营单位就业人员平均工资加权计算的全口径城镇单位就业人员平均工资，核定社保个人缴费基数上下限。

（二）缴费比例

工伤保险单位及个人缴费比例一般分别为 0.6%、0.4%，各地区政策不同，可能涉及的缴费比例不同。

【例 6-10】 黄某每月工资为 25430 元，其所在地区上一年度全口径省平工资为 6210 元，请问黄某所在公司需要为其缴纳多少的失业保险费？他自己又需要承担多少呢？

（1）确定缴费基数：失业保险的最低缴费基数为 3726（6210×60%）元，失业保险的最高缴费基数为 18630（6210×300%）元，因黄某工资 25430 元大于 18630 元，所以缴费基数为 18630 元。

（2）黄某单位应缴纳的失业保险费：18630×0.6% = 111.78（元）；

（3）黄某个人需要的缴费数：18630×0.4% = 74.52（元）。

【例 6-11】 甲公司职工郑某月工资 5000 元，已知该企业适用的职工基本养老保险费率为职工工资总额的 16%、职工基本医疗保险费率为 6%、失业保险总费率为 1%、失业保险的单位缴费率为 0.6%、工伤保险费率为 0.8%；医疗保险个人缴费率为 2%。

（1）应由郑某个人负担的基本社会保险费（由用人单位代扣代缴）：养老保险费 400（5000×8%）元；医疗保险费 100（5000×2%）元；失业保险费 20［5000×（1%—0.6%）］元；共缴社会保险费 520［（400＋100＋20）元］。

（2）单位应为其缴纳的社会保险费：养老保险费 800（5000×16%）元；医疗保险费 300（5000×6%）元；工伤保险费 40（5000×0.8%）元；失业保险费 30（5000×0.6%）元；共缴社会保险费 1170［（800＋300＋30＋40）元］。

任务三　社会保险费智能申报实训

社会保险费的报税流程包括增员操作和社会保险费申报两个环节，下面介绍详细的申报流程。

一、增员的操作步骤

（1）登录福建省人力资源社会保障 12333 公共服务平台，选择"业务办理"—"社保网上申报"，如图 6-1、图 6-2 所示。

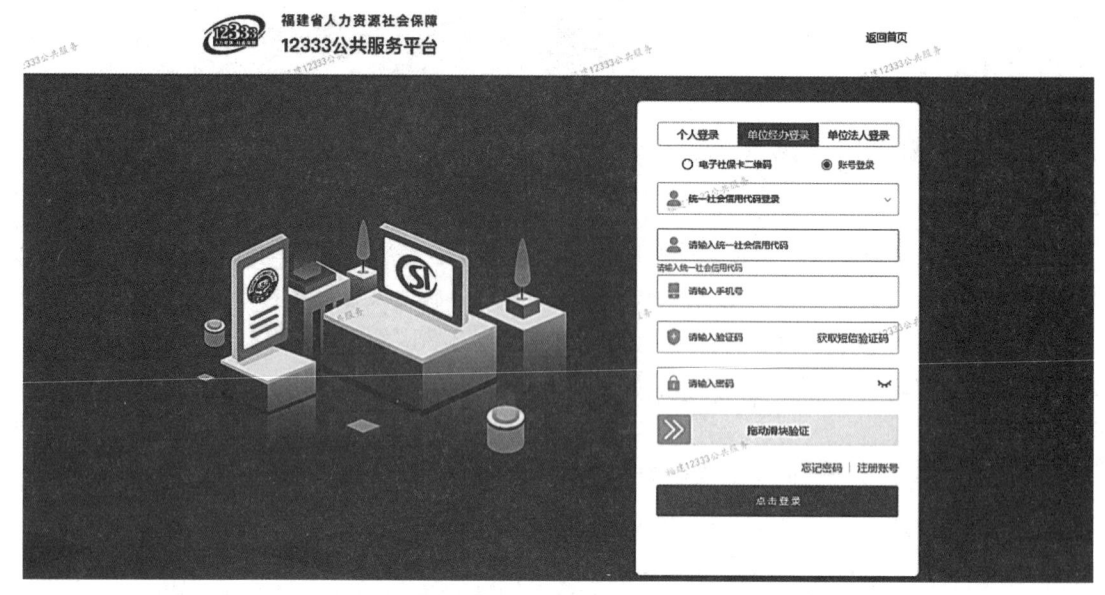

图6-1 登录福建省人力资源社会保障12333公共服务平台

图6-2 选择"业务办理"

（2）选择"增员减员申报"—"增员申报"，如图6-3所示。

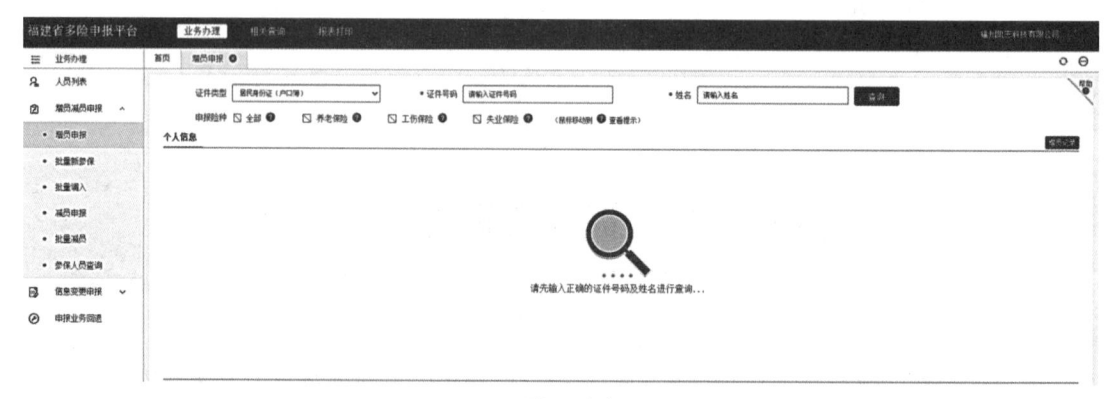

图6-3 增员申报选项

（3）输入证件号码和姓名，点击"查询"，就会弹出相关信息，我们按照从上到下的顺序依次填写，如图6-4所示。

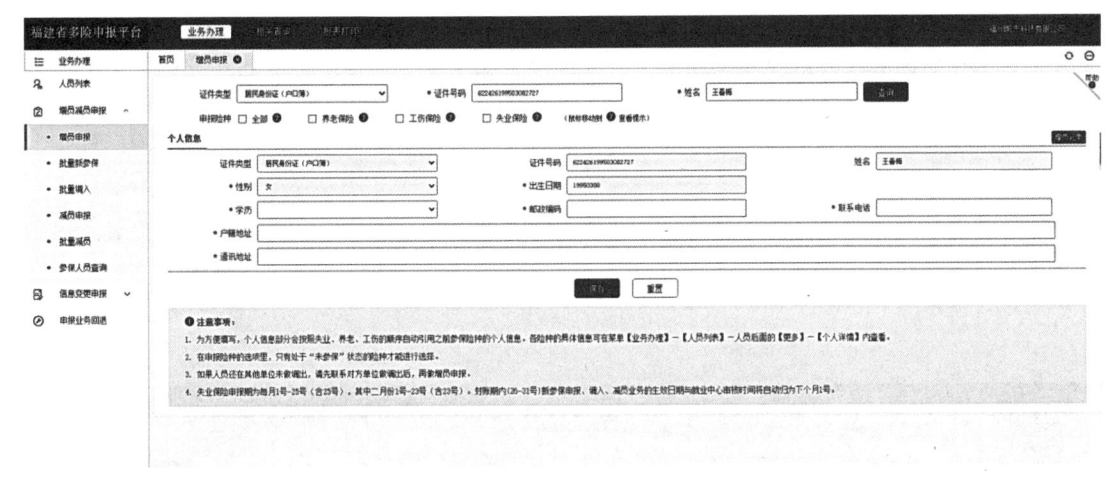

图6-4 个人信息填写

（4）填写完毕，保存后可以在弹窗看到提交结果，如图6-5所示。

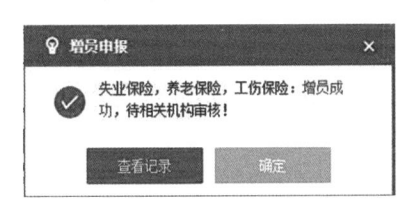

图6-5 提交结果

（5）如果增员人数较多，可以直接选择"批量新参保"，如图6-6所示。

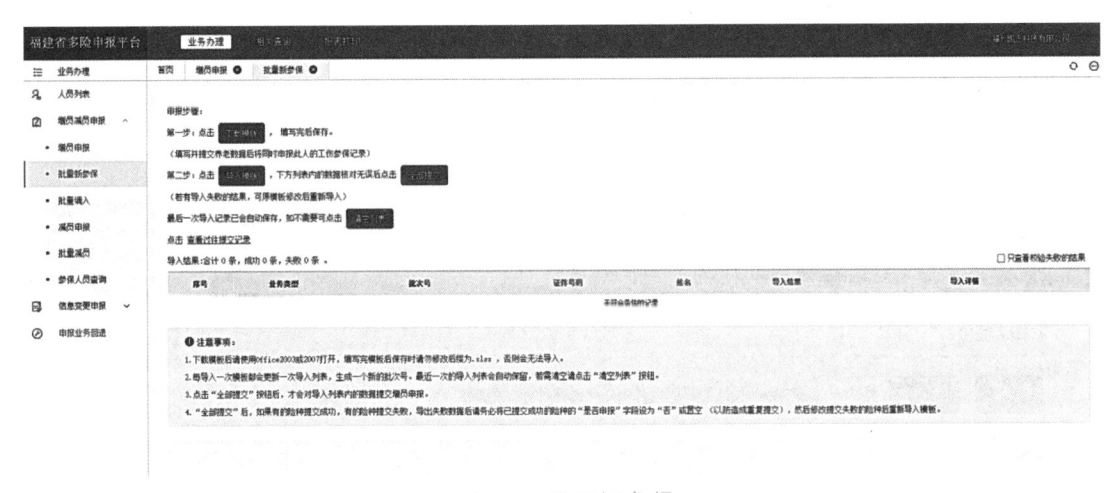

图6-6 批量新参保

（6）提交受理，查看结果。提交数据后，在"相关查询"模块中查看处理结果，如图6-7所示。

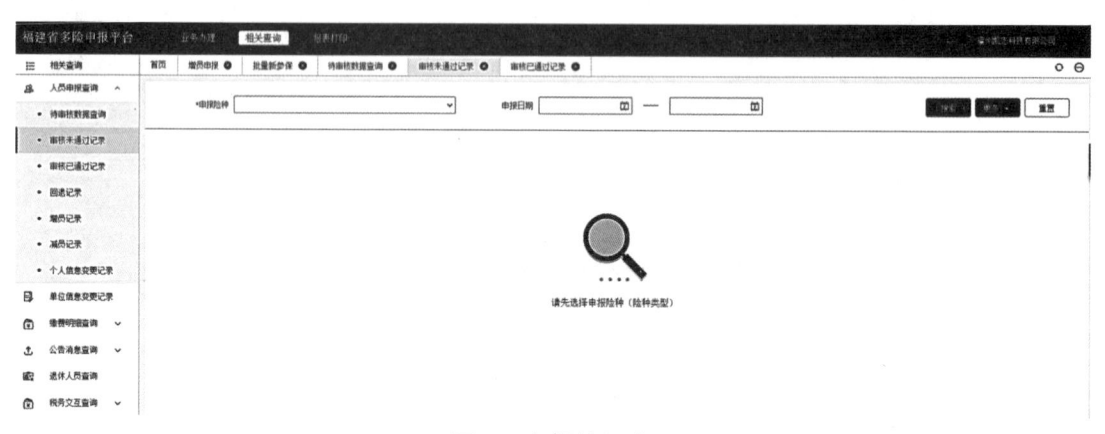

图6-7 申报结果表

二、社会保险费申报的操作步骤

（1）打开社保费管理客户端，选择已验证的用户进行登录，登录时需要验证申报密码，如图6-8所示。

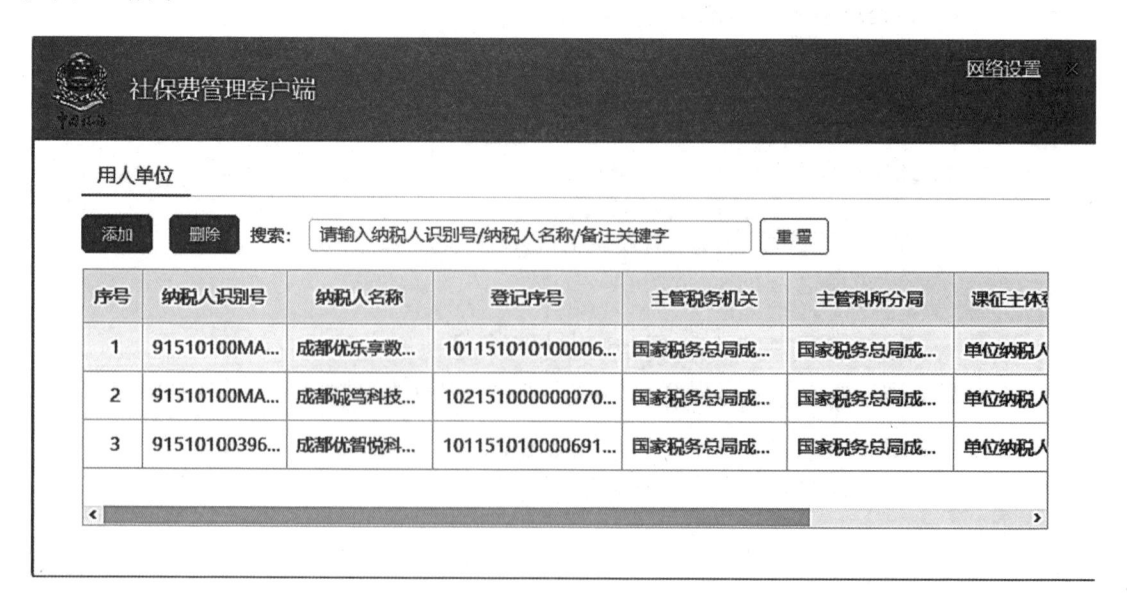

图6-8 社保费管理客户端

初始化信息共七项，第七项获取待批扣清册数据为获取医保征集信息，未获取不影响继续使用，直接点击"确定跳过"即可。

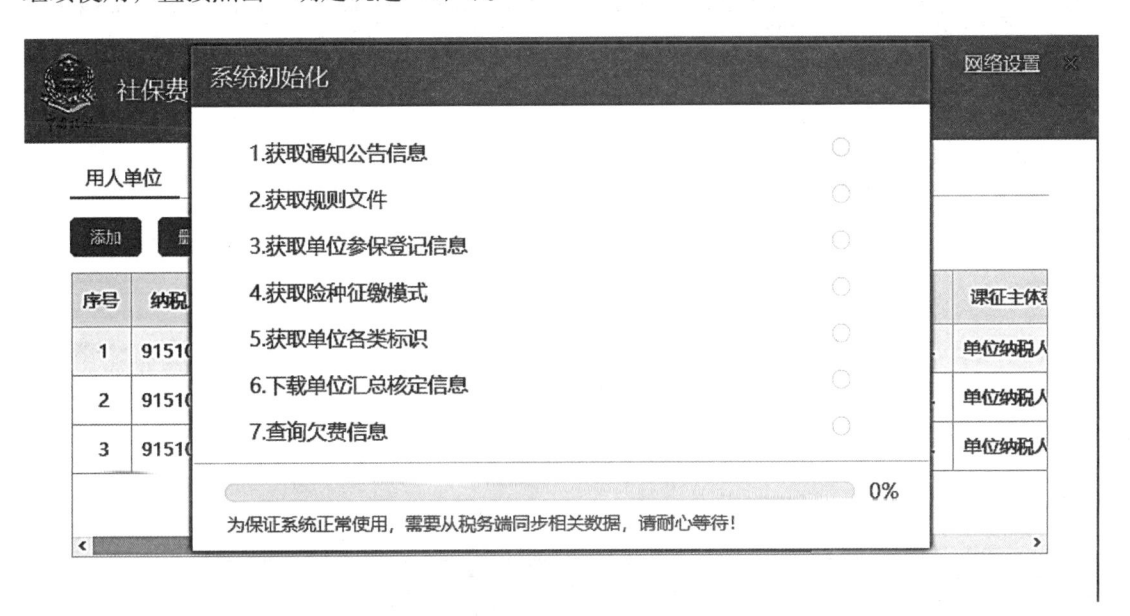

图6-9 系统初始化

（2）选择"社保费申报"—"日常申报"—"提交申报"，如图6-10所示。

图6-10 社保费申报

（3）点击菜单"立即提交"，确认申报，如图6-11所示。

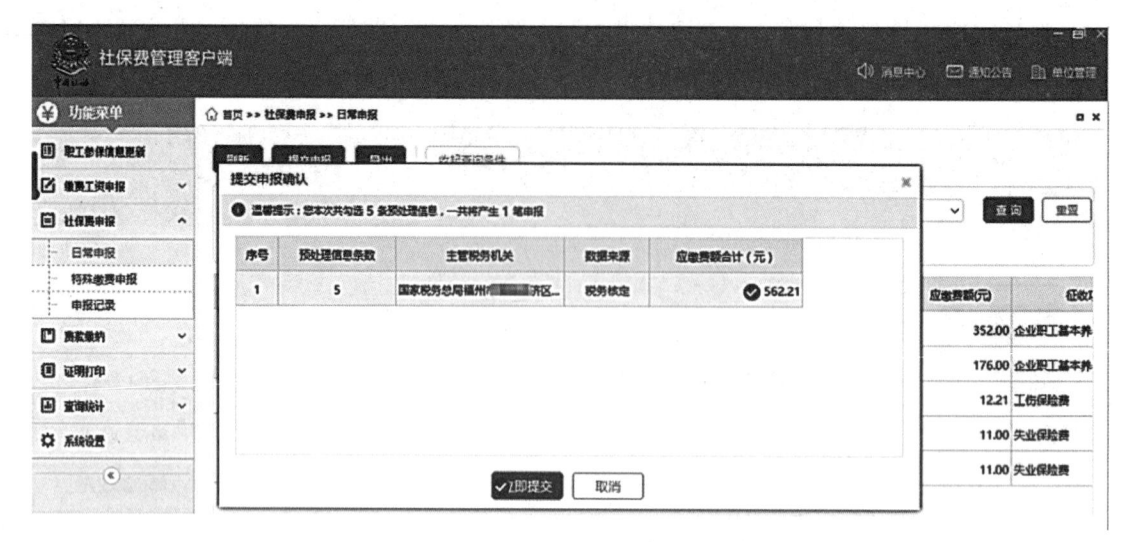

图6-11 申报确认

（4）点击菜单"费款缴纳"—"缴费"，如图 6-12 所示。

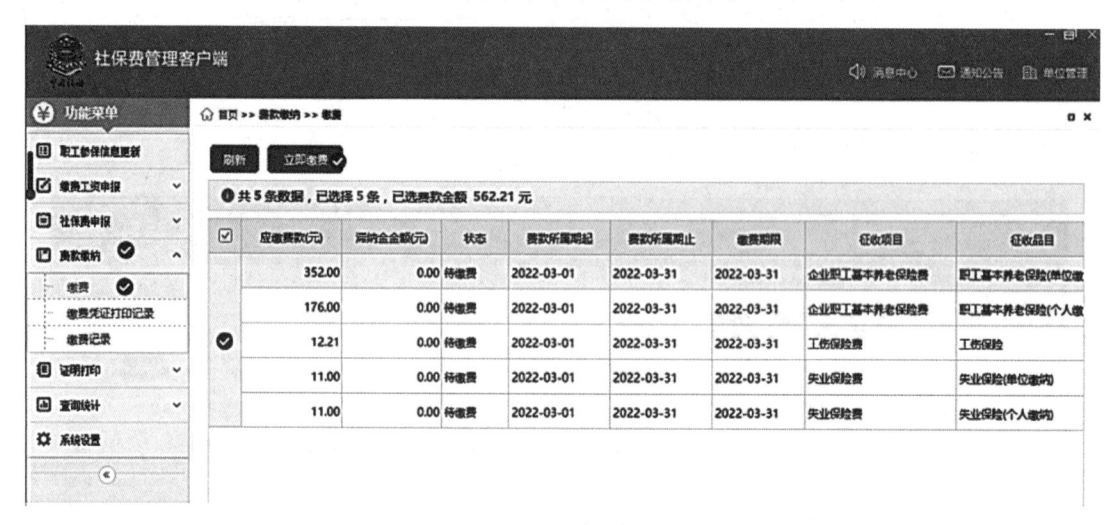

图6-12 立即缴费

（5）选择费款缴纳方式。已办理三方协议签订的企业可以勾选"三方协议缴费"，选择已有的银行账号进行确认缴费，也可以通过银行端凭证缴费，如图 6-13 所示。

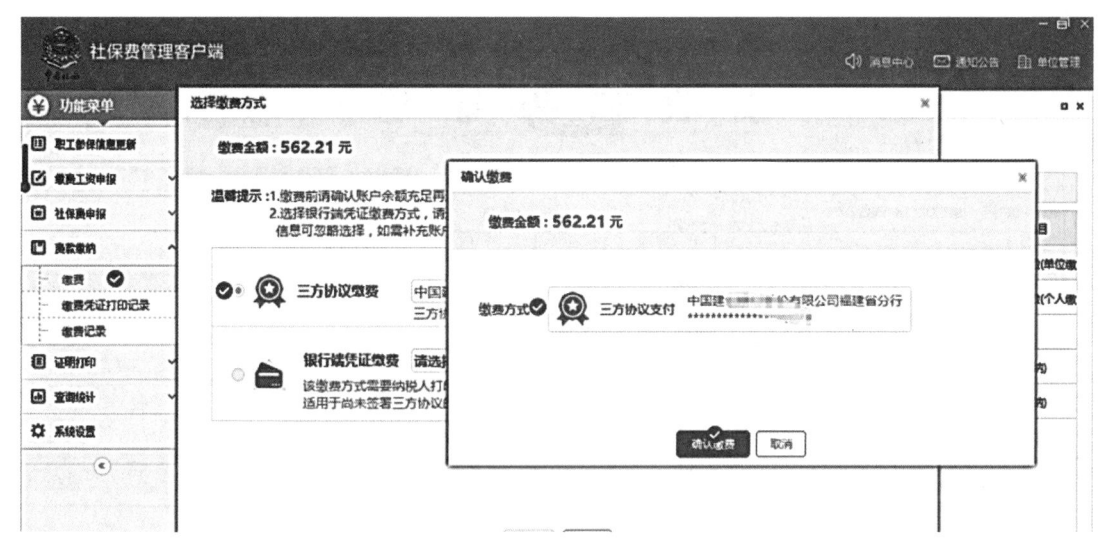

图6-13　确认缴费

（6）已申报缴款的企业可以通过"税收完税证明（非印刷）开具"以及"税收完税证明（非印刷）补开"模块开具税收完税证明，如图6-14所示。

图6-14　开具税收完税证明

（7）打印税收完税证明，如图6-15所示。

中华人民共和国税收完税证明

No. 451015240800167949

填发日期：2024 年 8 月 16 日　　　税务机关：国家税务总局成都高新技术产业开发区税务局

纳税人识别号	91510100MA6386XG10		纳税人名称	成都优乐享数字技术有限公司	
原凭证号	税种	品目名称	税款所属时期	入（退）库日期	实缴（退）金额
451016240800221941	企业职工基本养老保险费	职工基本养老保险(单位缴纳)	2024-08-01至2024-08-31	2024-08-08	1,358.72
451016240800221941	企业职工基本养老保险费	职工基本养老保险(个人缴纳)	2024-08-01至2024-08-31	2024-08-08	679.36
451016240800221941	失业保险费	失业保险(单位缴纳)	2024-08-01至2024-08-31	2024-08-08	50.96
451016240800221941	失业保险费	失业保险(个人缴纳)	2024-08-01至2024-08-31	2024-08-08	33.96
451016240800221941	工伤保险费	工伤保险	2024-08-01至2024-08-31	2024-08-08	13.58
金额合计	（大写）贰仟壹佰叁拾陆元伍角捌分				￥2,136.58

填票人：单位社保费管理客户端

备注：正常申报一般申报正税自行申报中国（四川）自由贸易试验区成都高新区天府五街200号3号楼9楼主管税务所（科、分局）：国家税务总局成都高新技术产业开发区税务局税源管理一科

第 1 次打印　　妥善保存

图6-15　税收完税证明

◎项目评价

项目完成情况评价表

班级		姓名		学号		日期	
序号	评价要点			配分	得分	总评	
1	社会保险概述			7			
2	基本养老保险			7			
3	基本医疗保险			7			
4	工伤保险			7			
5	失业保险			7		A □（86～100）	
6	社会保险费的征缴与管理			7		B □（76～85）	
7	违反社会保险法律制度的法律责任			7		C □（60～75）	
8	基本养老保险费的计算			7			
9	基本医疗保险费的计算			7			
10	工伤保险费的计算			7			
11	失业保险费的计算			7			

续表

班级		姓名		学号		日期	
序号	评价要点			配分	得分		总评
12	社会保险费的智能申报实训			7			
13	能严格遵守作息时间安排			4			
14	上课积极回答问题			5			
15	及时完成老师布置的任务			7			
小结建议							

◎ 知识巩固

一、单选题

1. 我国社会保险的主要项目不包括（　　）。

A. 补充养老保险　　　　　　　　B. 工伤保险

C. 失业保险　　　　　　　　　　D. 生育保险

2. 我国实行的是（　　）的基本养老保险制度模式。

A. 社会统筹　　　　　　　　　　B. 个人账户

C. 社会统筹和个人账户相结合　　D. 传统现收现付

3. 下列不属于城镇企业职工基本养老保险领取条件的是（　　）。

A. 年满60周岁　　　　　　　　　B. 达到法定退休年龄

C. 所在单位和个人依法参保　　　D. 个人累计缴费时间满15年

4. 下列各项中，不属于我国职工基本养老保险覆盖范围的是（　　）。

A. 甲国有独资公司职工赵某

B. 乙外商独资企业职工钱某

C. 丙事业单位（实行企业化管理）工作人员孙某

D. 丁事业单位（参照《公务员法》管理）编制内工作人员李某

5. 下列应由基本医疗保险基金支付范围的医疗费用是（　　）。

A. 应当从工伤保险基金中支付的　　B. 急诊、抢救的医疗费用

C. 应当由第三人负担的　　　　　　D. 应当由公共卫生负担的

二、填空题

1.《_____》规定，国家发展社会保险，建立社会保险制度，设立社会保险基金。

2. 参加职工基本养老保险的个人，达到法定退休年龄时累计缴费满_____年的，

按月领取基本养老金。

3. 企业职工在医疗期内，病假工资或疾病救济费可以低于当地最低工资标准支付，但最低不能低于最低工资标准的_____。

4. 个人的社会保险登记。用人单位应当自用工之日起_____日内为其职工向社会保险经办机构申请社会保险登记。

5. 城镇个体工商户和灵活就业人员社会保险费缴费比例为20%，其中_____记入个人账户

三、简答题

1. 为什么国家强制企业给职工买社会保险？

2. 员工承诺放弃社保协议有效吗？

项目七　资源税的计算与智能申报

◎项目目标

知识目标：

1. 了解资源税的征税税目、纳税人和税率。
2. 掌握资源税税收优惠政策。
3. 熟悉资源税纳税时间、纳税地点。

技能目标：

1. 能正确计算资源税应纳税额。
2. 能进行资源税的智能纳税申报。

素养目标：

通过了解资源税的征税税目、纳税人、税率和税收优惠政策，认识国家征收资源税的目的是加强对自然资源的保护和管理，提高资源的开发利用率，培养"珍惜资源，保护环境"的理念。

◎ 项目描述

资源税的征收有利于企业在同一水平上开展竞争，加强资源管理，促进企业合理开发、利用，与其他税种配合，有利于发挥税收杠杆的整体功能。本项目将通过三个学习任务，带领学生学习资源税的基础知识、了解资源税的纳税人、税目和税率等基础概念，能够熟练操作资源税的网上申报，为以后从事会计工作奠定基础。

◎ 项目导入

人类文明的发展离不开对自然资源的索取与加工。从石器时代起，古人用于取火的燧石就是硅质岩，制作石制磨具需用玄武岩、砂岩等多种矿石。但随着经济社会的不断发展，生产建设与生态平衡之间的协调关系成为经济建设中的战略性问题。由于各地自然资源禀赋差异很大，开采资源的企业因资源禀赋差异而利润相差悬殊，造成了分配上的不合理，并出现了滥采滥挖、掠夺性开采等严重浪费国有资源和破坏生态环境的问题。

从新中国成立到1984年，我国没有资源税一说。那时，国家将自然资源的开采权按计划分给各地的企业，而企业每年向国家上缴一定的利润。1984年，出于调节级差收入的考虑，我国开始对石油、天然气和煤炭三种资源征收超额累进性质的"利润税"。随着我国工业化时代的到来，能源的需求量进一步增大。从20世纪90年代开始，利益驱动着成千上万的私营业主开始了"趋利"行动，以山西采煤最为典型。而此时，国家对于资源征收税费也有了更为深入的认识。1994年，在分税制改革的大背景下，我国正式颁布《资源税暂行条例》，确立了原油、天然气、煤炭、其他非金属原矿、黑色金属原矿、有色金属原矿和盐7个资源税税目，同时在从量计征的基础上实行差别税率。2004年以来又接连调整了部分资源税的税目和单位应纳税额的纳税标准，并于2010年正式在新疆地区试点资源税改革，尝试将资源税的计税方式由从量定额转变为从价定率的方式。

通过对有限资源开征资源税，稳定了地方财力，并对当地恢复生态、改善民生起了积极作用，这有利于地方政府给予谋求转型升级的行业和企业更多支持，进而推动经济实现绿色发展。所以资源税是名副其实的"绿色税制建设"的重要组成部分。

任务一　认知资源税

一、资源税的纳税人

资源税的纳税人是指在中华人民共和国领域和中华人民共和国管辖的其他海域开发应税资源的单位和个人。

中外合作开采陆上、海上石油资源的企业应缴纳资源税。在2011年11月1日前已依法订立中外合作开采陆上、海上石油资源合同的，在合同有效期内，继续缴纳矿区使用费，不缴纳资源税；合同期满后，依法缴纳资源税。

对取用地表水或地下水的单位和个人试点征收水资源税。征收水资源税的，停止征收水资源费。

应税产品用于连续生产应税产品不征税，应税产品用于投资、分配、抵债、赠予、以物易物等用途，应视同销售计税。

资源税进口不征，出口不免不退；资源税在开采或生产单一环节征收，已税产品销售或加工后销售均不再纳税；已税产品自用或投资等，不再计税。

启思导学

用好绿色税制　助力绿色发展

《中华人民共和国资源税法》正式实施以来，在促进资源节约集约利用、加强生态环境保护方面的功能不断增强。资源税改革是绿色税制助力绿色发展的一个缩影。近年来，一系列绿色税制改革蹄疾步稳，为经济社会高质量发展提供有力支撑。

推动绿色发展，绿色税制发挥着重要作用。以资源税为代表，通过实行从价计征，建立税收与资源价格挂钩的直接调节机制，引导市场主体综合开发利用资源，促进资源的节约集约利用；以环保税为代表，针对不同危害程度的污染因子设置差别化的污染当量值，实现多排多缴、少排少缴、不排不缴的正向激励。通过税收的调节作用，促进企业主动转变发展方式，既算经济账又算环保账，积极走技术革新、产业转型升级之路。

（来源：人民网）

二、资源税的税目和税率

（一）资源税的税目

《中华人民共和国资源税法》（以下简称《资源税法》）共设置5个一级税目，17个二级子税目。资源税的具体税目有164个，各税目的征税对象包括原矿、选矿、原矿或者选矿，涵盖了所有已经发现的矿种和盐。资源税税目税率如表7-1所示。

表7-1 资源税税目税率表

税目			征税对象	税率
能源矿产	原油		原矿	6%
	天然气、页岩气、天然气水合物		原矿	6%
	煤		原矿或者选矿	2%～10%
	煤成（层）气		原矿	1%～2%
	铀、钍		原矿	4%
	油页岩、油砂、天然沥青、石煤		原矿或者选矿	1%～4%
	地热		原矿	1%～20%或者每立方米1～30元
金属矿产	黑色金属	铁、锰、铬、钒、钛	原矿或者选矿	1%～9%
	有色金属	铜、铅、锌、锡、镍、锑、镁、钴、铋、汞	原矿或者选矿	2%～10%
		铝土矿	原矿或者选矿	2%～9%
		钨	选矿	6.5%
		钼	选矿	8%
		金、银	原矿或者选矿	2%～6%
		铂、钯、钌、锇、铱、铑	原矿或者选矿	5%～10%
		轻稀土	选矿	7%～12%
		中重稀土	选矿	20%
		铍、锂、锆、锶、铷、铯、铌、钽、锗、镓、铟、铊、铪、铼、镉、硒、碲	原矿或者选矿	2%～10%

续表

税目			征税对象	税率
非金属矿产	矿物类	高岭石	原矿或者选矿	1%～6%
		石灰岩	原矿或者选矿	1%～6%或者每吨（或者每立方米）1～10元
		磷	原矿或者选矿	3%～8%
		石墨	原矿或者选矿	3%～12%
		萤石、硫铁矿、自然硫	原矿或者选矿	1%～8%
		天然石英砂、脉石英、粉石英、水晶、工业用金刚石冰洲石、蓝晶石、硅线石（砂线石）、长石、滑石、刚玉、菱镁矿、颜料矿物、天然碱、芒硝、钠硝石、明矾石、砷、硼、碘、溴、膨润土、硅藻土、陶瓷土、耐火黏土、铁砚土、凹凸棒石黏土、海泡石黏土、伊利石黏土、累托石黏土	原矿或者选矿	1%～12%
		叶蜡石、硅灰石、透辉石、珍珠岩、云母、沸石、重晶石、毒重石、方解石、蛭石、透闪石、工业用电气石、白垩、石棉、蓝石棉、红柱石、石榴子石、石膏	原矿或者选矿	2%～12%
		其他黏土（铸型用黏土、砖瓦用黏土、陶粒用黏土、水泥配料用黏土、水泥配料用红土、水泥配料用黄土、水泥配料用泥岩、保温材料用黏土）	原矿或者选矿	1%～5%或者每吨（每立方米）0.1～5元
	岩石类	大理岩、花岗岩、白云岩、石英岩、砂岩、辉绿岩安山岩、闪长岩、板岩、玄武岩、片麻岩、角闪岩页岩、浮石、凝灰岩、黑岩、石正长岩、蛇纹岩、麦饭石、泥灰岩、含钾岩石、含钾砂页岩、天然油石、橄榄岩、松脂岩、粗面岩、辉长岩、辉石岩、正长岩、火山灰、火山渣、泥炭	原矿或者选矿	1%～10%
		砂石	原矿或者选矿	1%～5%或者每吨（每立方米）0.1～5元
	宝玉石类	宝石、玉石、宝石级金刚石、玛瑙、黄玉、碧玺	原矿或者选矿	4%～20%
水气矿产		二氧化碳气、硫化氢气、氦气、氡气	原矿	2%～5%
		矿泉水	原矿	1%～20%或者每立方米1～30元

续表

税目		征税对象	税率
盐	钠盐、钾盐、镁盐、锂盐	选矿	3%～15%
	天然卤水	原矿	3%～15%或者每吨（每立方米）1～10元
	海盐		2%～5%

说明：①境内天然初级资源缴税，境外进口资源不缴税，人造资源不缴税；②纳税人以自采原矿（经过采矿过程采出后未进行选矿或者加工的矿石）直接销售，或者自用于应当缴纳资源税情形的，按照原矿计税；但是自用于连续生产应税产品的，不缴纳资源税；③自采原煤连续生产洗选煤，原煤不计税；④自采原煤连续生产煤炭制品，原煤视同销售计税；⑤自采原煤用于投资、分配、交换，原煤视同销售计税。

（二）资源税的税率

资源税实行从价计征或者从量计征，采用比例税率和定额税率两种形式。资源税税率有以下几条特殊规定。

地热、砂石、矿泉水、天然卤水、石灰岩、其他黏土可采用从价计征或从量计征的方式，其他应税产品统一适用从价定率征收的方式。

资源税税目税率表中规定实行幅度税率的，其具体适用税率由省、自治区、直辖市人民政府在资源税税目税率表规定的税率幅度内提出，报同级人民代表大会常务委员会决定，并报全国人民代表大会常务委员会和国务院备案。

资源税税目税率表中规定征税对象为原矿或者选矿的，应当分别确定具体适用税率。纳税人以自采原矿洗选加工为选矿产品销售，或者将选矿产品自用于应当缴纳资源税情形的按照选矿产品计征资源税，在原矿移送环节不缴纳资源税。对于无法区分原生岩石矿种的粒级成型砂石颗粒，按照砂石税目征收资源税。

水资源税实行差别税率。

纳税人开采或者生产不同税目应税产品的，应当分别核算不同税目应税产品的销售额或者销售数量；未分别核算或者不能准确提供不同税目应税产品的销售额或者销售数量的，从高适用税率。

纳税人开采或者生产同一税目下适用不同税率应税产品的，应当分别核算不同税率应税产品的销售额或者销售数量；未分别核算或者不能准确提供不同税率应税产品的销售额或者销售数量的，从高适用税率。

任务二 资源税应纳税额的计算与纳税申报

一、资源税的计税依据与应纳税额的计算

纳税人开采或者生产应税产品自用的，应当依照《资源税法》的规定缴纳资源税。但是，自用于连续生产应税产品的，不缴纳资源税。

纳税人自用应税产品应当缴纳资源税的情形，包括纳税人以应税产品用于非货币性资产交换、捐赠、偿债、赞助、集资、投资、广告、样品、职工福利、利润分配或者连续生产非应税产品等。

（一）从量定额征收资源税的计税依据

从量定额征收资源税的计税依据为纳税人开采或者生产应税产品的实际销售数量和视同销售的自用数量。实行从量计征的，计算公式如下：

$$应纳税额＝销售数量 \times 单位税额$$

（二）从价计征收资源税的计税依据

1. 一般销售

一般来说，销售额是指全部价款和价外费用的总和，即：

$$销售额＝全部价款＋价外费用$$

2. 视同销售

（1）视同销售范围。纳税人以应税产品用于非货币性资产交换、捐赠、债务、赞助、集资、投资、广告、样品、职工福利、利润分配或者连续生产非应税产品等应计征资源税。

（2）视同销售销售额的确定。纳税人申报的应税产品销售额明显偏低且无正当理由的，或者有自用应税产品行为且无销售额的，主管税务机关可以按下列方法和顺序确定其应税产品销售额：①按纳税人最近时期同类产品的平均销售价格确定；②按其他纳税人最近时期同类产品的平均销售价格确定；③按后续加工非应税产品销售价格，减去后续加工环节的成本利润后确定；④按应税产品组成计税价格确定，计算公式为：组成计税价格＝成本×（1＋成本利润率）÷（1－资源税税率），式中的成本利润率由省、自治区、直辖市税务机关确定。⑤按其他合理方法确定。

（三）购进扣减

1. 扣减政策

（1）纳税人外购应税产品与自采应税产品混合销售或者混合加工为应税产品销售的，在计算应税产品销售额或者销售数量时，准予扣减外购应税产品的购进金额或者购进数量；当期不足扣减的，可结转下期扣减。

（2）纳税人应当准确核算外购应税产品的购进金额或者购进数量，未准确核算的，一并计算缴纳资源税。

（3）纳税人核算并扣减当期外购应税产品购进金额、购进数量，应当依据外购应税产品的增值税发票、海关进口增值税专用缴款书或者其他合法有效凭据。

2. 直接扣减

纳税人以外购原矿与自采原矿混合为原矿销售，或者以外购选矿产品与自产选矿产品混合为选矿产品销售，在计算应税产品销售额或者销售数量时，直接扣减外购原矿或者外购选矿产品购进金额或者购进数量。

3. 计算扣减

纳税人以外购原矿与自采原矿混合洗选加工为选矿产品销售的，在计算应税产品销售额或者销售数量时，按照下列方法进行扣减：

准予扣减的外购应税产品购进金额（数量）＝外购原矿购进金额（数量）×（本地区原矿适用税率÷本地区选矿产品适用税率）

不能按照上述方法计算扣减的，按照主管税务机关确定的其他合理方法进行扣减。

【例7-1】甲饮料厂2022年1月开发生产矿泉水4000万立方米，本月销售2500万立方米，已知当地规定矿泉水实行定额征收资源税，资源税税率为3元/立方米。计算当月该厂应纳资源税。

当月该厂应纳资源税税额：2500×3＝7500（万元）

【例7-2】乙锡矿开采企业（一般纳税人）2022年2月开采并销售锡矿原矿，开具增值税专用发票，注明不含增值税价款800万元；销售锡矿选矿取得含增值税销售额1130万元。当地省人民政府规定，锡矿原矿资源税税率为3%，锡矿选矿资源税税率为6%。计算该企业2022年2月应缴纳的资源税。

乙锡矿开采企业应纳资源税税额：800×3%＋1130÷（1＋13%）×6%＝84（万元）。

【例7-3】丙煤矿企业2022年3月外购原煤2000吨，取得增值税专用发票，注明不含税价款120万元。将外购原煤和自采原煤混合后销售5000吨，开具增值税专用发票，注明不含增值税价款330万元；当地省人民政府规定，原煤资源税税率为3%。计算该企业2022年3月应缴纳的资源税。

丙煤矿企业应纳资源税税额：（330－120）×3%＝6.3（万元）。

【例7-4】丁煤矿企业2022年4月外购原煤一批，取得增值税专用发票，注明不含税价款100万元。将外购原煤和自采原煤混合加工为选煤销售，开具增值税专用发票，注明不含增值税价款350万元。当地省人民政府规定，原煤资源税税率为3%，选煤资源税税率为2%。计算该企业2022年4月应缴纳的资源税。

（1）准予扣减的外购应税产品购进金额：100×（3%÷2%）＝150（万元）。

（2）丁煤矿企业应纳资源税税额：(350－150)×2%＝4（万元）。

二、资源税税收优惠

（1）有下列情形之一的可以免征的资源税：开采原油以及在油田范围内运输原油过程中用于加热的原油、天然气；煤炭开采企业因安全生产需要抽采的煤成（层）气。

（2）有下列情形之一的可以减征资源税：从低丰度油气田开采的原油、天然气，减征20%资源税；高含硫天然气、三次采油和从深水油气田开采的原油、天然气，减征30%资源税；稠油、高凝油减征40%资源税；从衰竭期矿山开采的矿产品，减征30%资源税。

（3）有下列情形之一的，可以由省、自治区、直辖市可以决定减免资源税：纳税人开采或者生产应税产品过程中，因意外事故或者自然灾害等原因遭受重大损失；纳税人开采共伴生矿、低品位矿、尾矿。

（4）其他减免的有：自2023年9月1日至2027年12月31日，对充填开采置换出来的煤炭，资源税减征50%；纳税人开采或者生产同一应税产品，其中既有享受减免税政策的，又有不享受减免税政策的，按照免税、减税项目的产量占比等方法分别核算确定免税、减税项目的销售额或者销售数量；纳税人开采或者生产同一应税产品同时符合两项或者两项以上减征资源税优惠政策的，除另有规定外，只能选择其中一项执行；纳税人享受资源税优惠政策，实行"自行判别、申报享受、有关资料留存备查"的办理方式，另有规定的除外。

【例7-5】戊企业2022年5月开采原油5000吨，销售原油1500吨，每吨不含增值税销售额为0.5万元。另将原油1000吨用于加工成品油。开采原油过程中用于加热耗用原油2吨。已知原油资源税税率为6%。计算该企业2022年5月应缴纳的资源税。

开采原油以及在油田范围内运输原油过程中用于加热的原油、天然气免税；原油用于加工成品油应视同销售计征资源税。

戊企业应纳资源税税额：0.5×(1500＋1000)×6%＝75（万元）。

三、资源税的纳税申报

1. 纳税义务发生时间

纳税人销售应税产品，纳税义务发生时间为收讫销售款或者取得索取销售款凭据的当天。

自产自用应税产品的，纳税义务发生时间为移送应税产品的当日。

2. 纳税期限

资源税按月或按季申报缴纳。不能按固定期限计算纳税的，可以按次申报缴纳。按月或按季申报的，应当自月度或季度终了之日起15日内申报缴纳税款。

3. 纳税地点

纳税人应当向应税产品开采地或者生产地税务机关申报缴纳资源税。

4. 征收机关

资源税由税务机关按照《资源税法》和《税收征收管理法》的规定征收管理。海上开采的原油和天然气资源税由海洋石油税务管理机构征收管理。

任务三　资源税的智能申报实训

一、资源税的报税流程

（1）登录电子税务局，点击"税费申报及缴纳"，如图7-1所示。

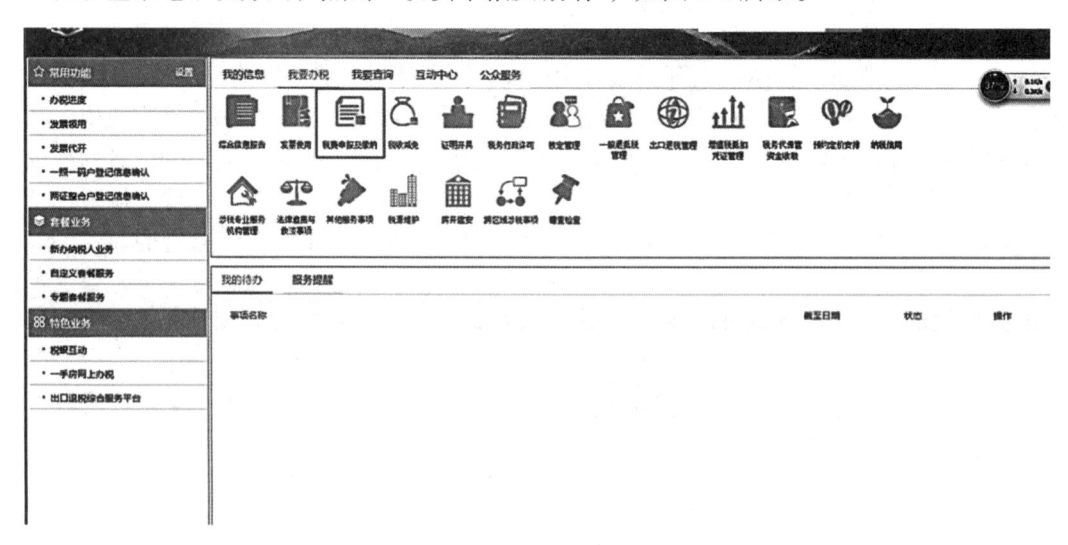

图7-1　税费申报及缴纳界面

（2）提取基础数据窗口，点击"提取基础数据"按钮，提取应申报信息，如图7-2所示。

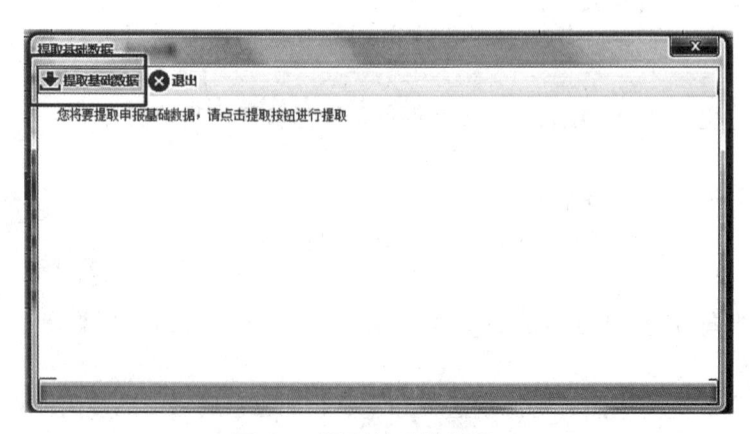

图7-2　提取基础数据页面

（3）选择资源税点击"填写"按钮，进入资源税申报界面，如图7-3所示。

图7-3　资源税申报界面

（4）进入资源税申报界面，2020版资源税，一张主表、一张附表，如图7-4所示。

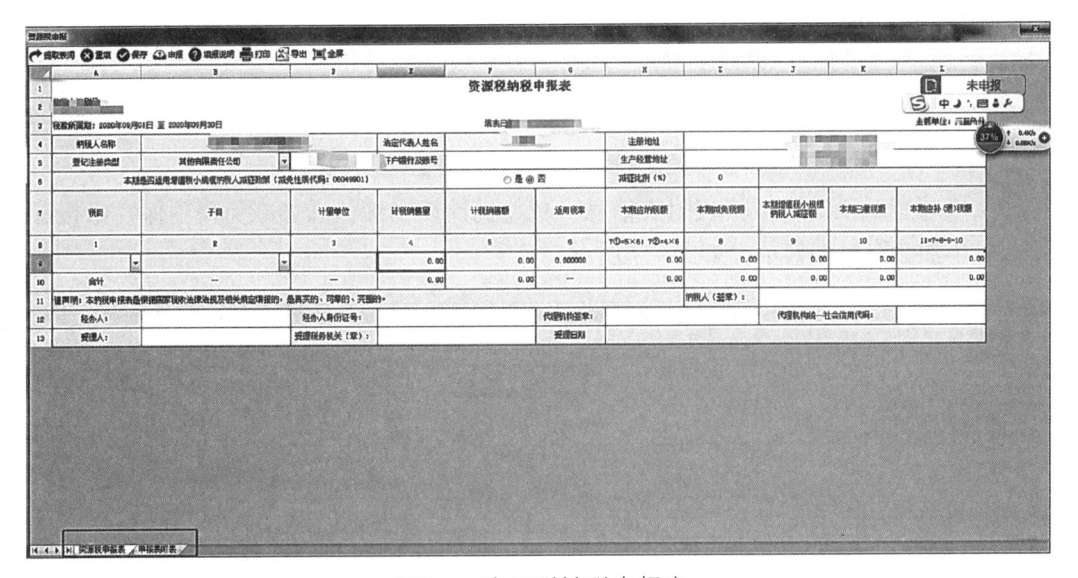

图7-4　资源税纳税申报表

（5）填写资源税纳税申报表附表信息—申报计算明细，进入附表时，系统将资源税税（费）种认定信息自动加载到界面上，如图7-5所示。

图7-5　资源税纳税申报附表

项目七　资源税的计算与智能申报 | 211

（6）按照填表说明进行填报，然后点击"保存"进行保存，如图7-6所示。

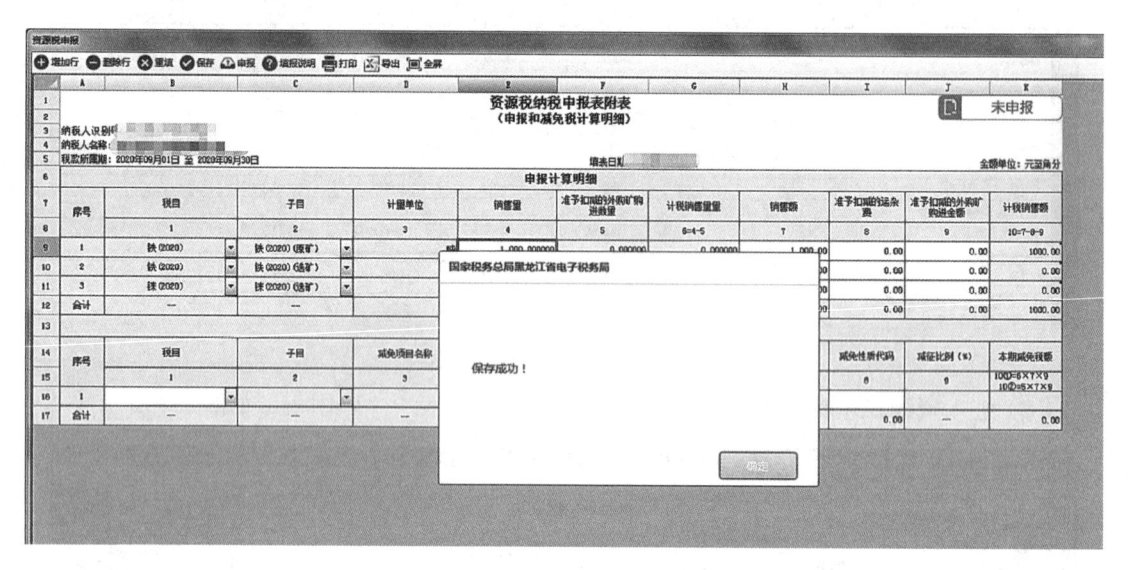

图7-6 资源税纳税申报附表保存成功界面

（7）填写资源税纳税申报表附表信息—减免税计算明细，添加减免税项保存申报计算明细表，不然会有错误提示，如图7-7所示。

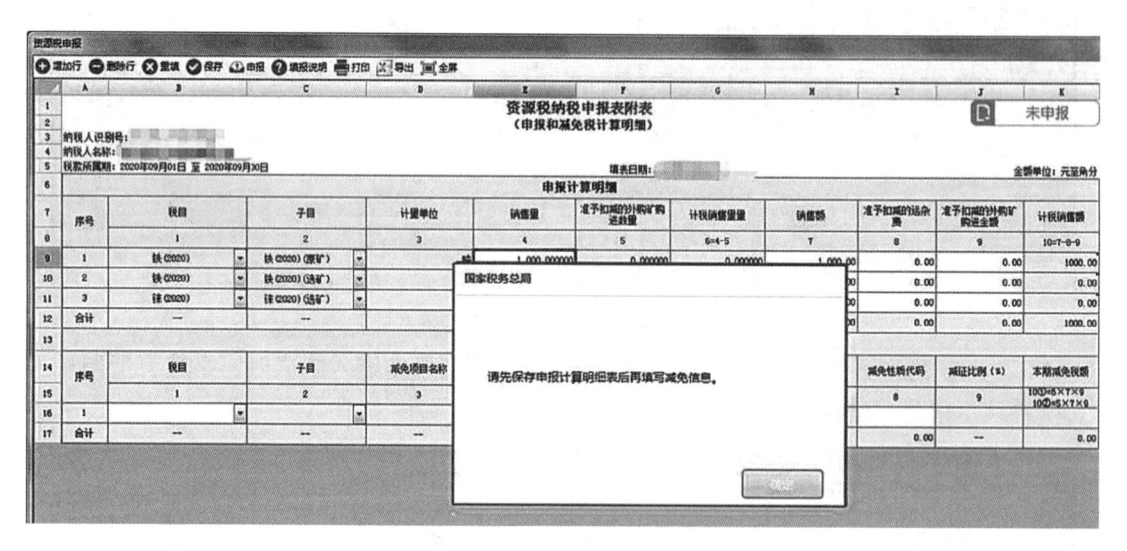

图7-7 计算明细表错误提醒

（8）点击减免税计算明细中的税目，系统自动弹出需要减免的信息（规则：从价计税销售额必须大于0，从量计税销售量必须大于0），如图7-8所示。

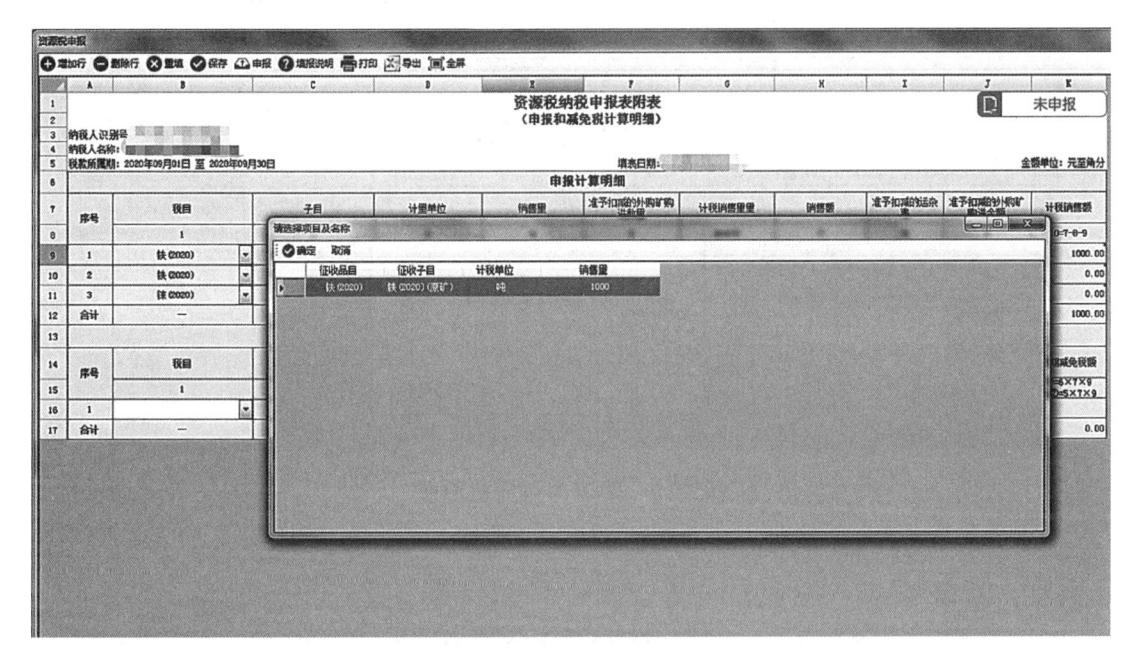

图7-8 计算明细表填写

（9）填写完毕点击"保存"按钮，提示保存成功，如图 7-9 所示。

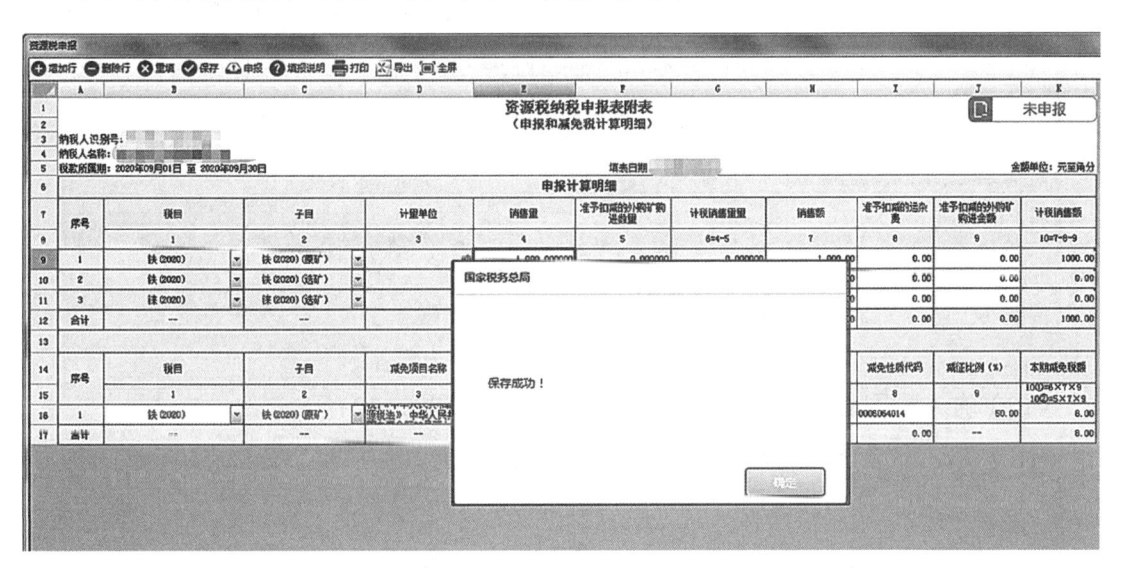

图7-9 计算明细表保存成功界面

（10）附表信息填写完毕无误后，回到主表，系统提示"请点击提取表间按钮提取已填写信息，审核无误后点击保存按钮保存"，如图 7-10 所示。

项目七 资源税的计算与智能申报 | 213

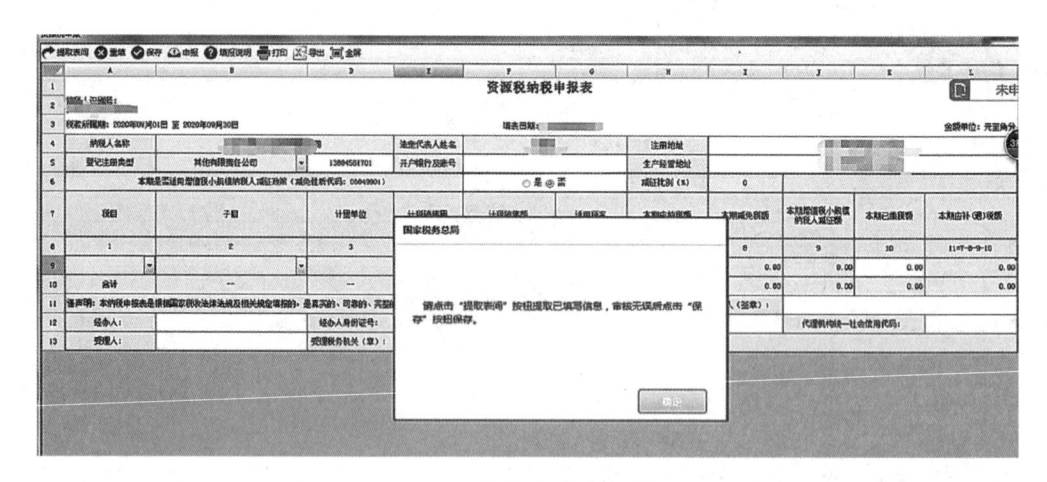

图7-10　附表保存成功界面

（11）点击"确定"按钮，点击"提取表间"按钮，系统自动将附表信息汇总到主表中，如图7-11所示。

图7-11　附表信息汇总到主表界面

（12）确认无误后点击"保存"按钮，保存成功，如图7-12所示。

图7-12　资源申报表保存成功

（13）点击"申报"按钮，完成申报，如图7-13所示。

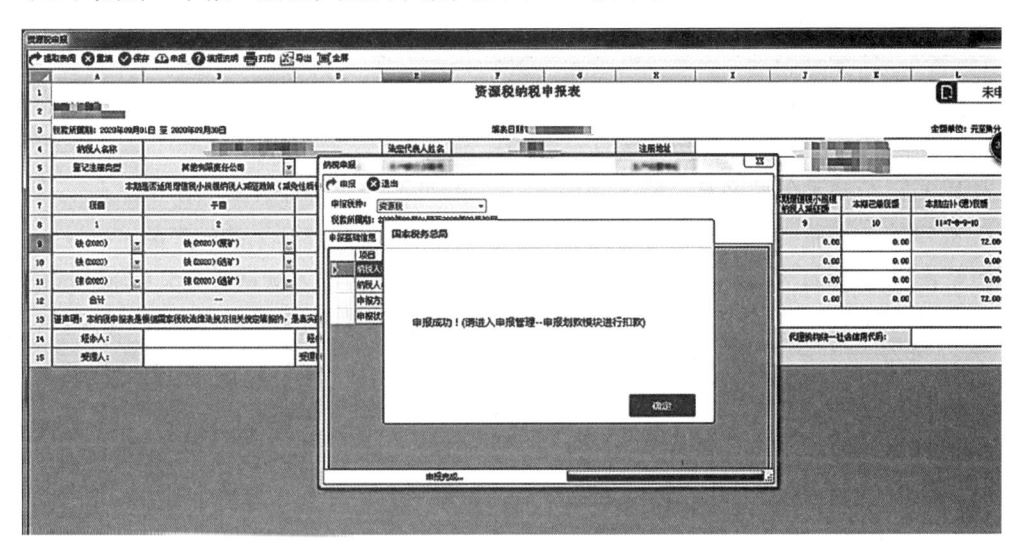

图7-13 资源税申报成功

◎项目评价

项目完成情况评价表

班级		姓名		学号		日期		
序号	评价要点				配分	得分	总评	
1	资源税的纳税人				10			
2	资源税的税目和税率				10			
3	资源税的计税依据与应纳税额的计算				12			
4	资源税税收优惠				10		A □（86～100） B □（76～85） C □（60～75）	
5	资源税的纳税申报				12			
6	资源税的智能申报实训				14			
7	能严格遵守作息时间安排				8			
8	上课积极回答问题				10			
9	及时完成老师布置的任务				14			
小结建议								

◎知识巩固

一、选择题

1. 下列产品中，不征收资源税的是（　　）。
   A. 国有矿山开采的矿产品　　　　　　B. 外商投资企业开采的矿产品
   C. 进口的矿产品　　　　　　　　　　D. 个体工商户开采的矿产品

2. 某铁矿山 2021 年 12 月份销售铁矿石原矿 6 万吨，移送入选精矿 0.5 万吨，选矿比为 40%，适用税额为 10 元 / 吨。该铁矿山当月应缴纳的资源税为（　　）。
   A. 55 万元　　　　　B. 60 万元　　　　　C. 65 万元　　　　　D. 72.5 万元

3. 纳税人应当向应税产品（　　）税务机关申报缴纳资源税。
   A. 机构所在地　　　B. 生产所在地　　　C. 收购地　　　　　D. 销售地

4. 某油田 2021 年 12 月生产原油 6400 吨，当月销售 6100 吨，自用 5 吨，另有 2 吨在采油过程中用于加热、修井。原油单位税额为每吨 8 元，该油田当月应缴纳资源税（　　）元。
   A. 48840 元　　　　B. 48856 元　　　　C. 51200 元　　　　D. 51240 元

5. 下列各项中，属于资源税纳税人的是（　　）。
   A. 进口原油的外贸企业　　　　　　　B. 销售自采海盐的生产企业
   C. 销售汽油的加油站　　　　　　　　D. 出口外购已税原煤的外贸企业

二、填空题

1. 资源税进口不征，出口_____。
2. 自采原煤连续生产煤炭制品，原煤视同_____计税。
3. 水资源税实行_____税率。
4. 高含硫天然气、三次采油和从深水油气田开采的原油、天然气，减征_____资源税。
5. 纳税人享受资源税优惠政策，实行"_____、申报享受、有关资料留存备查"的办理方式，另有规定的除外。

三、简答题

1. 资源税的特点是什么？与增值税和消费税有何区别？
2. 资源税的税收优惠中哪些是免征、哪些是减征？减征项目减征的比例是多少？

项目八　其他税费的计算与智能申报

◎项目目标

知识目标：

1. 掌握其他税赏的概念。
2. 熟练掌握其他税费的征税范围。
3. 熟练掌握其他税费的税目、税率和计税依据。
4. 熟练掌握其他税费的税收优惠。
5. 熟练掌握其他税费的纳税申报的时间、地点和流程。
6. 了解其他税费的税收政策。

技能目标：

1. 能认识征收其他税费的重要意义。
2. 会识别其他税收纳税人及征税环节。
3. 能熟练运用其他税费计税依据、税率及税收优惠，正确计算其他税费应纳税额。
4. 能熟练进行部分其他税费的智能申报纳税。

素养目标：

1. 通过了解各类小税种的概念及意义，认识国家征税的初衷是调节贫富差距，促进社会公平和谐、经济与自然环境和谐发展、经济高效发展与平衡发展，增强纳税人的责任意识与使命，培养爱国情怀。
2. 通过学习各类小税种的征税范围及税收减免政策，认识小税种在提高人民生活质量方面的作用，提升民族认同感和责任感。

◎项目描述

　　税收是国家的财政收入，关系着国家的稳定发展，税收种类也比较多。本项目将通过三个学习任务，带领学生学习城市维护建设税、印花税等基础知识，了解这些税种的基础概念，能够熟练操作这些税种的网上申报，为以后从事会计工作奠定基础。

◎项目导入

　　"小税种"发挥大意义。我国有很多小税种，如城市维护建设税、印花税、车船税、车辆购置税、环境保护税、烟叶税等，它们分别在所属行业充分发挥税收的调节作用，既能增加国家财政税收、促进经济发展，又能建设环保城市，倡导绿色消费，促进人与自然共同生息，实现经济、社会、环境共赢，提高人民生活质量。

任务一　城市维护建设税、教育费附加和地方教育附加的计算与纳税申报

一、城市维护建设税、教育费附加和地方教育附加的概念

城市维护建设税是对从事工商经营，缴纳增值税、消费税的单位和个人征收的一种税。

教育费附加是对缴纳增值税、消费税的单位和个人，就其实际缴纳的税额为计算依据征收的一种附加费。

地方教育附加是指根据国家有关规定，为实施"科教兴省"战略，增加地方教育的资金投入，促进本省、自治区、直辖市教育事业发展，开征的一项地方政府性基金。该收入主要用于各地方的教育经费的投入补充。

二、城市维护建设税、教育费附加和地方教育附加的纳税人

在中华人民共和国境内缴纳增值税、消费税的单位和个人为城市维护建设税、教育费附加和地方教育附加的纳税人。城市维护建设税、教育费附加和地方教育附加的扣缴义务人为负有增值税、消费税扣缴义务的单位和个人，在扣缴增值税、消费税的同时扣缴城市维护建设税、教育费附加和地方教育附加。

三、城市维护建设税、教育费附加和地方教育附加的征税范围

城市维护建设税的征税范围较广，具体包括市区、县城、建制镇，以及税法规定的其他地区。

教育费附加的征税范围为税法规定的增值税、消费税的单位和个人，包括外商投资企业、外国企业及外籍个人。

地方教育附加征收范围包括全省所有缴纳增值税、消费税的单位和个人。

四、城市维护建设税、教育费附加和地方教育附加的税目税率

城市维护建设税实行差别比例税率，按照纳税人所在地区的不同，设置了3档比例税率、即：纳税人所在地为市区的，税率为7%；纳税人所在地为县城、镇的，税率为5%；

纳税人所在地不在市区、县城或镇的，税率为1%；教育费附加的税率为3%。地方教育附加的税率是2%。

五、城市维护建设税、教育费附加和地方教育附加的计税依据

城市维护建设税、教育费附加和地方教育附加以纳税人实际缴纳的增值税和消费税税额之和为计征依据。

若"二税（增值税和消费税，下同）"补、罚，则城市维护建设税、教育费附加和地方教育附加也要补、罚。"二税"的滞纳金和罚款，不作城市维护建设税的计税依据。

若"二税"减免，则城市维护建设税、教育费附加和地方教育附加也减免。

六、城市维护建设税、教育费附加和地方教育附加应税纳额的计算

城市维护建设税、教育费附加和地方教育附加应纳税额（附加）的计算公式为：

应纳税额（附加）＝（实缴增值税额＋实缴消费税额）×适用税率

【例8-1】甲公司为国有企业，位于A市主城区，2020年11月应缴增值税80000元，实际缴纳增值税70000元，应缴纳消费税60000元，实际缴纳消费税50000元，已知适用的城市维护建设税税率为7%，教育费附加税率为3%，地方教育附加为2%，计算该公司当月应纳城市维护建设税、教育费附加和地方教育附加。

根据相关税法规定，城市维护建设税、教育费附加和地方教育附加以纳税人实际缴纳的增值税、消费税税额为计税依据。

应纳城市维护建设税：（70000＋50000）×7%＝8400（元）。

应纳教育费附加：（70000＋50000）×3%＝3600（元）。

应纳地方教育附加：（70000＋50000）×2%＝2400（元）。

七、城市维护建设税、教育费附加和地方教育附加的税收优惠

（一）城市维护建设税税收优惠

1. 一般规定

城市维护建设税由于是以纳税人实际缴纳的增值税、消费税为计税依据，并随同增值税消费税征收，因此减免增值税、消费税也就意味着减免城市维护建设税，所以城市维护建设税一般不能单独减免。但是如果纳税人确有困难需要单独减免的，可以由省级人民政府酌情给予减税或者免税照顾。

2. 优待规定

城市维护建设税原则上不单独规定减免税。但是，针对一些特殊情况，财政部和国家税务总局作出了一些特别税收优惠规定：

（1）对黄金交易所会员单位通过黄金交易所销售且发生实物交割的标准黄金，免征城

市维护建设税；

（2）对上海期货交易所会员和客户通过上海期货交易所销售且发生实物交割并已出库的标准黄金，免征城市维护建设税；

（3）对国家重大水利工程建设基金免征城市维护建设税；

（4）自 2022 年 1 月 1 日至 2024 年 12 月 31 日，对增值税小规模纳税人可以在 50% 的税额幅度内减征城市维护建设税；

（5）自 2023 年 1 月 1 日至 2027 年 12 月 31 日，实施扶持自主就业退役士兵创业就业城市维护建设税减免；

（6）自 2019 年 1 月 1 日至 2025 年 12 月 31 日，实施支持和促进重点群体创业就业城市维护建设税减免。

3. 特别规定

（1）出口产品退还增值税、消费税的，不退还已纳的城市维护建设税；

（2）"二税"先征后返、先征后退、即征即退的，不退还城市维护建设税。

（二）教育费附加税收优惠

教育费附加的减免，原则上比照增值税、消费税的减免规定，如果税法规定增值税、消费税减免，则教育费附加也就相应地减免，主要的减免规定有：对海关进口产品征收的增值税、消费税，不征收教育费附加；对由于减免增值税、消费税而发生退税的，可同时退还已征收的教育费附加。但对出口产品退还增值税、消费税的，不退还已征的教育费附加。

（三）地方教育附加税收优惠

地方教育附加税是指根据国家有关规定为实施"科教兴省"战略，增加地方教育的资金投入，促进各省、自治区、直辖市教育事业发展而开征的一项地方政府性基金，按照地方教育附加使用管理规定在各省、直辖市的行政区域内凡缴纳增值税、消费税的单位和个人都应按规定缴纳地方教育附加。而地方教育附加则由各省、自治区、直辖市根据实际情况自行决定是否征收及确定各自的征收标准征收对象同教育费附加。因此全国对地方教育附加并未强制性统一优惠。

八、城市维护建设税、教育费附加和地方教育附加的纳税申报

（一）纳税义务发生时间

城市维护建设税、教育费附加、地方教育附加的纳税义务发生时间与增值税、消费税的纳税义务发生时间一致，分别与增值税、消费税同时缴纳。

（二）纳税地点

城市维护建设税、教育费附加一般在纳税人所在地申报缴纳。纳税人所在地，是指纳税人住所地或者与纳税人生产经营活动相关的其他地点，具体地点由省、自治区、直辖市确定。

由受托方代扣代缴、代收代缴"二税"的单位和个人，其代扣代缴、代收代缴城市维护建设税、教育费附加按受托方所在地适用税率执行。

流动经营无固定纳税地点的个人的城市维护建设税、教育费附加，在经营地按经营地税率缴纳。

代扣代缴、代收代缴"二税"的单位，城市维护建设税、教育费附加的纳税地点为税款代收地、代扣地。

消费税的委托加工受托方如果是个人的，不实行代收代缴，而是由委托方收回后自行缴纳消费税。所以城市维护建设税、教育费附加也是在委托方所在地。

（三）纳税期限

城市维护建设税、教育费附加和地方教育附加的申报期限与相对应的计税依据的税种的申报期限相同。

城市维护建设税按月或者按季计征。不能按固定期限计征的，可以按次计征。

实行按月或者按季计征的，纳税人应当于月度或者季度终了之日起 15 日内申报并缴纳税款。实行按次计征的，纳税人应当于纳税义务发生之日起 15 日内申报并缴纳税款。

扣缴义务解缴税款的期限，依照上述规定执行。

任务二　印花税的计算与纳税申报

一、印花税的概念

印花税是对在经济活动和经济交往中书立、领受具有法律效力的凭证的行为征收的一种税。其因采用在应税凭证上粘贴印花税票作为完税的标志而得名。印花税法是调整印花税征纳关系的法律规范的总称。

二、印花税的纳税人

在中华人民共和国境内书立应税凭证、进行证券交易的单位和个人，为印花税的纳税人。

上述单位和个人具体包括国内各类企业、事业单位、国家机关，社会团体、部队以及中外合资企业、中外合作经营企业、外资企业、外国公司（企业）和其他经济组织及其在华机构等单位和个人。

根据书立、使用双税凭证的不同，印花税的纳税人可分为立合同人、立据人、立账簿人和使用人等。

独立合同人，是指合同的当事人，即对凭证有直接权利义务关系的单位和个人，但不包括合同的担保人、证人、鉴定人。所谓合同，是指根据《中华人民共和国民法典》中合同法律制度的规定订立的各类合同，包括买卖、借款、融资租赁、租赁、承揽、建设工程、运输、技术、保管仓储、财产保险共11类合同。当事人的代理人有代理纳税义务。

立据人，是指书立产权转移书据的单位和个人。

立账簿人，是指开立并使用营业账簿的单位和个人。如某企业因生产需要，设立了若干营业账簿，该企业即为印花税的纳税人。

使用人，是指在国外书立、领受，但在国内使用应税凭证的单位和个人。

三、印花税的征税范围

印花税的征税范围是在我国境内书立的各种应纳税凭证。它是通过印花税税目体现的，凡列入税目的属于征税范围，未列入的则不征税，具体包括以下几种：

各类合同或具有合同性质的凭证，包括购销、加工承揽、建筑工程承包、财产租赁、货物运输、仓储保管、借款、财产保险、技术合同或者其他具有合同性质的凭证。具有合同性质的凭证，是指具有合同效力的协议、契约、合约、单据、确认书及其他各种名称的凭证。

产权转移书据，是指单位和个人产权的买卖、继承、赠予、交换、分割等所立的书据。具体包括财产所有权、著作权、商标权、专利权、专有技术权等转移书据。另外，对土地使用权出让合同、土地使用权转让合同、商品房销售合同按产权转移书据征收印花税。

营业账簿，是指单位或者个人记载生产、经营活动的财务会计核算账簿。营业账簿按其反映的内容的不同，可分为记载资金的账簿和其他账簿。对记载资金的账簿应申报缴纳印花税，其他账簿不再征收印花税。

经财政部确定征税的其他凭证，如纳税人以电子形式签订的各类应税凭证。

根据税收管辖的属地原则，印花税的征税范围，不仅限于在我国境内书立的凭证，而且包括在境外书立但在我国境内使用，在我国境内具有法律效力，受我国法律保护的凭证。

四、印花税的税目税率

印花税的税率为比例税率,印花税税目税率如表 8-1 所示。

表11-3　印花税税目税率表

税目		税率	备注
合同（指书面合同）	借款合同	借款金额的万分之零点五	借款合同是指银行业金融机构、经国务院银行业监督管理机构批准设立的其他金融机构与借款人（不包括同业拆借）的借款合同
	融资租赁合同	租金的万分之零点五	
	买卖合同	价款的万分之三	
	承揽合同	报酬的万分之三	
	建设工程合同	合同价款的万分之三	
	运输合同	运输费用的万分之三	运输合同是指货运合同和多式联运合同（不包括管道运输合同）
	技术合同	合同价款、报酬或者使用费的万分之三	不包括专利权、专有技术使用权转让书据
	租赁合同	租金的千分之一	
	保管合同	保管费的千分之一	
	仓储合同	仓储费的千分之一	
	财产保险合同	保险费的千分之一	不包括再保险合同
产权转移书据	土地使用权出让书据	价款的万分之五	转让包括买卖（出售）、继承、赠予、互换、分割
	土地使用权、房屋等建筑物和构筑物所有权转让书据（不包括土地经营权转移）		
	股权转让书（不包括应缴纳证券交易印花税的）		
	商标专用权、著作权、专利权、专有技术使用权转让书据	价款的万分之三	
营业账簿		实收资本（股本）、资本公积合计金额的万分之二点五	
证券交易		成交金额的千分之一	

五、印花税的计税依据

根据应税凭证种类,对计税依据分别规定如下:

购销合同，计税依据为合同记载的购销金额。以物易物方式签订的购销合同，是包括购、销双重行为的合同，计税依据为合同所记载的购、销金额合计数。

加工承揽合同，计税依据为加工或承揽收入。由受托方提供原材料的，原材料金额与加工费在合同中分别列明的，原材料和辅料按购销合同计税，加工费按加工承揽合同计税，二者合计为应纳税额；原材料金额与加工费没有分别列明的，统一按加工承揽合同计税。由委托方提供原材料的，按加工费和辅料合计金额依加工承揽合同计税，原材料不缴纳印花税。

建筑工程勘察设计合同，计税依据为勘察、设计收取的费用。

建筑安装工程承包合同，计税依据为承包金额，不得剔除任何费用。

财产租赁合同，计税依据为租赁金额。

货物运输合同，计税依据为取得的运输费收入，不包括所运货物的资金、装卸费和保险费等。

仓储保管合同，计税依据为仓储保管的费用。

借款合同，计税依据为借款金额，即借款本金。

财产保险合同，计税依据为支付（收取）的保险费金额，不包括所保财产的金额。

技术合同，计税依据为合同所载的价款、报酬或使用费，对技术开发合同，合同中所注明的研究开发经费可以从计税依据中扣除。

产权转移书据，计税依据为书据中所载的金额。购买、继承、赠予所立的股权转让数据，均以书立时证券市场当日实际成交价格为依据。

记载资金的营业账簿，以"实收资本"和"资本公积"的两项合计金额为计税依据。凡资金账簿中的"实收资本"和"资本公积"在次年度未增加的，对其不再计算贴花。

六、印花税的应纳税额的计算

印花税以应纳税凭证所记载的金额、费用、收入额为计税依据，按照适用税率标准计算应纳税额。

印花税应纳税额按照下列方法计算：（1）应税合同的应纳税额计算公式为：应纳税额＝价款或者报酬×适用税率；（2）应税产权转移书据的应纳税额计算公式为：应纳税额＝价款×适用税率；（3）应纳营业账簿的应纳税额计算公式为：应纳税额＝实收资本（股本），资本公积合计金额×适用税率；（4）证券交易的应纳税额计算公式为：应纳税额＝成交金额或者依法确定的计税依据×适用税率。

【例 8-7】甲公司 2021 年 8 月开业，当年发生以下相关业务事项：与乙公司订立转移专用技术使用权书据 1 份，所载金额为 200 万元；订立产品购销合同 1 份，所载金额为 500 万元；订立借款合同 1 份，所载金额为 600 万元；甲公司记载资金的账簿，"实收资本""资本公积"为 1000 万元。请计算甲公司当年应缴纳的印花税税额。

  a. 甲公司订立产权转移书据应纳税额：2000000×0.05% ＝ 1000（元）

  b. 甲公司订立购销合同应纳税额：5000000×0.003% ＝ 1500（元）

  c. 甲公司订立借款合同应纳税额：6000000×0.005% ＝ 300（元）

  d. 甲公司记载资金的账簿：10000000×0.025% ＝ 2500（元）

  e. 当年甲公司应纳印花税税额：1000 ＋ 1500 ＋ 300 ＋ 2500 ＝ 5300（元）

【例题 8-8】甲公司与乙公司签订了一份建筑承包合同，合同金额为 6000 万元。施工期间，甲公司将其中价值 800 万元的安装工程分包给乙公司，并签订了分包合同。已知建筑承包合同适用的税率为 0.03%，计算甲公司上述合同应缴纳印花税。

甲公司应缴纳的印花税税额：（6000 ＋ 800）×0.03% ＝ 2.04（万元）。

七、印花税的税收优惠

下列凭证免征印花税：（1）应税凭证的副本或者抄本；（2）依照法律规定应当予以免税的外国驻华使馆、领事馆和国际组织驻华代表机构为获得馆舍书立的应税凭证；（3）中国人民解放军、中国人民武装警察部队开立的应税凭证；（4）农民、家庭农场、农民专业合作社，农村集体经济组织，村民委员会购买农业生产资料或者销售农产品订立的买卖合同和农业保险合同；（5）为支持特定主体融资，对无息或者贴息借款合同，国际金融组织向我国提供优惠贷款订立的借款合同、金融机构与小型微型企业订立借款合同免税；（6）为减轻个人住房负担，对转让、租赁住房订立的应税凭证，免征个人应当缴纳的印花税；（7）财产所有权人将财产赠予政府、学校、社会福利机构、慈善组织书立的产权转移书据；（8）非营利性医疗卫生机构采购药品或者卫生材料书立的买卖合同；（9）个人与电子商务经营者订立的电子订单；（10）根据国民经济和社会发展的需要，国务院对居民住房需求保障、企业改制重组、破产、支持小型微型企业发展等情形可以规定减征或者免征印花税，报全国人民代表大会常务委员会备案。

八、印花税的纳税申报

（一）纳税义务发生时间

印花税纳税义务发生时间为纳税人订立、领受应税凭证或者完成证券交易的当日。如果合同是在国外签订，并且不便在国外贴花的，应在将合同带入境时办理贴花纳税手续。

证券交易印花税扣缴义务发生时间为证券交易完成的当日。证券登记结算机构为证券交易印花税的扣缴义务人。

（二）纳税环节

印花税应当在书立或领受时贴花。具体是指：（1）在合同签订时贴花；（2）产权转移书据在立据时贴花；（3）营业账簿在启用时贴花；（4）股权买卖在交割时代扣代缴；（5）权利、许可证照在领受时贴花。在国外签订合同，在我国境内履行的，应在使用时贴花。

（三）纳税地点

单位纳税人应当向其机构所在地的主管税务机关申报缴纳印花税；个人纳税人应向应税凭证订立、领受地或者居住地的税务机关申报缴纳印花税。

纳税人出让或者转让不动产产权的，应当向不动产所在地的税务机关申报缴纳印花税。证券交易印花税的扣缴义务人应当向其机构所在地的主管税务机关申报缴纳扣缴的税款。

（四）纳税期限

印花税按季、按年或者按次计征。实行按季、按年计的，纳税人应当于季度、年度终了之日起 15 日内申报并缴纳税款。实行按次计征的，纳税人应当于纳税义务发生之日起 15 日内申报并缴纳税款。

证券交易印花税按周解缴。证券交易印花税的扣缴义务人应当于每周终了之日起 5 日内申报解缴税款及孳息。

已缴纳印花税的凭证所载价款或者报酬增加的，纳税人应当补缴印花税；已缴纳印花税的凭证所载价款或者报酬减少的，纳税人可以向主管税务机关申请退回印花税税款。

任务三　印花税的智能申报实训

1. 登录福建省电子税务局

点击"我要办税"—"税费申报及缴纳"—"综合申报"—"财产和行为税合并纳税申报"，如图 8-1、图 8-2 所示。

图8-1　电子税务局登录界面

图8-2 财产和行为税合并纳税申报

2. 选择印花税

点击"税源采集",勾选印花税后点击下方"申报"即可,如图8-3所示。

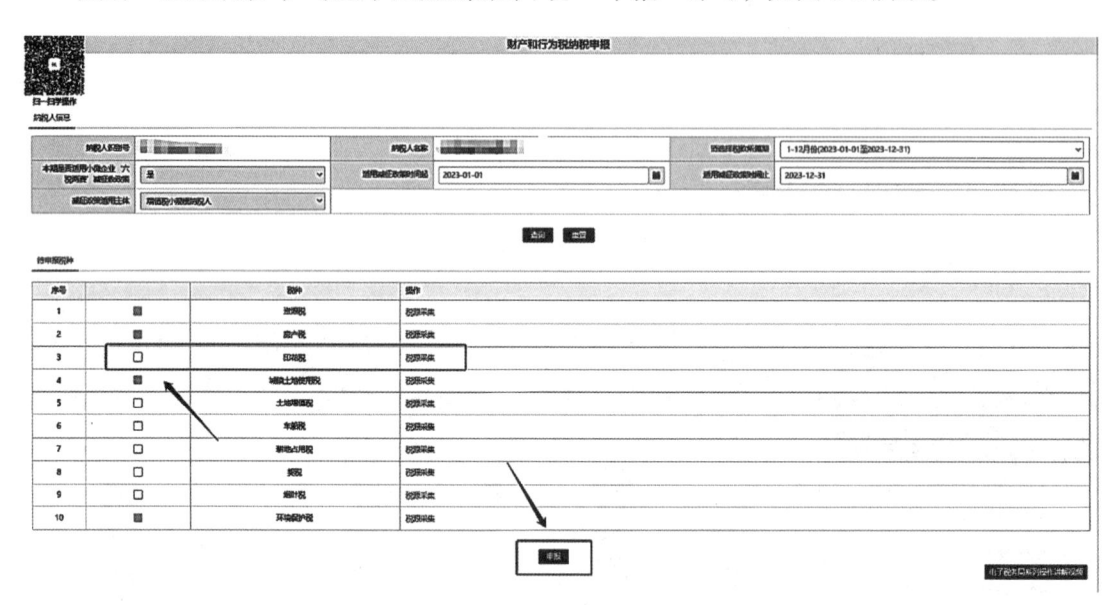

图8-3 税源采集及申报

◎ 项目评价

项目完成情况评价表

班级		姓名		学号		日期		
序号	评价要点				配分	得分	总评	
1	城市维护建设税、教育费附加和地方教育附加的概念				5			
2	城市维护建设税、教育费附加和地方教育附加的纳税人				5			
3	城市维护建设税、教育费附加和地方教育附加的征税范围				5			
4	城市维护建设税、教育费附加和地方教育附加的税目税率				5			
5	城市维护建设税、教育费附加和地方教育附加的计税依据				5			
6	城市维护建设税、教育费附加和地方教育附加应纳税额的计算				5			
7	城市维护建设税、教育费附加和地方教育附加的税后优惠				5			
8	城市维护建设税、教育费附加和地方教育附加的纳税申报				5			
9	印花税的概念				5			
10	印花税的纳税人				5		A □（86～100）	
11	印花税的征税范围				5		B □（76～85）	
12	印花税的税目税率				5		C □（60～75）	
13	印花税的计税依据				5			
14	印花税的应纳税额的计算				5			
15	印花税的税收优惠				5			
16	印花税的纳税申报				5			
17	印花税的智能申报实训				5			
18	能严格遵守作息时间安排				5			
19	上课积极回答问题				5			
20	及时完成老师布置的任务				5			
小结建议								

◎ 知识巩固

一、单选题

1. 下列纳税人中应缴纳城建税的是（　　）。
A. 印花税的纳税人　　　　　　　　B. 个人所得税的纳税人
C. 车船使用税的纳税人　　　　　　D. 既交增值税又交消费税的纳税人

2. 印花税是（　　）。

A. 对经济活动和经济交往中一种应税凭证

B. 对经济活动和经济交往中书立、领受的应税经济凭证所征收的一种税

C. 世界各国普遍征收的一税种。它的历史悠久，最早始于中国

D. 直到现在已经被废除了的税种

3. 城市维护建设税实行差别比例税率，纳税人所在地区为市区的，税率为（　　）。

A. 1%　　　　　　　　B. 5%　　　　　　　　C. 7%　　　　　　　　D. 10%

4. 城市维护建设税和教育费附加税的计税依据是（　　）。

A. 销售利润　　　　　　　　　　　　　B. 增值税、消费税

C. 销售收入　　　　　　　　　　　　　D. 所得税

5. 下列行为中，不需要缴纳城市维护建设税和教育费附加的有（　　）。

A. 事业单位出租房屋行为　　　　　　　B. 油田开采天然原油并销售行为

C. 个体工商户销售货物行为　　　　　　D. 外贸企业进口高档化妆品的行为

二、填空题

1. 印花税的税率为_____。

2. 印花税纳税义务发生时间为纳税人订立、领受应税凭证或者完成证券交易的_____。

3. 单位纳税人应当向其_____的主管税务机关申报缴纳印花税。

4. 教育费附加的税率为3%。地方教育附加的税率是_____。

5. 若增值税和消费税减免，则城市维护建设税、教育费附加和地方教育附加税也_____。

三、简答题

1. 为什么要征收城市维护建设税、教育费附加和地方教育附加？

2. 印花税的征收范围有哪些？